Alpine Guide
ヤマケイ アルペンガイド

南アルプス

北岳・甲斐駒ヶ岳・仙丈ヶ岳・鳳凰山・塩見岳
荒川岳・赤石岳・聖岳・笊ヶ岳・大無間山

Alpine Guide
ヤマケイ アルペンガイド

南アルプス

Contents

南アルプス前衛の山

積雪期

コラム

インフォメーション

本書の利用法

本書は、南アルプスの一般的な登山コースを対象とした登山ガイドブックです。収録したコースの解説は、南アルプスに精通した著者による綿密な実踏取材にもとづいています。本書のコースガイドページは、左記のように構成しています。

コースガイド

❶山名・行程

コースは目的地となる山名・自然地名を標題とし、行程と1日ごとの合計コースタイムを併記しています。日程（泊数）はコース中の山小屋を宿泊地とした標準的なプランです。

❷コース概念図

行程と主な経由地、目的地を表したコース概念図です。丸囲みの数字とアルファベットは、別冊登山地図帳の地図面とグリッド（升目）を示しています。

❸コースガイド本文

コースの特徴をはじめ、出発地から到着地まで、コースの経路を説明しています。主な経由地は、強調文字で表しています。本文中の山名・地名とその読みは、国土地理院発行の地形図に準拠しています。ただし一部の山名・地名は、登山での名称・呼称を用いています。

❹コース断面図・日程グラフ

縦軸を標高、横軸を地図上の水平距離としたコース断面図です。断面図の傾斜角度は、実際の登山道の勾配とは異なります。日程グラフは、ガイド本文で紹介している標準日程と、コースによって下段に宿泊地の異なる応用日程を示し、日程ごとの休憩を含まないコースタイムの合計を併記しています。

❺コースタイム

30〜50歳の登山者が山小屋利用1泊2日程度の装備を携行して歩く場合を想定した標準的な所要時間です。休憩や食事に要する時間は含みません。なおコースタイムは、もとより個人差があり、登山道の状況や天候などに左右されます。本書に記載のコースタイムはあくまで目安とし、各自の経験や体力に応じた余裕のある計画と行動を心がけてください。

サブコース

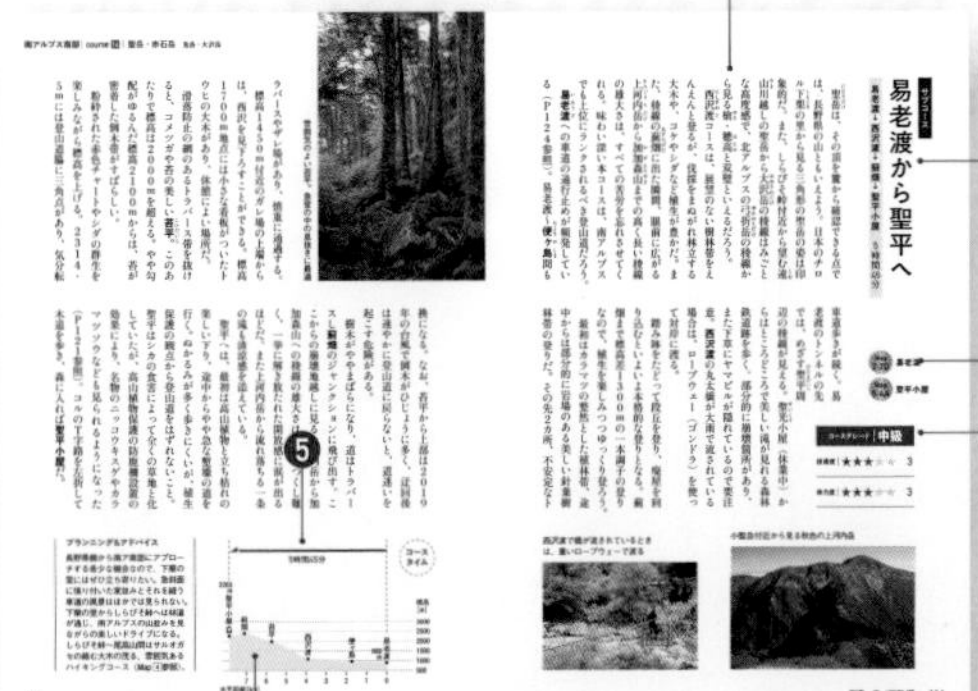

❻コースグレード

南アルプスの無雪期におけるコースの難易度を初級・中級・上級に区分し、さらに技術度、体力度をそれぞれ5段階で表示しています。また、一般コースの範疇を超えるものは、「バリエーションコース」として紹介しています。

初級 標高2000m前後の登山コースおよび宿泊の伴う登山の経験がある人に向くコースです。

中級 注意を要する岩場や急登の続くコース、2泊以上の宿泊を伴う登山の経験がある人に向きます。

上級 急峻な岩場や迷いやすい地形に対処でき、読図や的確な天候判断が求められるコースで、南アルプスか同等の山域の中級以上のコースを充分に経験した人向きです。

上級＋ 標識やペンキ印、クサリなどのコース整備がされていない、きわめて困難なコースです。

技術度

1＝よく整備された散策路・遊歩道
2＝とくに難所がなく道標が整っている
3＝ガレ場や雪渓、小規模な岩場がある
4＝注意を要する岩場、迷いやすい箇所がある
5＝きわめて注意を要する険路

これらを基準に、天候急変時などに退避路となるエスケープルートや、コース中の山小屋・避難小屋の有無などを加味して判定しています。

体力度

1＝休憩を含まない1日の
　コースタイムが3時間未満
2＝同3〜6時間程度　3＝同6〜8時間程度
4＝同8〜10時間程度　5＝同10時間以上

これらを基準に、コースの起伏や標高差、日程などを加味して判定しています。なおコースグレードは、登山時期と天候、および荒天後の登山道の状況によって大きく変わる場合があり、あくまで目安となるものです。

別冊登山地図帳

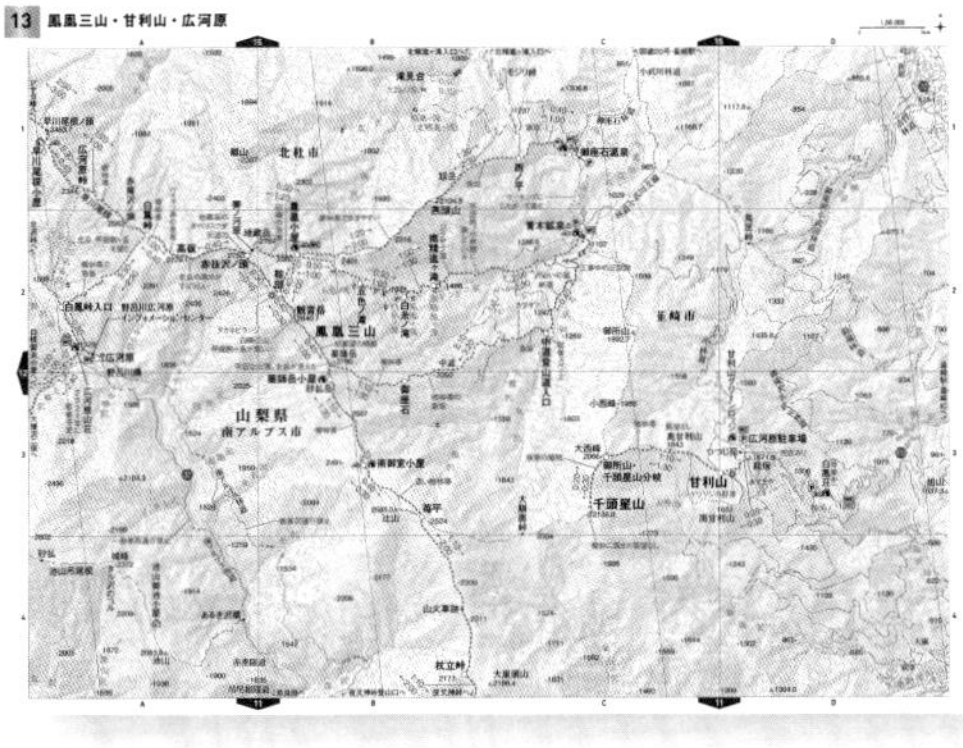

❼コースマップ

別冊登山地図帳に収録しています。コースマップの仕様や記号については、登山地図帳に記載しています。

南アルプスに登る

写真・文／中西俊明（北部）、岸田 明（南部）、伊藤哲哉（写真のみ）

■地形

【北部】 赤石《あかいし》山脈は通称「南アルプス」とよばれ、天竜《てんりゅう》川と富士《ふじ》川にはさまれた南北120㎞におよぶ日本有数の山脈だ。最高峰は3193mの北岳《きただけ》、北端は入笠山《にゅうがさやま》だ。南東に甲斐駒ヶ岳《かいこまがたけ》から早川《はやかわ》尾根、鳳凰《ほうおう》三山へと連峰がのびる。さらに北《きた》沢と野呂《のろ》川の渓谷に隔てられた南側に2つの連峰が併走し、東側には北岳を主峰とする白峰《しらね》三山から白峰南嶺《なんれい》の山々、西側には仙丈ヶ岳《せんじょうがたけ》、塩《しお》見岳《みだけ》から南端の光岳《てかりだけ》へと連なる。南北の境となる塩見岳以北には、間ノ岳をはじめ大きな山々がそびえ、深い渓谷で隔てられている。これらの山々は太平洋側の気候の影響を受け夏期の降雨量が多いこともあり、森林限界が高く2600m付近までシラビソやツガなどの樹林におおわれている。

南アルプスは日本に氷河があったときの南限で、北部では仙丈ヶ岳、間《あい》ノ岳《だけ》などで氷河の痕跡が残っている。地層は粘板《ねんばん》岩（スレート）や砂《さ》岩などの堆積岩が主体。一方、甲斐駒ヶ岳と鳳凰三山は花崗《かこう》岩が主体のため、頂稜部は雪のように輝き、南アルプスでは特異な存在になっている。地形、動植物など貴重な自然が残された南アルプスの主要部は、1964（昭和39）年6月に国内で23番目の国立公園に指定されている。

北岳は日本アルプス屈指の高山植物の宝庫で、山頂周辺には密度の濃いお花畑が広がっている。代表格がキタダケソウで、6月中旬に真っ先に咲く。キタダケキンポウゲ、キタダケトリカブトなど山名を冠する特産種も多く、8月上旬まで百花繚乱の高山植物が楽しめる。仙丈ヶ岳の馬《うま》ノ背《せ》、北岳の草《くさ》すべり上部などでは獣害で高山植物が激減したが、近年は保護活動の効果により、高山植物が復活しつつある。

【南部】 日本列島は、太平洋側の海洋プレートがアジア大陸側の大陸プレートの下に沈み込むことによって形づくられた、「沈

易老岳登山道途中の樹木の豊かな段

鳳凰三山・観音岳から望む厳冬の北岳

赤石岳から荒川岳へと続く大きな山並み

荒川前岳南斜面の典型的なカール地形

布引山南面の激しい布引大崩れ

ミヤマハナシノブ

登山情報を発信する野呂川広河原インフォメーションセンター

【注意】南アルプスは2019年の台風19号で大きな被害を受けた。とくに沢沿いのコースは荒れている可能性がある。登山計画時には必ず自治体や山小屋で最新情報を得ること。

み込み帯」の上にある。南アルプスはその沈み込みと隆起の最前線で毎年3㎜程度、世界で最も隆起の激しい地域といわれ、南アルプス南部の各所に「崩《くずれ》」「薙《なぎ》」とよばれる激しい崩壊地ができている。また隆起の典型的な見本として、放散虫（ラジオラリア）が海底に堆積してできたチャートが随所で観察でき、南部の主峰・赤石岳《あかいしだけ》（標高3121m）の語源となった赤い石（赤色チャート）を、聖兎《せいと》のコルをはじめとして各所で観察できる。そしてその隆起した山地を、ど真ん中を流れる大井《おおい》川が削って形成されたのが南アルプス南部である。南アルプス南部は、富士川の支流である早川と大井川のあいだに白峰南嶺（糸魚川《いといがわ》静岡構造線地域）が、天竜川の支流である小渋《こしぶ》川・遠山《とおやま》川と大井川のあいだに南アルプス南部の主脈（中央構造線地域）が南北にのびる。そして深南《しんなん》部は、主脈の南端に位置した大井川の支流・寸又《すまた》川を取り囲む山々で、安倍奥《あべおく》は白峰南嶺を独立した河川である安倍川が中を刻んで形成された山々だ。この地学的な特徴を世界に発信する目的で、小渋川流域は南アルプス（中央構造線エリア）ジオパークの指定を受けている。

南アルプス南部にもアルプスの典型的な特徴である圏谷（カール）地形、高山植物や氷河期の生き残りであるライチョウを観察することができ、その南限が光岳である。また、おおよそ標高2600mの森林限界が長く続く稜線上では豊かな植生の変化を楽しめるほか、山腹では大樹の森を観察できるのもこの山域の特徴である。

■登山シーズン

【北部】6月初旬、夜叉神《やしゃじん》峠ではカラマツの新緑がまぶしく、入笠山ではスズランが咲きはじめる。6月中旬は甘利山《あまりやま》のレンゲツツジ、7月上旬には櫛形山《くしがたやま》のアヤメが咲く。6月中旬には北岳や甲斐駒ヶ岳、仙丈ヶ岳など稜線の登山道から残雪が消える。6月下旬になるとキタダケソウを目的に北岳をめざす登山者が多い。7月下旬、梅雨

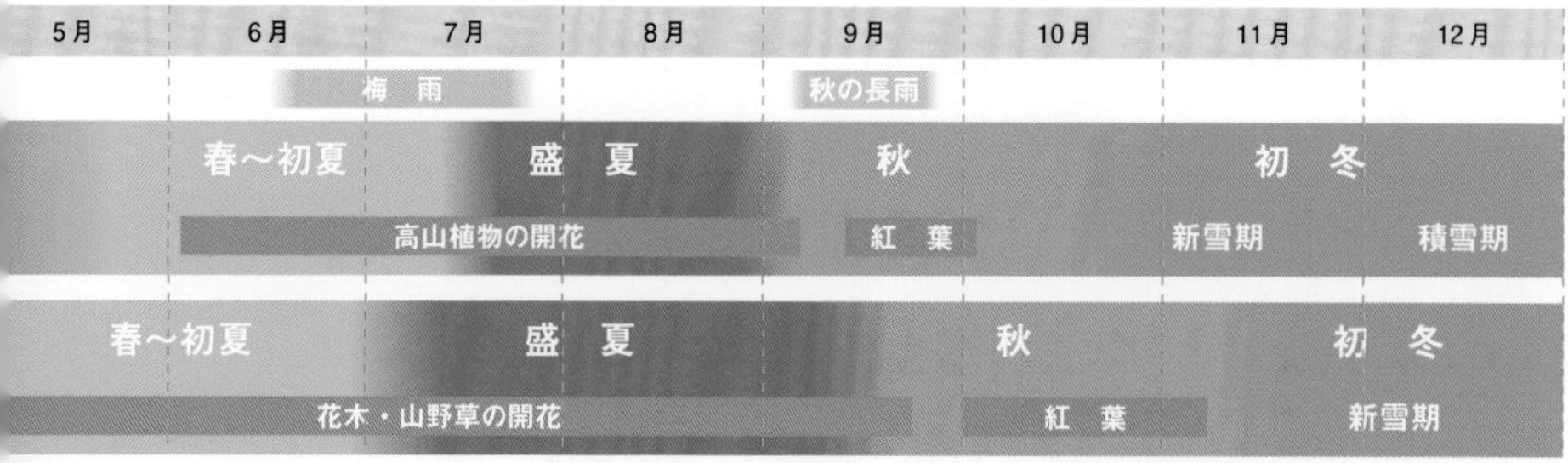

が明けると本格的な夏山シーズンを迎え、多くの登山者で山小屋は混雑する。９月下旬になると北岳バットレス、馬ノ背、鳳凰三山の稜線ではダケカンバの紅葉がみごとだ。紅葉前線は10月下旬には夜叉神峠や広《ひろ》河原《がわら》まで一気に下り、３０００ｍの稜線には新雪が舞い登山シーズンも終了する。

【南部】南アルプスは基本的には太平洋側の気候で降雪量は少なく、３０００ｍ稜線での初冠雪は10月下旬、本格的な降雪は大寒波襲来時を除けば南岸低気圧通過時で、3〜4月が積雪量が最も多い。雪が少ないことにより登山シーズンは長く、軽アイゼンの携行は必要だが6月下旬からが登山シーズンで、10月下旬まで高山の縦走を楽しめる。高山植物の最盛期は梅雨時期から7月下旬、紅葉は３０００ｍの稜線では9月下旬だが、中・低山は11月中旬まで楽しめる（深南部と安倍奥の登山シーズンは4月上旬〜11月下旬）。南部エリアは交通の便が悪く、主要な登山バスはほぼ7月中旬から8月末の運行なので、それ以外の期間はマイカーかタクシーの利用が必要になる。

■山小屋

【北部】基本的には食事、寝具つきで宿泊できる。６月中旬もしくは７月初旬から11月初旬まで営業する小屋が多いが、塩見岳方面では開設期間が短いので、事前に調べてから利用しよう。北部の山小屋は宿泊予約を徹底している小屋があるので、利用する際は予約しよう。

【南部】いずれも小さく、主要な小屋は定員１００名程度、避難小屋は20名程度以下。予約の要否は各小屋によって異なる。食事が提供される小屋もあるが、避難小屋は自炊（レトルト食品などが購入できる小屋もある）。最繁忙期は混雑するが、日程をずらせば比較的空いている。南部は稜線まで高低差があり、また一山越えるのに1日かかるので、縦走が最もふさわしい山行形態。さらに小屋間の距離もあるので、体力にあった計画を立てることが重要だ。

赤抜沢ノ頭から望む秋色の地蔵岳・オベリスク

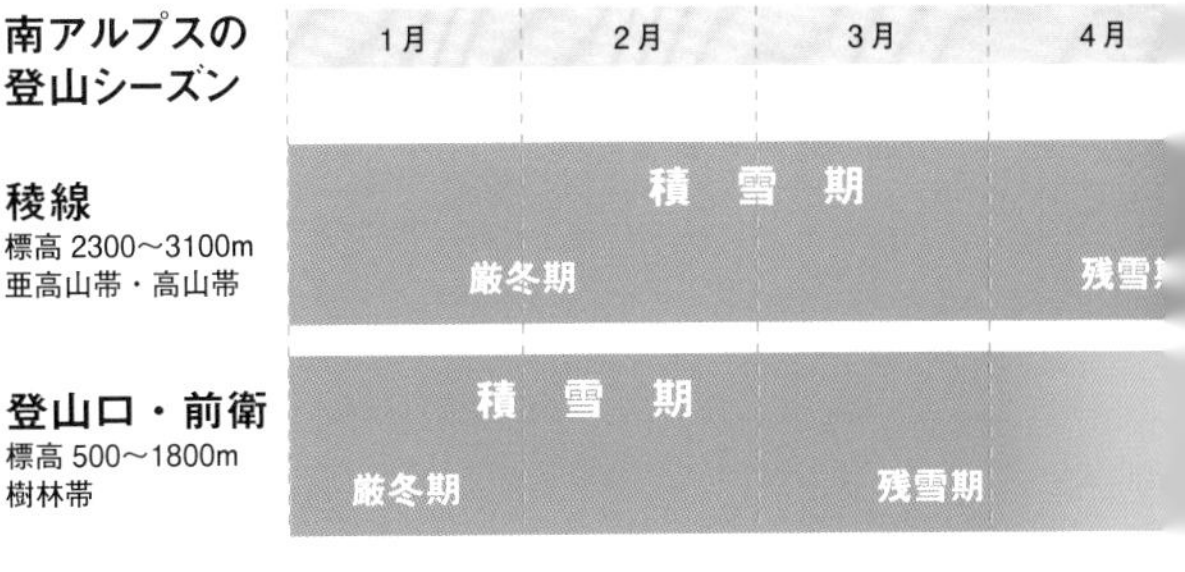

花の名山・北岳を中心に
標高3000m前後の
スケールの大きな山々がそろう

中白峰から望む南アルプスの盟主・北岳（写真／中西俊明）

南アルプス北部

北岳

前夜泊1泊2日

日本アルプス屈指の高山植物の宝庫・北岳をめざす人気コース

北岳肩の小屋テント場下に広がるお花畑（奥は鳳凰三山）

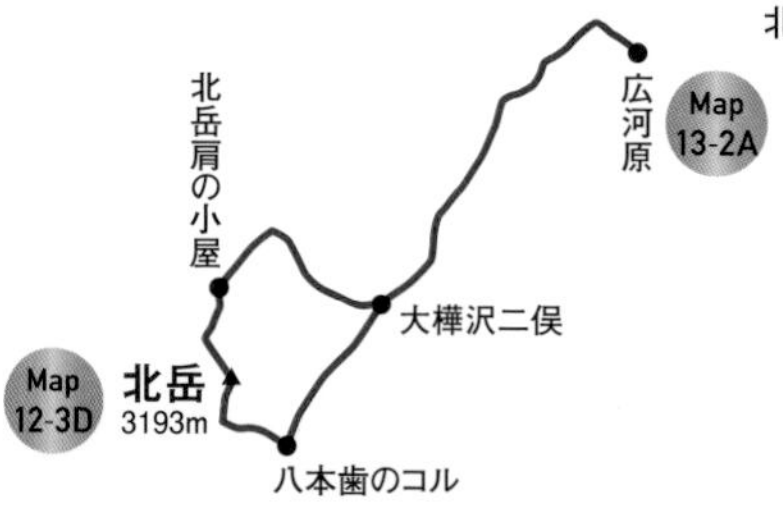

コースグレード	中級
技術度	★★★☆☆ 3
体力度	★★★☆☆ 3

1日目	広河原→大樺沢二俣→北岳肩の小屋　計5時間40分
2日目	北岳肩の小屋→北岳→八本歯のコル→大樺沢二俣→広河原　計4時間50分

写真・文／中西俊明

北《きた》岳《だけ》は富士山《ふじさん》に次ぐ3193mの高峰であり、南アルプスの盟主として知られる。高潔で気品をもった三角錐の山容が特徴で、どの方向から眺めても盟主の風格が漂っている。クライマー憧れの大岩壁を北岳のバットレスとよんだのは、登山家で日本山岳会初代会長・小島烏水《こじまうすい》だ。残雪が消えた山頂周辺の風衝草原にはオヤマノエンドウ、ハクサンイチゲなど、森林に囲まれた高茎草原にはミヤマハナシノブなどが観察できる。植生の豊富さは日本アルプス屈指で、その代表格が1931（昭和6）年7月17日に現千葉大学園芸学部の清水基夫氏により発見されたキタダケソウだ。

　北岳の魅力は高山植物だけではなく、山頂からは緑濃い雄大な山容の南アルプス、雲海から頂を出す富士山、まぶしいほどに輝く雪渓と新緑、幽玄な原生林など変化に富んだ見どころにあふれている。大樺沢二俣《おおかんばさわふたまた》から北岳をめざす大樺沢右俣《みぎまた》コースは、花と北岳の雄姿を眺めながら登れるおすすめコースである。

夏でも残雪が豊富な大樺沢二俣。中央は北岳バットレス

右俣のダケカンバ帯。これを抜けるとお花畑が広がる

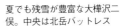

1日目

広河原から北岳肩の小屋へ

ＪＲ甲府《こうふ》駅前からの山梨交通バスに乗り、2時間ほど揺られて終点の**広河原**《ひろがわら》へ。野呂《のろ》川《がわ》広河原インフォメーションセンターで登山道などの最新情報を入手して出発する。南アルプス林道のゲートを越えた地点から大樺沢とひときわ高い北岳山頂を望むことができ、登頂意欲が湧いてくる。吊橋を渡って樹林に囲まれた広河原山荘前へ。山荘の右奥にキャンプ指定地がある（広河原山荘は２０２１年に野呂川広河原インフォメーションセンター付近に移築予定）。

出発準備を整え、広河原山荘の横から北岳をめざす。枝沢（支流から分かれる沢）を渡った樹林帯の分岐で白根御池《しらねおいけ》へ向かう道（P20参照）を右に見送る。大樺沢二俣へは大樺沢沿いに清流の瀬音を聞きながら直進する。はじめの崩壊地手前で右岸（下流から見て左側の岸）に移る。灌木帯の道は岩まじりで濡れて滑りやすいが、傾斜がゆるいのでマイペースで登れる。以前は右岸に苔むした美しい沢が望めたが、今日では沢の上に登山道が設けられ見ることはできない。

対岸の崩壊地点を通過後に左岸に戻る。灌木に囲まれた岩の道を登れば正面に北岳が全容を現わす。振り返ると早川《はやかわ》尾根の南端にあたる高嶺《たかね》が三角形の山容を見せている。登山道脇の巨岩を過ぎれば北岳の特産種ミヤマハナシノブがあちこちに咲いている。大樺沢二俣周辺にはダケカンバやナナカマドが目立ち、新緑と紅葉の季節はひときわ美しい光景が楽しめる。

右から小さな沢が合流した地点が**大樺沢二俣**。残雪の豊富な大樺沢と北岳バットレスが眺められる絶好の休憩地で、草原には高山植物が咲き、環境保全のためバイオトイレが設置されている。この先、行程が長いのでゆっくり休憩をとりたい。大樺沢二

登山者でにぎわう北岳山頂

残照の肩の小屋テント場（背後は甲斐駒ヶ岳）

俣でコースは3分される。直進して八本歯のコルをめざす大樺沢コース、分岐を右に折れお花畑から北岳肩《かた》の小屋をめざす右俣コース、右後方に戻るように分岐するコースは白根御池方面へと続く。

ここでは、展望とお花畑の右俣コースから北岳肩の小屋に向かう。右俣コースは登りやすく危険箇所が少ないので、初心者も安心して登ることができる。道標に導かれて草付き（沢の源頭などにある丈の短い草地）の急斜面を直登する。すぐに右俣の沢から離れてダケカンバ帯を斜上して高度を上げる。ダケカンバ帯を抜ければカール（圏谷）状のお花畑が広がり、前方には小太郎《こたろう》尾根の稜線が手の届く高さに望める。残雪が消えたお花畑にはサンカヨウが咲き、盛夏にはシナノキンバイ、イブキトラノオなどが次々に咲く。この先小太郎尾根まで急坂が続くので、お花畑の下で休憩しよう。

ダケカンバ帯にはお花畑が点在し、右手には鳳凰《ほうおう》三山、左後方にはシナノキンバイ

小太郎尾根のお花畑越しに望む仙丈ヶ岳

登山者が集う北岳山頂（右）と富士山

のお花畑越しに北岳の雄姿が美しい。ハイマツの縁にはクロユリがひっそりと咲いている。シナノキンバイ咲く斜面につけられた登山道を進めば白根御池からの登山道に合流する。獣害から高山植物を保護する柵が設けられている。花の種類が多くなった急斜面をジグザグに登れば**小太郎尾根分岐**だ。この地点でピラミダルな甲斐駒ヶ岳《かいこまがたけ》とおおらかな仙丈ヶ岳《せんじょうがたけ》がはじめて全容を見せてくれる。広河原から急登をがんばったあとに望む甲斐駒、仙丈の眺望は感動的だ。

爽快な小太郎尾根を進み、クサリが固定された急な岩場を越える。稜線の西側には7月上旬から中旬にかけてイワウメ、オヤマノエンドウ、ハクサンイチゲなど密度の濃いお花畑が広がり、背後には仙丈ヶ岳が望める。そのお花畑も8月上旬には花の姿は消えてしまう。小太郎尾根分岐から30分ほどで**北岳肩の小屋**に着く。小屋前の東側がキャンプ指定地になり、池山吊《いけやまつり》尾根方面に富士山が眺められる。

2日目 北岳から八本歯のコルを経て広河原へ下る

小屋前の広場に出ると、鳳凰三山越しに荘厳なご来光が眺められる。小屋を出発すると急な岩場が続く。急斜面を乗り越えた

池山吊尾根分岐。八本歯のコルへは左へとる

八本歯のコルから大樺沢左俣を下る登山者

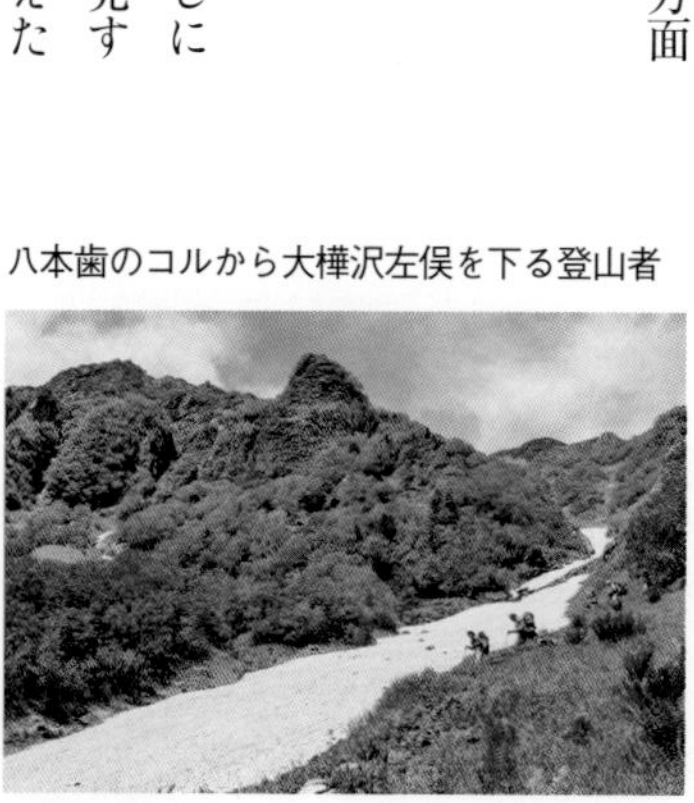

地点には両俣《りょうまた》小屋方面の分岐がある。この付近の草地にはタカネマンテマが咲いているので観察してみよう。岩場を進み、分岐から40分ほど登れば日本第二の高峰・**北岳**山頂に着く。雲海に浮く富士山、おおらかな縦走路の先に残雪輝くは間《あい》ノ岳《だけ》と農鳥岳《のうとりだけ》、さらには仙丈ヶ岳、甲斐駒ヶ岳、中央アルプスなどすばらしい眺めだ。人気の山だけに、山頂は笑顔の登山者でにぎわっている。ただし山頂の東側は絶壁になっているので、近づかないようにすること。

山頂から池山吊尾根分岐までが本コースで最も注意したいところで、やせた岩尾根がしばらく続く。急坂で浮石（不安定な状態の石）があるので、滑落しないように慎重に下る。とくに荒天時や雨上がりで岩が濡れているときは滑りやすい。池山吊尾根分岐まで下れば少し安心できる。

分岐で間ノ岳方面の縦走路から離れる。右手には北岳周辺で最も密度が濃いお花畑が広がり、7月下旬までミヤマオダマキ、

北岳から北面の甲斐駒ヶ岳方面を望む

池山吊尾根から望む間ノ岳と農鳥岳（左奥）

キンロバイなどの高山植物が咲き乱れる。

北岳山荘分岐点から巨岩が堆積した斜面が続く。垂直の木のハシゴを降りると**八本《はっぽん》歯《ば》のコル**で、コル（鞍部）からお花畑越しにおおらかな間ノ岳の眺望がすばらしい。

八本歯のコルで池山吊尾根から離れ、左に派生した尾根を下る。小さなハシゴが続きハイマツの根が張り出ているので、転倒しないように。八本歯沢の源頭（谷の最上流、尾根に到達する場所）は湿った岩屑が多く、滑りやすいところだ。また、大樺沢上部はバットレス側からの落石があるので注意して下っていく。

バットレスから清冽な水が流れる沢を横切り、大樺沢左側につけられた登山道をゆっくり下る。**大樺沢二俣**からは前日登ったコースを**広河原**まで下る。

プランニング&アドバイス

登山道などの最新情報を入手して安全確認後に計画しよう。前夜は芦安温泉または広河原山荘に泊まれば1日目の行動が楽になる。日程に余裕があれば2日目に間ノ岳往復〜北岳山荘泊、3日目に八本歯のコル経由で広河原に下山してもよい。初夏など大樺沢に残雪が多い際は八本歯のコル〜大樺沢二俣間は滑落の危険がある。小太郎尾根上部は7月初旬〜中旬にかけ高山植物が多い。梅雨の晴れ間をねらって計画したい。北岳山頂から吊尾根分岐まではやせた岩稜と滑りやすい岩屑の斜面が続く。大樺沢上部はバットレス側からの落石に注意。大樺沢二俣付近とバットレスの紅葉は9月下旬〜10月上旬。

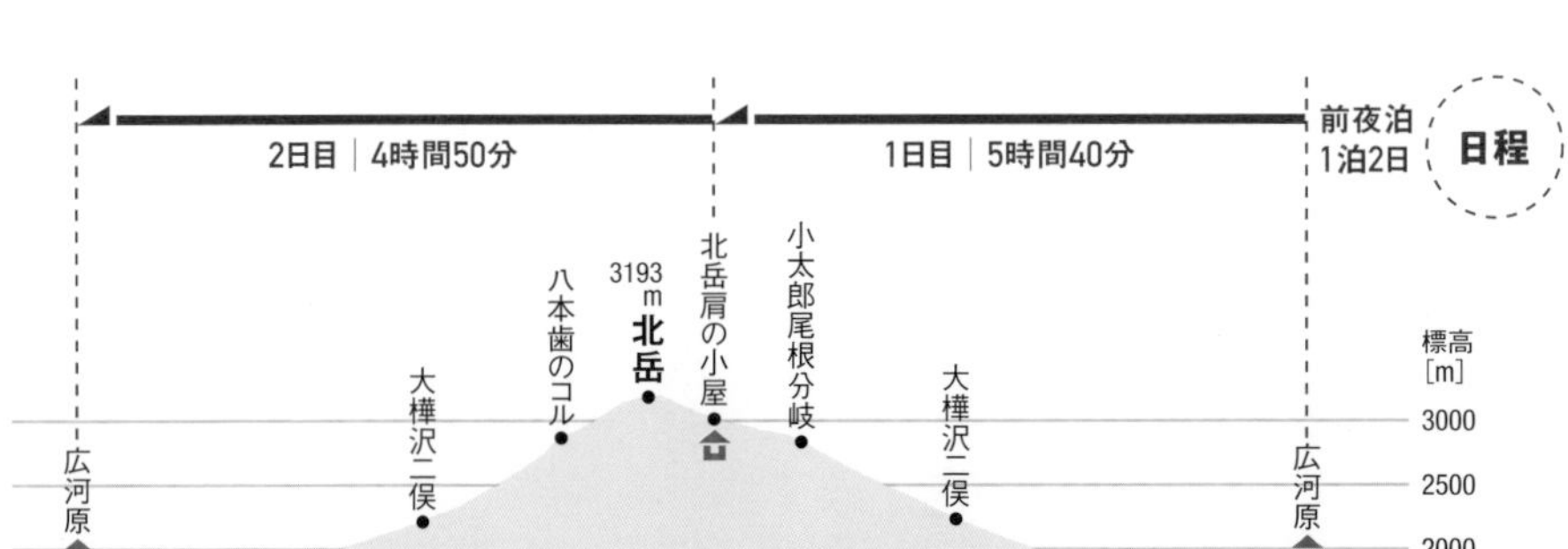

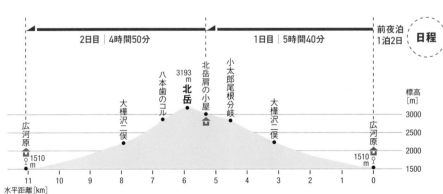

コラム1

北岳だけに咲く花 キタダケソウ

キタダケソウは残雪が消えると真っ先に咲く

北岳《きただけ》山頂周辺には多様なお花畑が広がり、日本アルプス屈指の高山植物の宝庫として知られる。花の名山として人気の北アルプス・白馬岳《しろうまだけ》と比べると雪田や高層湿原は少ないだけに、北岳周辺にはなぜ密度の濃いお花畑が多いのか、実に不思議である。

　北岳には、岩まじりの崩壊斜面や沢沿いの高茎草原、高山帯の砂礫地や風衝地（高山の尾根筋などの風当たりの強い場所）に変化に富んだお花畑が存在する。とくに、岩場や崩壊斜面の厳しい環境下に咲く高山植物が北岳の特徴といえる。山頂から北岳山荘の南東斜面は石灰岩が露出した岩まじりの斜面が続き、保水性や通気性など高山植物の生育に適した豊かな土壌となっている。6月中旬から7月下旬が花のベストシーズンで、山頂周辺のお花畑は百花繚乱の花で埋めつくされる。

　その高山植物の代表格が、特産種のキタダケソウだ。キタダケソウは1931（昭和6）年に千葉高等園芸研究科生（現・千葉大学園芸学部）の清水基夫氏が発見した新種で、3年後の1934年に発見地の北岳にちなみ、「キタダケソウ」と名づけられた。

　キタダケソウは北岳の限られた場所に生育する貴重な高山植物で、環境省のレッドリストの絶滅危惧Ⅱ類に位置づけられている。

　キタダケソウは6月中旬から下旬にかけて、残雪が消えた北岳の南東斜面に真っ先に咲く。梅雨のまっただなかに咲くため、訪れる登山者は少なかったが、今日ではキタダケソウを観察するために訪れる登山者が増えている。この季節、大樺沢《おおかんば》は残雪が豊富で危険なため、北岳肩《かた》の小屋から北岳山頂経由でキタダケソウを観察しよう。計画する場合は、開花状況以外にも広河原《ひろがわら》までのアプローチや、コースの積雪状況なども事前によく調べておきたい。

キタダケソウが咲く北岳南東斜面のお花畑

写真・文／中西俊明

サブコース

白根御池コース

広河原↓白根御池小屋↓小太郎尾根分岐↓北岳肩の小屋↓北岳　7時間30分

白根《しらね》御池《おいけ》コースは広河原《ひろがわら》から北岳《きただけ》をめざすコースの中で、最も南アルプスの雰囲気が漂っている。うっそうとした樹林帯の急登を抜けると、窪地の高茎草地へと続く変化に富んだコースになっている。メインとなる大樺沢《おおかんばさわ》沿いのコース（P12コース[1]参照）と異なり、大雨などの影響を受けにくいことが本コースの特徴であろう。

広河原のバス停から北岳の雄姿を眺め、野呂《のろ》川に架けられた吊橋を渡る。広河原山荘をあとに樹林帯の急坂を越えれば、ほどなく白根御池の分岐が現われる。白根御池方面へは分岐を右にとり、コメツガなどのうっそうとした樹林帯の急坂にかかる。展望こそ恵まれないが、降雨時や強風時には天候の影響をあまり受けずに登れることがありがたい。急坂が連続するコースでは、自分のペースでゆっくり登ることが大切だ。ときどき現われる平坦地で休憩をとりながら高度を上げる。

傾斜がゆるんだら山腹を南に進み、深い沢を横切る。ここから樹林帯を抜け出れば、立派な**白根御池小屋**に着く。現在の白根御池小屋は、雪崩の影響を受けない地点に南アルプス市が2007年に新築したものである。白根御池周辺がキャンプ指定地で、夏山シーズン中はいくつものテントが張られている。

池畔から小太郎《こたろう》尾根に出るまでは急登が連続する。凹地の高茎草原の急斜面はダケカンバに囲まれ、初夏にミヤマハナシノブ、

Map 13-2A　広河原

Map 12-3D　北岳

コースグレード	中級
技術度	★★★☆☆ 3
体力度	★★★☆☆ 3

白根御池コースは樹林帯の急登が続く

樹林の中の白根御池小屋。テント場もある

写真・文／中西俊明

盛夏にはミヤマシシウドなどが咲くところ。道は草原の直登が連続する。草原上部で右のダケカンバ帯に入っても急登が続き、森林限界を抜ければシカの獣害から高山植物を守る柵が現われる。左から大樺沢右俣《みぎまた》コース（P12コース1参照）が合流し、テガタチドリなど高山植物の種類が多くなる。

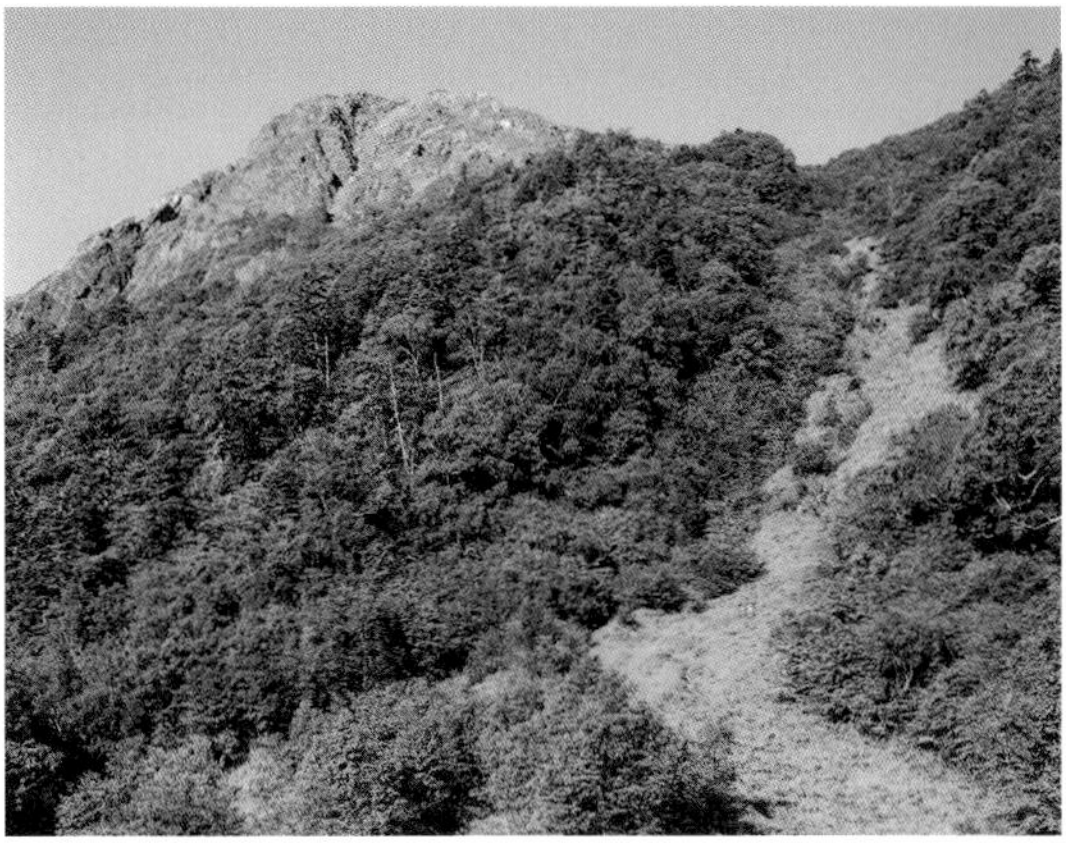
白根御池池畔から草すべりコース（右の斜面）と北岳を望む

白根御池小屋を出発して3時間ほどで**小太郎尾根分岐**に着く。爽快な涼風が吹き抜けるとともに、深田久弥《ふかだきゅうや》が「日本アルプスで一番きれいなピラミッド…」と称えた甲《か》斐駒ヶ岳《いこまがたけ》とおおらかで品格を備えた仙丈ヶ《せんじょうが》岳《たけ》がはじめて視界に飛び込んでくる。

小太郎尾根西側斜面は7月上旬から中旬にかけてハクサンイチゲやオヤマノエンドウが咲くお花畑が広がる。小太郎尾根分岐から30分ほどで**北岳肩《かた》の小屋**に着く。さらに露岩の急斜面から北岳をめざす。両俣《りょうまた》小屋方面の分岐を見送り、傾斜がゆるくなった岩尾根をひと登りすれば**北岳**山頂に着く。南北に細長い山頂は、日本第二の高峰にふさわしい絶景が広がる。

草すべり上部では背後に鳳凰三山が見える

プランニング&アドバイス

首都圏を早朝に出発すれば、その日のうちに白根御池小屋まで入ることができる。翌日は必要な荷物をもち、北岳を往復してもよいだろう。荷物が軽いので、快適に北岳を往復できる。白峰三山縦走（P28コース3参照）では、1日目が北岳肩の小屋、2日目が農鳥小屋、3日目に奈良田に下山する日程がおすすめ。

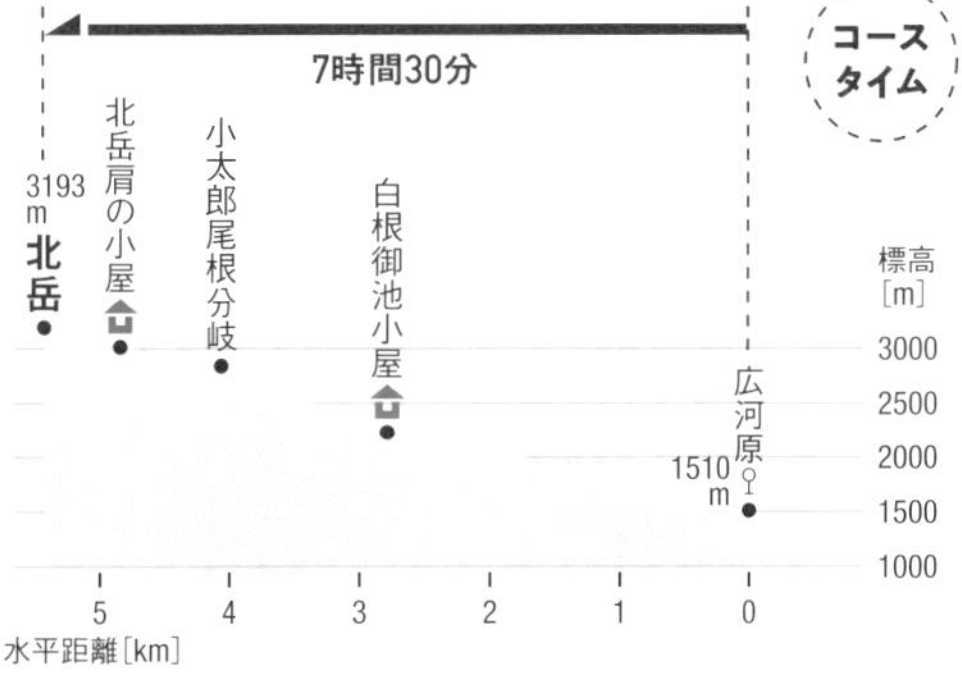

優美な縦走路で結ばれた北岳《きただけ》と間《あい》ノ岳《だけ》は南アルプス屈指の名山で、日本百名山に選ばれている。人気の2山を効率よく登れることもあり、近年は北岳と間ノ岳を組み合わせる登山者が増えている。百花繚乱の高山植物、アルペンムード満点の北岳バットレス、涼しい初夏の雪渓、大パノラマの絶景など南アルプスの魅力が満喫できるコースだ。とくに北岳から北岳山荘間の南東斜面には岩まじりの風衝草原が広がり、キタダケソウやタカネマンテマ、キンロバイなど多くの高山植物が咲く。初夏の大樺《おおかんば》沢は残雪が多く危険なため、残雪が消え登山道が現われる7月下旬がおすすめである。また、大樺沢上部ではバットレス側からの落石の心配があるので、入山前に関係する自治体や山小屋で登山道の最新情報を入手したうえで計画を実行する。

ここで紹介するコースは広河原《ひろがわら》から八本《はっぽん》歯《ば》のコルを経て間ノ岳と北岳に登頂して、下山は白根《しらね》御池《おいけ》から広河原に下山する2日間コースである。

大樺沢二俣をめざす登山者（背後は高嶺）

大樺沢左俣上部から見た北岳バットレス

写真・文／中西俊明

前夜泊1泊2日

北岳 間ノ岳

八本歯のコル 白根御池

間ノ岳手前の稜線からの北岳（右は鳳凰三山、左奥は甲斐駒ヶ岳）

コースグレード	中級
技術度	★★★☆☆ 3
体力度	★★★★☆ 4

日本百名山の2山を効率よく登り、花と絶景を楽しむ

1日目　広河原→ 八本歯のコル→ 北岳山荘　計6時間5分

2日目　北岳山荘→ 間ノ岳→ 北岳→ 白根御池小屋→ 広河原　計9時間

1日目

広河原から八本歯のコルを経て北岳山荘へ

広河原から**大樺沢二俣**《おおかんばさわふたまた》までは大樺沢の清流沿いの約2時間半の行程。コースは左岸の崩壊地を避けるため、対岸に移り通過する。詳細はP12コース[1]を参照のこと。

大樺沢二俣で豪快な北岳バットレスと草地に咲く花を観察しながら休憩したら、大樺沢上部のひときわ高い八本歯のコルをめざす。登山道は大樺沢左岸の草付きにつけられている。初夏のころは高山植物が咲き、花を楽しみながら登れる。大樺沢の雪渓上を登る人を見かけるが滑落の危険があるので、初心者は必ず登山道を歩くこと。バットレスが源頭の枝沢には清冽な流れがほとばしり、乾いたのどを潤してくれよう。

バットレス下部の通過は落石に注意を払いながら、短時間で通過する。左に回り込み、八本歯沢源頭へと進む。雪が残っているときは、滑落や雪渓を踏み抜かないように注意する。後方を振り返れば大樺沢二俣がはるか下方に眺められ、標高を上げたことが実感できる。

八本歯沢源頭はガレ沢の急斜面で滑りやすいので、ゆっくり登る。沢から離れ、ダケカンバの巨木が目立つ尾根に取り付く。たどり着いた尾根からは高度感あふれる垂直の岩壁・北岳バットレスが大迫力だ。

小尾根をたどると、小さなハシゴが次々に現われる。ハイマツ帯を抜けると、岩肌が露出した池山吊《いけやまつり》尾根の鞍部、**八本歯のコル**に出る。前方が開け、おおらかな間ノ岳が視界に飛び込む。コルの南斜面はシナノキンバイなどのお花畑が広がり、その奥には間ノ岳と農鳥岳《のうとりだけ》の勇姿が眺められる。八本歯のコルから左にのびる尾根が池山吊尾根で、積雪期の北岳登頂コースになっている。厳冬期、ボーコン沢《ざわ》ノ頭《あたま》から眺める北岳は荘厳で、すばらしい光景が期待できる。

コルを右に進むと長い垂直の木のハシゴが現われる。ハシゴを越え、バットレスの

八本歯のコル上部のハシゴ

花の多い池山吊尾根〜北岳山荘間を行く

岩壁を横から眺めながら池山吊尾根上部を登る。大きな岩の斜面をひと登りで北岳山荘方面の分岐に出る。直進すると北岳山頂方面、ここでは左に折れ、北岳山荘へのトラバース（斜面を横方向に移動すること）の道に入る。分岐〜北岳山荘間の東斜面は北岳屈指の高山植物帯が広がる。6月中旬にはキタダケソウが咲き、7月下旬までハクサンイチゲ、キンロバイなど百花繚乱の高山植物が楽しめるが、観察の際はお花畑には立ち入らないこと。

桟橋が架けられた露岩帯を越えて草原状の道を下れば、赤い屋根の**北岳山荘**に着く。夏山シーズン中は登山者が多く混雑する。山荘手前がキャンプ指定になっている。

2日目

間ノ岳、北岳に立ち白根御池を経て広河原へ

朝食をすませたら必要なものをもち、軽い荷物で間ノ岳を往復する。早朝の稜線は

間ノ岳山頂から塩見岳、荒川三山方面を望む

気温が低く風が強いので防寒具は必須だ。

　ハイマツ帯の稜線漫歩が続き、東方には雲海に浮く富士山《ふじさん》を眺められる。以前は登山道脇で遊ぶライチョウの親子をよく見かけたが、最近ではその機会が減った。**中白峰**《なかしらね》は堂々と構えた北岳が望める展望台だ。前方には殺風景な間ノ岳が顔を見せる。中白峰の東側の風衝地には、イワベンケイやミヤマオダマキなどが咲くお花畑がある。

キンロバイ咲く八本歯のコル付近のお花畑と間ノ岳

　間ノ岳へはゴツゴツした岩尾根の西側をたどる。ゆるく下り登り返すと、間ノ岳手前の窪地には初夏のころまで雪田が残っている。３１９０ｍの**間ノ岳**は平坦で、標識がなければ通過してしまうほど特徴がない山頂だ。広々として、見通しが悪いと迷いやすい。間ノ岳は日本百名山に選ばれていることもあり、近年は登山者の姿が多くなった。塩見岳《しおみだけ》と荒川《あらかわ》三山、富士山の眺望がすばらしい。

　斜光で輝く山々を眺めたら、**北岳山荘**まで戻る。山荘前の稜線には鐘が設けられ、ここからの北岳は、南アルプスの盟主にふさわしい品格と迫力が感じられる。

　山荘からしばらくは、足もとの可憐な花を楽しみながら登っていく。ハイマツ帯から岩場に入り、ハシゴを越えて池山吊尾

北岳山荘のテント場はいつもにぎわっている

北岳山荘付近から望む北岳の山頂部

甲斐駒ヶ岳を眺めながら小太郎尾根を下る

根の分岐を見送る。この先登山道は一段と険しくなり、滑りやすい露岩帯を登れば、待望の**北岳**山頂に立つ。日本第二の高峰にふさわしい絶景が広がり、今朝ほど登った間ノ岳をはじめ、富士山、鳳凰《ほうおう》三山、甲斐《かい》駒《こま》ヶ《が》岳《たけ》などの山々が手にとるように眺望できる。時間の許す限り展望を満喫しよう。

山頂からは岩場を北岳肩《かた》の小屋に向かう。岩尾根を進んで両俣《りょうまた》小屋の分岐を見送ると、急坂のザレ場を下りとなる。滑落に注意して**北岳肩の小屋**まで下れば、この先は正面に甲斐駒ヶ岳と仙丈《せんじょう》ヶ《が》岳《だけ》を眺めながら小太《こだ》郎《ろう》尾根をのんびりと下れる。

小太郎尾根分岐から草すべりコースに入ると、傾斜がきつい樹林帯が続く。窪地の急斜面を下れば**白根御池小屋**に着く。小屋から**広河原**まで樹林帯の急下降が続く。途中休憩をとりながら、ゆっくりと下ろう。

プランニング&アドバイス

広河原までのアプローチと八本歯のコルまでの登山道の最新情報を入手し、安全確認後に計画すること。前夜は芦安温泉または広河原山荘に宿泊すれば1日目の行動が楽になる。初夏など大樺沢に残雪が多い場合、または大樺沢沿いのコースが荒れている場合は、白根御池、北岳肩の小屋経由（P20参照）で北岳と間ノ岳に登り、往路を下山しよう。大樺沢上部はバットレスからの落石の危険があるので、短時間で通過しよう。高山植物が咲き乱れるのは7月上旬〜下旬がおすすめ。その際、宿泊は梅雨明け直後の海の日や週末は山小屋が最も混雑するので避けたい。

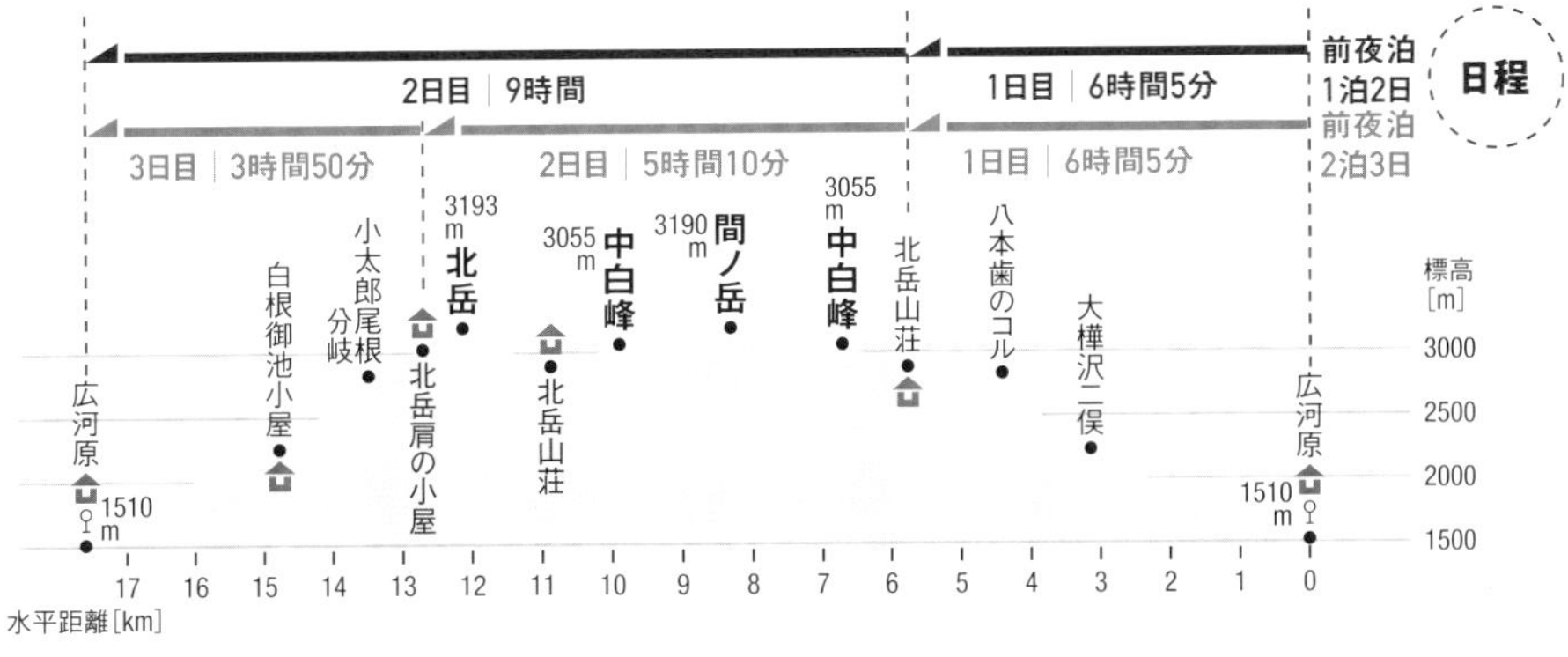

白峰三山

北岳 間ノ岳 農鳥岳

2泊3日

1日目	広河原→白根御池小屋→北岳肩の小屋　計6時間30分
2日目	北岳肩の小屋→北岳→間ノ岳→農鳥小屋　計4時間50分
3日目	農鳥小屋→農鳥岳→大門沢下降点→奈良田　計9時間

日本一の長さを誇る 3000mの稜線歩きと 絶景を満喫

コースグレード	中級
技術度	★★★☆☆ 3
体力度	★★★★☆ 4

写真・文／伊藤哲哉

朝焼けの西農鳥岳（左は農鳥岳）

富《ふ》士山《じさん》に次ぐ日本第二の高峰である北《きた》岳《だけ》と間《あい》ノ岳《だけ》、農鳥岳《のうとりだけ》と連なる山々は「白峰《しらね》三山」とよばれ、南アルプス随一の人気縦走コースである。日本一長い標高3000mの稜線には、瑞々しい高山植物や朝焼けの富士山、山頂からの大パノラマ、うっそうとした樹林帯など見どころがたくさんある。長く厳しい縦走を成し遂げたあとの喜びは大きなものとなる。

下山地の奈良田《ならだ》温泉は、約1300年前、女帝の孝謙《こうけん》天皇が病気療養のために訪れた際にこの地を気に入って、長期滞在をしたと伝えられる霊泉として有名である。42度の源泉かけ流しの温泉で長旅の疲れを癒し、帰途に着くのもよいだろう。

1日目

広河原から北岳肩の小屋へ

広河原《ひろがわら》バス停から野呂《のろ》川に架かる吊橋を渡り、広河原山荘から登りはじめる。**白根《しらね》御池《おいけ》小屋**を経由して**北岳肩《かた》の小屋**に入る（ここまではP20参照）。

西農鳥岳からの間ノ岳と北岳（右）

富士山を望む間ノ岳山頂に立つ登山者

2日目

北岳肩の小屋から間ノ岳を経て農鳥小屋へ

北岳肩の小屋から**北岳**を経て**間ノ岳**までのコースは、P22コース2を参照のこと。

間ノ岳山頂では、東から富士山、農鳥岳、塩見岳《しおみだけ》、中央アルプス、北岳を眺めることができる。広々とした山頂だけに、見通しが悪いときには進む方向がわかりづらくなるので注意したい。

農鳥小屋へは、富士山を正面に見ながら進む。岩礫の斜面をジグザグに下っていくと鞍部となり、岩の城壁に囲まれた**農鳥小屋**がある。小屋手前がキャンプ指定地になっている。夜になると眼下に甲府《こうふ》盆地の夜景を眺めることができるが、明朝の出発は早いので早々に就寝しよう。

3日目

農鳥岳を越え奈良田へ下山

奈良田までは長い行程であり、早出早着の「山の鉄則」の通り、早々に出発しよう。

農鳥小屋をあとに西農鳥岳《にしのうとりだけ》への急登がはじまる。天気がよければ、ご来光を眺めながらの登山になる。大きな岩峰は、基部を右から回り込むように通過する。傾斜がゆるくなったハイマツの稜線を登れば、**西農鳥岳**に着く。正面には南アルプスの中央に君臨する鉄兜のような塩見岳が朝日に輝き、東には平坦な山頂が特徴の農鳥岳が眼前に広がっている。ただし稜線に出ると風が強いこともある。まだ気温の低い早朝でもあり、体温管理には注意したい。

しばらく下って、健気に咲く花にはげまされて岩稜を登り返すと最後のピークである**農鳥岳**に立つ。最近では農鳥岳まで足をのばす登山者は少ないが、山頂からは振り

農鳥岳より塩見岳方面の眺め

大門沢下降点の道標。ここで稜線を離れる

返れば尖った北岳とドーム状の間ノ岳が印象深く眺望でき、天気がよければ東には富士山や雲海が見えるだろう。登るだけの価値は充分ある山だ。

　山頂をあとに、歩きやすいハイマツに囲まれた道を**大門沢《だいもんざわ》下降点**まで進む。分岐には鉄骨を組んだ道標が設けられている。稜線を離れて樹林帯に入ると、急勾配の下りが連続する。あせらずゆっくり下りたい。

　ハイマツ帯を蛇行し、針葉樹林帯の急坂を下っていくと大門沢に出る。さらに進むと傾斜がゆるくなり、樹林帯を**大門沢小屋**まで下る。奈良田まではまだまだ先が長いだけに、必ず小休止をしよう。

　河原に沿って奈良田に向かう。大門沢に沿って何度か流れを横切っていく道が、しっとりとした樹林帯の中に続く。吊橋を渡り、大きな堰堤の先で吊橋の**森山《もりやま》橋**を渡れば、林道に出る。ここまで来ればこのコースのゴールもうすぐだ。左に休憩舎が建ち、振り返ればはるか高みに農鳥岳からの緑濃い稜線が望める。

　この先単調な林道歩きを続けて、**奈良田第一発電所**を経て**奈良田**（奈良田温泉）をめざす。奈良田温泉では、あらかじめバスの時刻表を確かめ、汗と疲れを流してから広河原または身延《みのぶ》行きのバスに乗ろう。

発電所取水口付近の吊橋。ここまで来れば登山口は近い

プランニング&アドバイス

早朝に広河原に到着するバスやタクシーを利用した場合、1日目の宿泊地を北岳肩の小屋にすることができる。首都圏を早朝に出発し、正午ごろまでに広河原に到着する場合は白根御池小屋に宿泊するのがよい。3日目は農鳥小屋から奈良田まで行程が長いので、可能な限り早朝に出発する。歩行時間も長いので、梅雨明け直後の天候が安定した時期がおすすめである。高山植物の見ごろは、例年7月中旬から8月上旬になる。ただしこのころ多くの登山者が訪れ、山小屋が最も混雑する時期と重なる。できれば週末を避けてプランニングしたいところだ。

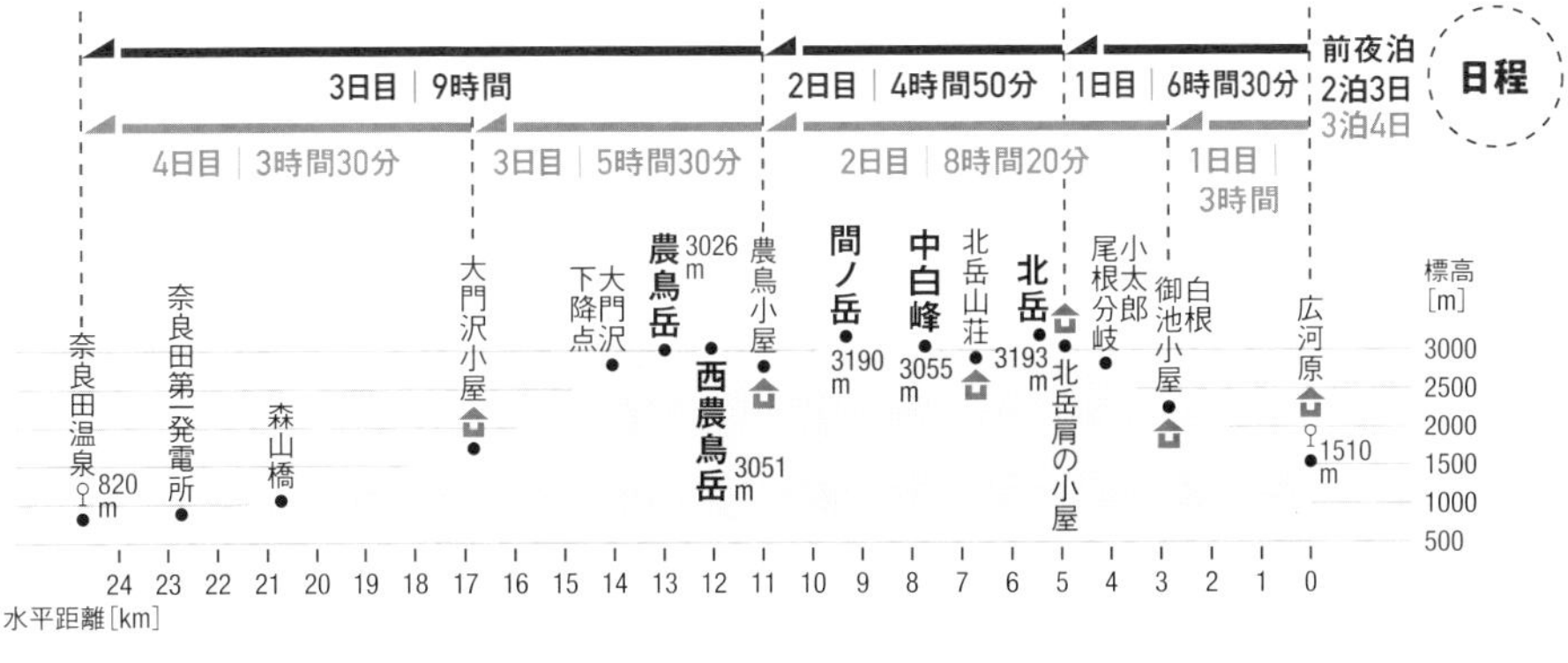

コラム2

北岳に咲く花

初夏の北岳では、
小太郎尾根や中白峰、山頂周辺に
可憐な高山植物が咲き乱れる。
その代表格が、6月中旬に
北岳に登らなければ観察できない
キタダケソウである。
みずみずしい花を楽しむなら、
7月の中旬までに
梅雨の晴れ間をねらって
北岳にチャレンジしてみよう

キタダケソウ

キンポウゲ科　北岳山頂周辺の限られた高山帯の礫まじりの草地に咲く特産種。花は白色で直径2〜3cm。雪どけ直後に真っ先に開花する。高さは10〜15cm。花期：6月中旬〜下旬。

白色系の花

ハハコヨモギ

キク科　北岳山頂の砂礫地や岩場に多く生える。花は黄色を帯びた白色で散房状に密集する。葉は銀白色で全体が絹毛におおわれている。高さは5〜15cmほど。花期：7月中旬〜8月上旬。

サンカヨウ

メギ科　大樺沢二俣周辺から右俣コースなど亜高山帯の林床や草地に、残雪が消えた直後に咲く。20〜30cmの葉の中心に白い花が10個ほどつく。高さは20〜40cm。花期：5月中旬〜7月下旬。

チョウノスケソウ

バラ科　北岳南東斜面など高山帯の風衝地にマット状に生える落葉低木。花は枝先に1個つけ、直径3cmで花弁は8枚。花はキタダケソウに似ているが葉は小判形。花期：6月下旬〜7月中旬。

ウスユキソウ

キク科　南アルプスの亜高山帯から高山帯の草地や岩場に幅広く分布している。葉の表面は雪をかぶったように白い。頭花は先端に数個、高さは15〜30cm。花期：7月中旬〜8月下旬。

ハクサンイチゲ

キンポウゲ科　北岳付近では岩まじりの草地に生える。小太郎尾根西斜面では7月上旬〜中旬に群生する。花は直径2cmほどで5〜6個つける。高さは15〜30cm。花期：7月上旬〜8月上旬。

タカネツメクサ

ナデシコ科　白峰三山や甲斐駒ヶ岳の高山帯の砂礫地に生える。マット状に密度濃く広がり、茎の先に白い花が咲く。花径は1cmほどで、先端が鋸歯状になっている。花期：7月中旬〜8月上旬。

写真・文／中西俊明

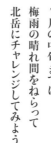

黄色系の花

イワベンケイ

ベンケイソウ科　北岳山頂など稜線の岩場や岩礫地の厳しい環境下に力強く生える。雌雄異株で、雄株はあざやかな黄緑色。大きな株は、形のよい球形になる。花期：7月中旬〜8月上旬。

キバナシャクナゲ

ツツジ科　北岳の山頂周辺、小太郎尾根、中白峰の岩礫地やハイマツ帯の縁に生える常緑小低木。開花時期は早く、初夏には淡い黄色の花を4〜5個つける。花期：6月下旬〜7月下旬。

ミヤマキンポウゲ

キンポウゲ科　草すべりや右俣コース、北岳山頂付近の南東斜面の草地に群生して生える。黄色の花弁は光沢があり、花の直径は1.5〜2㎝。高さは10〜30㎝。花期：7月中旬〜8月上旬。

ミヤママンネングサ

ベンケイソウ科　高山帯の岩場に生える多年草。南アルプスの全山域で見かける。細い枝は、地をはって分枝する。花はあざやかな黄色で、集散状に咲く。花期：7月中旬〜8月中旬。

ミヤマキンバイ

バラ科　北岳や中白峰など高山帯の岩の隙間や砂礫地を好み、南アルプスの全域に生える。初夏から盛夏まで花を見る。花径は1.5〜2㎝で4〜8個つける。高さは7〜15㎝。花期：7月上旬〜8月上旬。

ウサギギク

キク科　右俣コースや草すべりなどのハイマツ脇の草地に生える多年草。高さは10〜20㎝。葉や茎など全体に縮毛が密生する。花は黄色で4〜5㎝ほど。花期：7月中旬〜8月上旬。

北岳山頂付近のお花畑に咲くシナノキンバイ

タカネマンテマ

ナデシコ科　北岳周辺の岩礫地に生える。花は茎の先に1個、下向きにつける。先端の花弁は淡紅色。萼筒は1〜1.5㎝で、黒紫色の脈がある。高さは5〜15㎝。花期：7月中旬〜8月上旬。

テガタチドリ

ラン科　草すべりや八本歯のコルなど高山帯の草地に生え、淡紅紫色の花は先に密集する。根が掌状になるため、手形千鳥の花名になった。高さは10〜15cm。花期：7月中旬〜8月上旬。

イブキジャコウソウ

シソ科　白峰三山や仙丈ヶ岳の日当たりのよい砂礫地で見かける。地を這う小低木。赤紫の花が密度濃く咲く。花冠は5〜7mmの唇形。全体に芳香がある。花期：7月下旬〜8月中旬。

クルマユリ

ユリ科　草すべり、熊ノ平などの高茎草地に生え、華やかな橙色は夏の花にふさわしい。花は直径6cmほど。葉は茎の中央部で輪生する。高さは0.5〜1m。花期：7月下旬〜8月中旬。

クロユリ

ユリ科　草すべり、八本歯のコルの草地にひっそり咲く。花は暗茶褐色で黄色の斑点があり、茎の先に1〜2個下向きにつける。葉は輪生し、2〜3段つける。花期：7月上旬〜8月上旬。

ミヤマシオガマ

ゴマノハグサ科　白峰三山や塩見岳など高山帯の風衝草原に生え、ニンジンのように深く裂けた葉が特徴。タカネシオガマに似る。高さは7〜15cm。花期：7月上旬〜8月上旬。

ハクサンチドリ

ラン科　小太郎尾根や北岳南東斜面の草地に生える。花は紅紫色をしており、総状に10〜20個ほどつける。花弁は鋭く尖っている。高さは10〜15cm。花期：7月中旬〜8月上旬。

赤色系の花

タカネナデシコ

ナデシコ科　大樺沢上部や右俣コースの草地に生える。細い茎の先に1〜3個の花をつける。花の直径は4cmほどで紅紫色。高さは15〜30cmで倒れる。花期：7月下旬〜8月中旬。

小太郎尾根上部にはキバナシャクナゲ（P33参照）が咲く

北岳山頂の岩場に咲くイワベンケイ（P33参照）

ミヤマハナシノブ

ハナシノブ科　北岳を代表する花のひとつ。大樺沢から右俣コースの草地に多く見かける。花は淡青紫色で、花冠は2㎝ほどの漏斗形。高さは30〜50㎝。花期：7月上旬〜8月上旬。

紫系の花

キタダケトリカブト

キンポウゲ科　北岳南東斜面の草地や岩礫地に生える。北岳の特産種で、草丈は20〜30㎝と低い。葉は長さ3〜5㎝ほどで、細く深く切れ込んでいる。花期：7月下旬〜8月下旬。

チシマギキョウ

キキョウ科　北岳など高山帯の岩場の割れ目や風衝地を好む。萼や花弁に長い毛があり、イワギキョウと区別できる。花茎は高さ5〜10㎝で、花を横向きにつける。花期：7月中旬〜8月中旬。

タカネグンナイフウロ

フウロウソウ科　大樺沢二俣、右俣コースなど亜高山帯の高茎草原に生える。花は濃紅紫色で、直径3㎝ほど。ハクサンフウロより青みが強い。高さ30〜50㎝。花期：7月中旬〜8月上旬。

クガイソウ

ゴマノハグサ科　北岳では大樺沢や草すべりなど亜高山帯の草地で見かける。花は青紫色で茎の先に総状につき、下から先端へと咲く。高さは1mにもなる。花期：7月中旬〜8月中旬。

オヤマノエンドウ

マメ科　北岳や仙丈ヶ岳など高山帯の風衝草原や岩場を紫色に彩る。地を這うように広がり、小太郎尾根では7月上旬から中旬の梅雨の最盛期に見られる。花期：6月下旬〜7月中旬。

ミヤマオダマキ

キンポウゲ科　北岳南東斜面や中白峰の風衝草地に多い。花径は4㎝と大きく、花弁の先端は白色。オダマキはミヤマオダマキの改良品といわれる。高さ10〜20㎝。花期：7月上旬〜8月上旬。

駒津峰は甲斐駒ヶ岳が正面に眺望できる展望地

原生林の峠から花崗岩の絶頂をめざす人気コース

コースグレード	中級
技術度	★★★☆☆ 3
体力度	★★★☆☆ 3

1日目	北沢峠→仙水小屋　計40分
2日目	仙水小屋→仙水峠→甲斐駒ヶ岳→双児山→北沢峠　計6時間30分

写真・文／中西俊明

甲《か》斐《い》駒《こま》ヶ《が》岳《たけ》は端正な三角錐の名山で、「日本百名山」の深田久弥も「甲斐駒ヶ岳が日本アルプスで最も美しいピラミッド」と絶賛している。JR中央本線の車窓から眺める甲斐駒ヶ岳は怪奇な摩利支天《まりしてん》をしたがえ、韮崎《にらさき》駅から小淵沢《こぶちざわ》駅のあいだで刻々と変化する山容に、誰もが見入ってしまう。信州では花崗《かこう》岩の山頂が残雪のように輝くことで、「白崩山《しろくずれやま》」とよばれていた。森林限界（高木が育つ限界高度）が高く緑濃い重厚な山々が多い南アルプスでは、明るい花崗岩の甲斐駒ヶ岳はひときわ目立つ存在になっている。古くから信仰登山として栄えてきた甲斐駒ヶ岳は、東面の黒戸《くろと》尾根（P42コース5参照）が表登山道だが、現在では急登が続く黒戸尾根を敬遠して、標高差が少ない西面の北沢《きたざわ》峠から往復する登山者が多い。

ここでは、うっそうとしたシラビソやトウヒなど原生林が茂る北沢峠から仙水《せんすい》峠を経て信仰の山・甲斐駒ヶ岳をめざす、人気コースを紹介する。

樹林帯を抜けると仙水峠は近い

登山口の北沢峠は樹林に囲まれている

1日目 北沢峠から仙水小屋へ

翌日は早朝に早く出発するため、仙水小屋に泊まる。**北沢峠**バス停から**長衛《ちょうえい》小屋**前を抜ける。長衛小屋前のキャンプ指定地は、夏山シーズン中は多くのテントでにぎわっている。北沢の流れを渡ると、すぐに栗沢《くりさわ》山《やま》西尾根（Ｐ73参照）の分岐を見送る。しばらくは左岸沿いにいくつもの堰堤を越えて源流へと進む。右岸に移り露岩部を通過すれば、おいしい清水が流れる**仙水小屋**に着く。樹林帯に囲まれた静かな小屋で、正面にはゆるやかな小仙丈《こせんじょう》尾根が眺められる。仙水小屋は登山者でにぎわう北沢峠バス停から離れているために静かだ。小屋裏手の樹林帯がキャンプ指定地になっている。

2日目 仙水峠から甲斐駒ヶ岳を経て北沢峠へ下る

翌日は仙水峠から甲斐駒ヶ岳に登り、双《ふた》児山《ごやま》経由で北沢峠へと下る。朝食後、明るくなったら出発しよう。

暗いシラベの樹林帯を抜けると、ゴーロ（岩がゴロゴロした場所）とよばれる岩塊斜面の異様な光景が現われる。これも氷河期につくられた光景のひとつだ。岩塊斜面下端につけられた登山道を仙水峠へ。ケルンが立つ**仙水峠**は独特の雰囲気が漂う鞍部で、正面には摩利支天の岩壁が大迫力で望める。

駒津峰《こまつみね》方面は仙水峠を左に折れる。駒津峰まで標高差は４７６ｍもあり、この標高差を短い距離で直登するだけに、苦しい登りが続く。樹林帯の道には露岩や張り出した木の根があり、つまずかないように、足もとに注意して登っていく。樹林帯を抜け出れば、左に仙丈《せんじょう》ヶ岳《がたけ》、右には甲斐駒ヶ岳を眺めながら登る。すばらしい光景を眺めながら登れるので、急登の苦しさは感じられない。

仙水小屋は水が豊富な人気の小屋である

正面に迫力ある摩利支天の岩壁を望む仙水峠

ハイマツ帯を一歩一歩進むと、小ピークの**駒津峰**に着く。駒津峰は屈指の展望台で、正面には花崗岩の白い山肌をむき出しにしたアルペン的な甲斐駒ヶ岳が手の届く近さで望める。西方にはいくつものカールを抱えた女性的な仙丈ヶ岳、南方には緑濃い早《はや》川《かわ》尾根が眺望できる。この先、甲斐駒ヶ岳山頂までの険しいコースが続くので、早々に出発しよう。

駒津峰付近から望む早川尾根と鳳凰三山

ハイマツとダケカンバに囲まれたやせ尾根が続く。岩場の道を、巨岩が目立つ鞍部の六方《ろっぽう》石まで下る。ここでコースが二手に分かれる。ひとつが岩尾根を直登するコースで、主に積雪期に利用される。ここでは分岐を右に折れ、甲斐駒ヶ岳南斜面のコースに入る。

しばらくダケカンバの灌木帯が続き、風化された花崗岩の斜面に突入する。振り返れば鞍部には六方石の巨岩がひときわ印象的に眺められる。風化した花崗岩と砂礫が織りなす斜面は滑りやすい。靴底がしっかりした軽登山靴で登ると安心できる。

甲斐駒ヶ岳の砂礫地には、乾いた環境を好むタカネツメクサがあちこちに咲いている。コースは晴れているときには問題ないが、見通しが悪い際は、摩利支天方面の分岐に迷い込まないように注意が必要だ。

山頂と摩利支天を結ぶ稜線に出ると、甲斐駒ヶ岳にふさわしい光景が広がる。白砂

甲斐駒ヶ岳山頂に安置された祠

六方石から花崗岩の斜面を登り稜線へ

甲斐駒ヶ岳からの鳳凰三山。その背後に富士山がそびえる

の斜面に風化した巨大な花崗岩が点在する光景は、南アルプスでは珍しい存在だ。

　風化した巨岩帯を越えれば、黒戸尾根コース（P42コース5参照）が合流する。合流地付近には石碑などがまつられ、信仰の面影が強く残っている。

　花崗岩の登山道をひと登りで、待望の**甲斐駒ヶ岳**に着く。広々とした山頂には立派な駒ヶ岳神社がまつられ、三角点や山頂の標識が置かれている。北岳をはじめ、鳳凰《ほうおう》三山に鎮座する富士山《ふじさん》、南アルプスの女王・仙丈ヶ岳、八ヶ岳《やつがたけ》、中央アルプスなどが大パノラマとなって展開する。平坦な頂

甲斐駒ヶ岳山頂からの仙丈ヶ岳方面（背景は中央アルプス）。仙丈の手前には駒津峰と双児山が望める

ではお弁当を広げて、時間が許す限りのんびりしよう。ただし午後になると甲府《こうふ》側から雲が湧き、視界がなくなってしまうこと多い。

大パノラマを存分に満喫したら、駒津峰から双児山経由で北沢峠に下山しよう。正面に摩利支天の岩峰と富士山、北岳《きただけ》が連なる光景を眺めながら、白砂の稜線を下る。

花崗岩が点在する稜線を甲斐駒ヶ岳（左奥）へ

登山道からはずれないように六方石まで戻る。六方石からやせ尾根をひと登りすれば**駒津峰**だ。

正面に仙丈ヶ岳を見ながらハイマツ帯を灌木に囲まれた鞍部まで下り、登り返した岩場のピークが**双児山**。左には北岳、振り返れば駒津峰の肩から甲斐駒ヶ岳が顔を覗かせている。

双児山から**北沢峠**バス停までうっそうとした樹林の急斜面が続くが、登山道はジグザクにつけられているので、ゆっくり下山できる。

プランニング&アドバイス

北沢峠へのアプローチとなる南アルプス林道と仙水小屋への登山道などは2019年10月の台風19号で被災したため、登山の際は最新情報を関係市町村や山小屋で入手する。その際、山小屋の予約もしておこう。首都圏を早朝に出発すれば、その日のうちに仙水小屋に入ることができる。甲斐駒ヶ岳は午後になると雲が湧きすばらしい展望が得られないことが多いので、午前中の早い時間帯に発つように計画したい。甲斐駒ヶ岳と仙丈ヶ岳（P48コース6参照）を登頂するように計画すれば、一度の山行で日本百名山の2山に登れる。

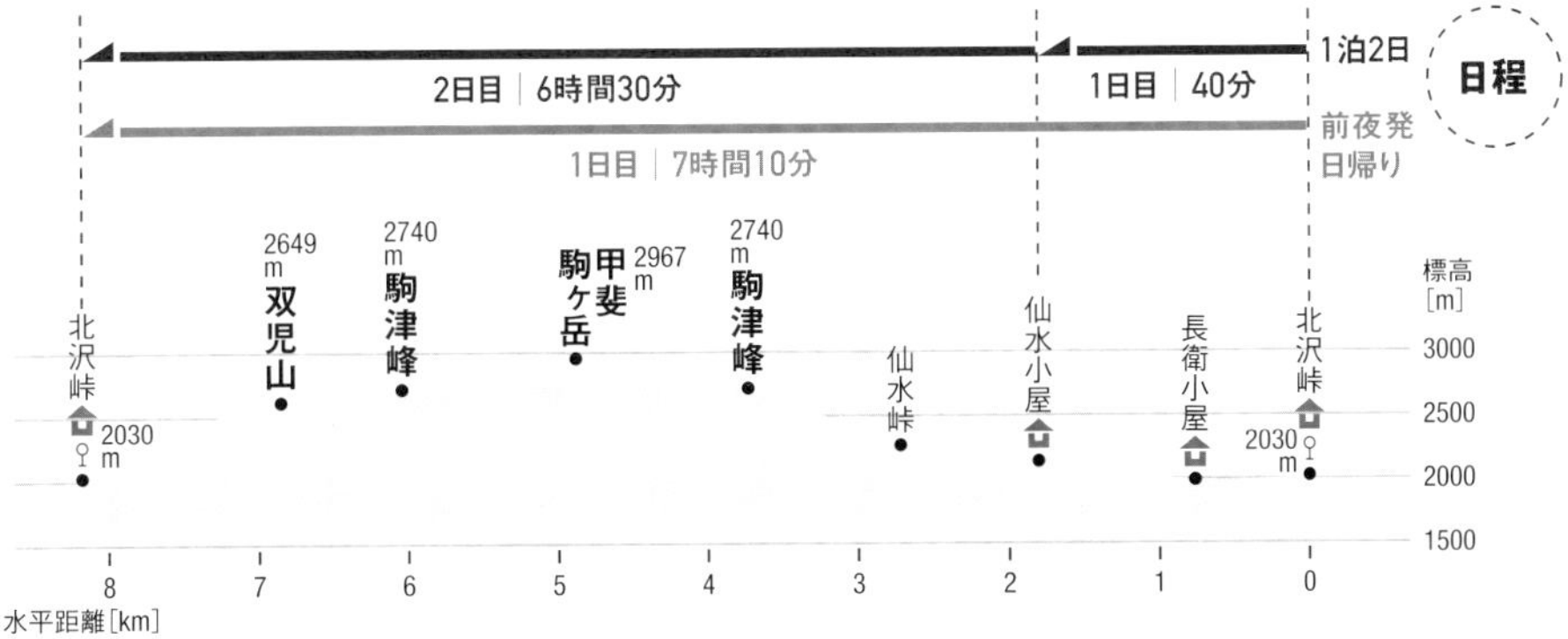

登山道を振り返り、烏帽子岩の刀剣越しに鳳凰三山、富士山を望む

前夜泊1泊2日

甲斐駒ヶ岳

黒戸尾根
北沢峠

南アルプス屈指の急登コースから信仰の山の最高点へ

コースグレード｜**中級**

技術度｜★★★★★ 3

体力度｜★★★★★ 4

1日目　尾白渓谷駐車場→七丈小屋　計6時間40分

2日目　七丈小屋→甲斐駒ヶ岳→駒津峰→北沢峠　計5時間20分

写真・文／伊藤哲哉

峻厳でピラミダルな山容の甲斐駒ヶ岳《かいこまがたけ》は、山梨県北杜市《ほくと》と長野県伊那市《いな》にまたがる赤石《あかいし》山脈北端部の山で、花崗岩《かこう》の美しさが際立つ南アルプス屈指の名峰である。全国に駒ヶ岳の名称をもつ山は20座ほどあるが、その最高峰が甲斐駒ヶ岳である。

山名の由来は、天津速駒《あまつはやこま》という羽のある白馬が空中を飛び、夜になると甲斐駒ヶ岳の山頂で眠ったこと、名馬の産地であったことなど諸説ある。また、731（天平3）年には、甲斐国から朝廷に、身が黒色、尾が白い馬が献じられた。その馬に乗って聖徳太子が甲斐駒ヶ岳を往復し、ふもとをめぐる川は、それにちなんで尾白《おじら》川という名称になったなどの伝説も残っている。開山は江戸時代に遡り、1816（文化13）年に信州諏訪《すわ》の修験者・小尾権三郎《おびごんざぶろう》により開かれたとされる。登山道にはたくさんの石仏、石碑、霊神碑、祠や剣などがまつられ、甲斐駒ヶ岳は表登山道の黒戸《くろと》尾根から、多くの信者により登られてきたことがわかる。

黒戸尾根は登山口から山頂まで屹立し、標高差2200mを一気に登る急登コースになっている。最近では、黒戸尾根を経由してお中道《ちゅうどう》（八丈《はちじょう》バンド）、八丁《はっちょう》尾根などをめぐるトレッキングツアーもあり、熟練登山者にとって魅力的なコースであるし、クライマーにとっても赤石沢奥壁、黄連《おうれん》谷など関心が高い山域である。

1日目　尾白渓谷駐車場から黒戸尾根を七丈小屋へ

黒戸尾根登山口の**尾白《おじろ(ら)》渓谷駐車場**まではJR長坂《ながさか》駅などからタクシーを利用する。夏には、駐車場は渓谷で水遊びをする人々でにぎわっており、紅葉シーズンには紅葉狩りをする人々で満車になることもある。

参道を奥に進むと、幽玄なスギの神木に囲まれた竹宇《ちくう》駒ヶ岳神社が現われる。山岳信仰の面影が残る神社から「日本名水百選」の尾白川に架けられた吊橋を渡り、「甲斐

登山口先の吊橋を渡りと登りがはじまる

クサリのある刃渡りを慎重によじ登る登山者

駒黒戸尾根登山道」と記された道標に導かれて、しっとりとした登山道に入る。雑木林の急斜面をジグザグに登る十二曲《じゅうにまが》りに入り、すぐに尾白川渓谷遊歩道を見送る。

傾斜がゆるくなった地点で再び神蛇《じんじゃ》滝方面の分岐が右に分かれる。左から回り込むようにして黒戸尾根の背に出る。さらにダケカンバやミズナラなどの広葉樹が主体の尾根道を進み、2時間ほど歩くと笹ノ平《ささだいら》分岐が見えてくる。横手登山口からの道が合流する**笹ノ平分岐**には道標が立ち、「甲斐駒ヶ岳まで7時間」と記されている。笹ノ平は地名の通り、クマザサが一面に茂っている。ここで小休止をしよう。

八丁坂に取り付くと次第に傾斜が増してきて、長い登りがはじまる。樹相が広葉樹からコメツガなどの常緑高木に変化する。八丁坂は標高差が約250mもあるため、あせらずにじっくり登ろう。

長い急登が続いたあとの平坦地が前屏風《まえびょうぶ》ノ頭《あたま》である。平坦地では、腰を降ろして休憩しよう。続いて刃物のように鋭く切れた岩場が現われる。刃渡《はわた》りとよばれる難所であるが、クサリが取り付けられているので心配無用だ。

次にハシゴとクサリ場を慎重に進み、石碑や祠が安置された**刀利天狗**《とりてんぐ》に着く。黒戸山は尾根北側の樹林帯を進んで、**五合目**の平坦地へ。平坦地はかつて建っていた五合目小屋の跡地で、今では何の跡形も残っていない。ここでも急

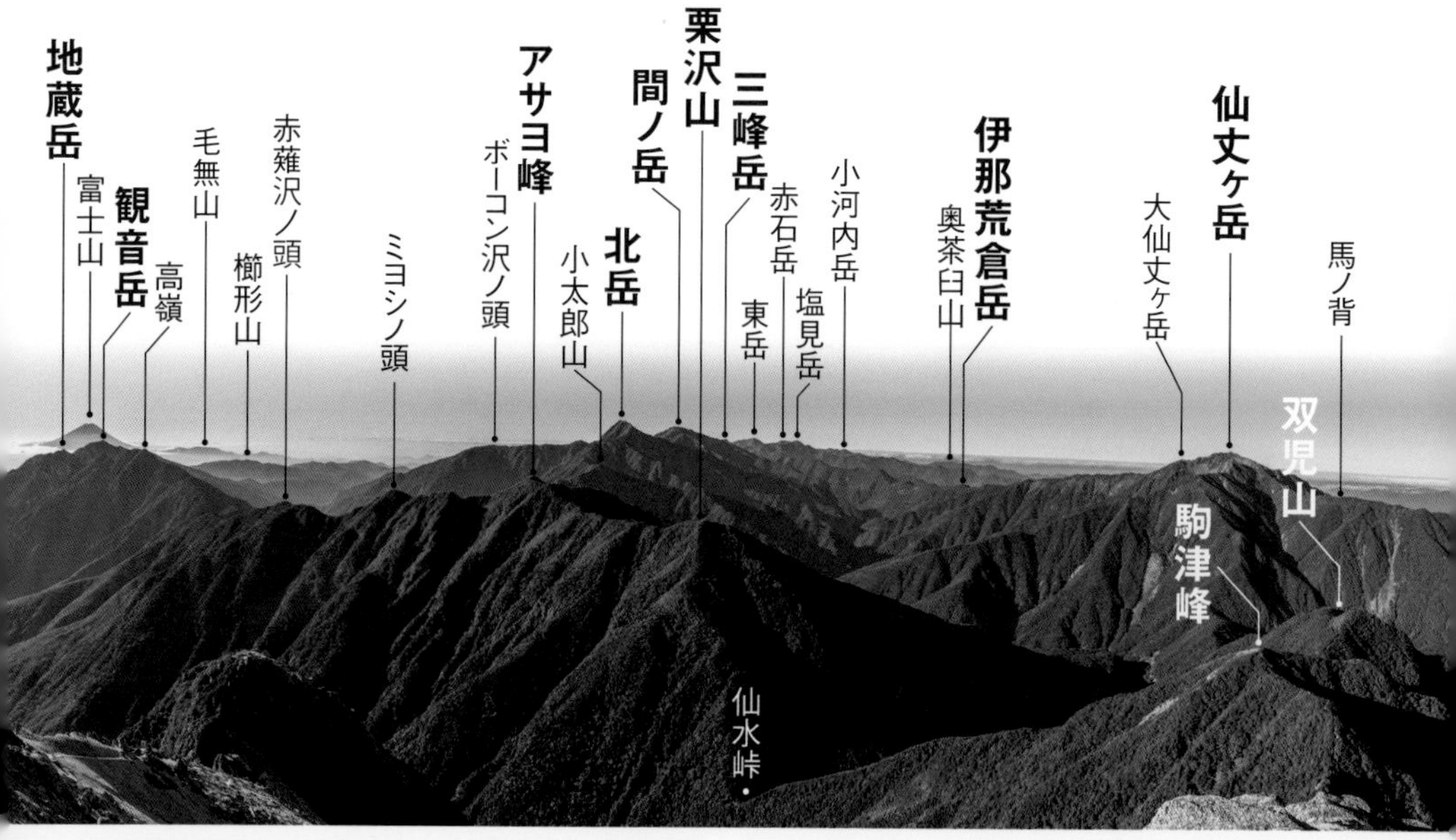

甲斐駒ヶ岳山頂からの南アルプス北部の山々の眺め

ご来光を眺め振り返るとモルゲンロートの甲斐駒ヶ岳が見える

登に備え、小休止しよう。前方には樹林におおわれた七合目が望める。また、五丈石《ごじょう》には、かつて五合目小屋の管理人であった古屋義成氏のレリーフがはめ込まれているので探してみよう。

この先、七丈《しちじょう》小屋まで黒戸尾根で最も険しい岩壁が次々と現われる。最初に行く手を阻む垂直の岩壁が屏風岩、続いて不動《ふどう》岩と続く。屏風岩、不動岩を越えるには、連続のハシゴ、岩壁にかけられたハシゴやクサリ場を通過することになるが、細心の注意を払いながら、恐れずにひとつずつ慎重に進もう。とくに、雨上がりなどで濡れているときは滑りやすいので注意したい。

これらを登り終わると七合目にたどり着く。狭い岩尾根にへばりつくように、鋭い三角屋根の**七丈第一小屋**が建っている。通年営業している小屋で、小屋前には水場がある。水は冷たくとてもおいしい。ここでしっかりと水分を補給しておこう。第一小屋の30mほど先には七丈第二小屋があり、キャンプ指定地は七丈第二小屋から5分ほど登った場所にある。

2日目

甲斐駒ヶ岳から北沢峠へ下山

七丈第二小屋の側にあるハシゴを登り、しばらく登山道を進む。ダケカンバ帯を抜

刀利天狗の祠。緑に包まれ癒やされる空間だ

不動岩の前のキレットに架かるハシゴ。この先も急勾配のハシゴやクサリ場が続く

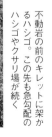

八合目御来迎場の巨大な石碑

け出た地点が森林限界だ。左にのびるハイマツ帯の尾根をひと登りで巨大な石碑が立つ**八合目**御来迎場《ごらいげいば》に着く。石碑の奥には、甲斐駒ヶ岳の大きな山容が見える。目を東側に向けると八ヶ岳《やつがたけ》から鳳凰三山《ほうおうさんざん》の大パノラマで、足もとには黒戸尾根を俯瞰できる。ここで、しばらく雄大な眺めを堪能しよう。

八合目御来迎場をあとに平坦な道が続き、クサリづたいに岩場を乗り越えれば、赤石沢奥壁や摩利支天《まりしてん》が大迫力で迫る。さらに、三点支持（四肢のうち三肢で体を支えること）を守りながら岩登りの道とクサリ場を慎重に進もう。やがて、2本の鉄剣が刺さっている九合目付近の巨岩（烏帽子《えぼし》岩）にたどり着く。この岩を左から巻き進む。天気がよければ、巨岩付近から南東方面には鳳凰山塊と富士山が眺められる。ここから先は、比較的ゆるやかな登りとなり、北西側には鋸岳《のこぎりだけ》の第一高点が見えてくる。ここまで登れば、めざす山頂ももうすぐだ。

ハイマツの稜線を登り、前方に甲斐駒ヶ岳の祠を望む。やがて、甲斐駒ヶ岳西峰《せいほう》に着く。西峰には駒ヶ岳神社の祠や石碑、鉄剣などがまつられており、信仰登山の面影が強く残っている。北沢《きたざわ》峠からの道に合流すれば、**甲斐駒ヶ岳**山頂は目前だ。

甲斐駒ヶ岳から**北沢峠**まではP36コース[4]を参照のこと。

プランニング&アドバイス

登山口の尾白渓谷駐車場への路線バスはなく、JR中央本線の最寄り駅からタクシーを利用する。シーズン中には小淵沢駅からタクシー送迎プランもあるので、七丈小屋のウェブサイトを確認してみよう。尾白渓谷駐車場から七丈小屋まで6時間30分強の長時間の登りが続くことを踏まえ、荷物を軽くして時間に余裕のある計画を立てる。マイカー利用の場合は、尾白渓谷駐車場に駐車して山頂を往復するのがよい。黒戸尾根の危険箇所は、刃渡りと五合目から七合目間の岩場、八合目上部の岩場で、いずれも通過に細心の注意を払う。

西峰付近から山頂を仰ぎ見る。あとひと踏ん張りだ

七丈小屋のテント場は小屋から5分ほど山頂寄りにある

コラム3

南アルプス芦安山岳館

写真・文／伊藤哲哉

南アルプス芦安山岳館は、山岳文化の発掘と自然保護、安全登山の普及などを目的として、南アルプス市芦安に2003年3月に開設された。施設内には高山植物や地形など南アルプスの自然を知るコーナーのほか、近代登山を支えた地元の登山案内人や安全登山の基礎知識の紹介をしている常設展示室、古くから残されている書物を展示している山岳図書コーナー、北岳山荘と夜叉神峠に設けられたカメラからの迫力ある映像が巨大スクリーンに映し出されるリアルタイム映像モニター、世代間や地域間の交流を目的とした語り部コーナーなどが設けられている。とくに山岳図書が充実しており、バスの待ち時間などを利用して書物を読み耽るのもよい。また、企画展、自然観察会や登山教室など多彩なイベントを開催しており、注目に値する。

豊かな緑に囲まれた建物は、自然に調和した斬新なデザインで県産材の利用促進も兼ねている。事前にウェブサイトでイベントなどの案内を確認したうえ、北岳や甲斐駒ヶ岳、仙丈ヶ岳、鳳凰三山など登山の折には立ち寄ってみよう。

開館時間は9時から17時まで、毎週水曜日（夏期は開館）・年末年始休館、入館料は大人（中学生以上）500円、子供（小学生まで）250円。

近代的な施設の芦安山岳館。山岳書籍も充実している

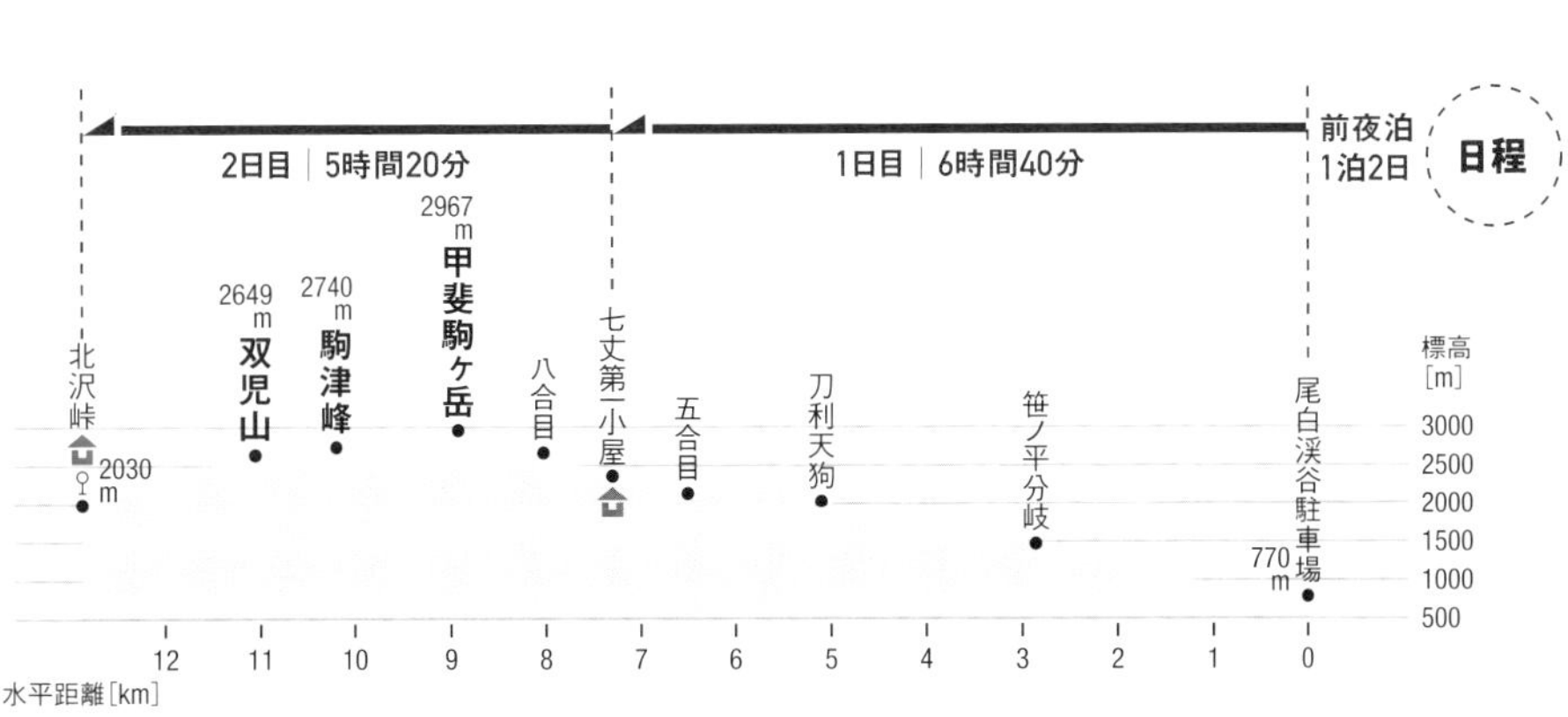

前夜泊日帰り

仙丈ヶ岳

小仙丈尾根上部から望む仙丈ヶ岳。左手は大仙丈カール

展望の尾根から「南アルプスの女王」へ行く南アの入門コース

日帰り 北沢峠→五合目→小仙丈ヶ岳→仙丈ヶ岳→馬の背ヒュッテ→大平山荘→北沢峠　計7時間45分

コースグレード｜**中級**

技術度	★★★☆☆	3
体力度	★★★☆☆	3

写真・文／中西俊明

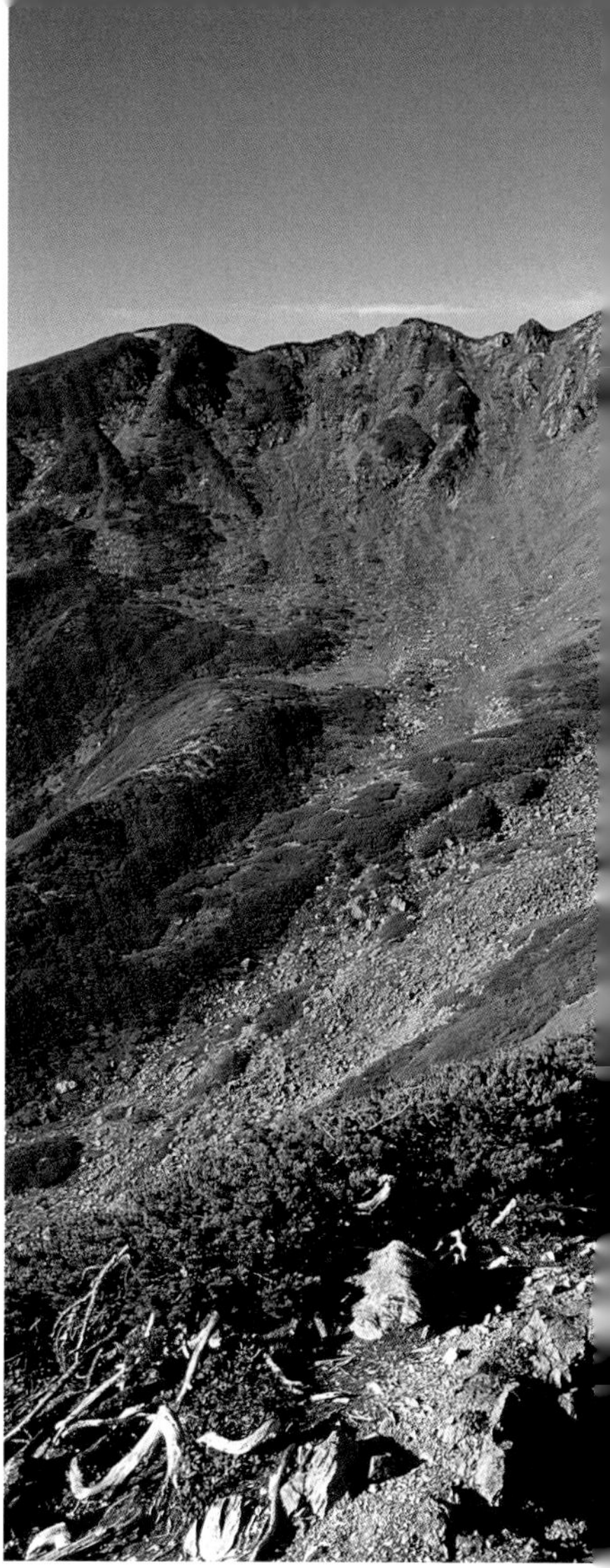

たおやかな尾根道をたどり、波打つ山々の眺望と可憐な花が楽しめる仙《せん》丈《じょう》ヶ《が》岳《たけ》は、南アルプス入門の山として人気がある。3つのカールを抱えた優美な山容が特徴で、初夏にはみずみずしい花が咲くところから「南アルプスの女王」とも形容されている。「仙丈」は「千丈（一万尺）」の高峰から来ており、「仙丈」とよばれるようになったのは明治以降のことである。

北沢峠から仙丈ヶ岳をめざすコースは、小仙丈《こせんじょう》尾根と藪沢《やぶさわ》コースの2つがある。ここでは展望と花に恵まれた小仙丈尾根から仙丈ヶ岳に登り、藪沢コースを下山するコースを紹介する。北沢《きたざわ》峠をベースに、軽い荷物で軽快に仙丈ヶ岳にチャレンジしよう。

日帰り 小仙丈尾根で仙丈ヶ岳に登り藪沢を下降する

北沢峠はコメツガやシラビソなどうっそうとした原生林が残るところで、国立公園第一種特別地域に指定されている。早朝、

雲湧く仙丈ヶ岳山頂

北沢峠はうっそうとした樹林に囲まれている

北沢峠を出発するためには、前夜は峠周辺の小屋に宿泊することをおすすめする。健脚ならば始発のバスで北沢峠に入り、その日のうちに往復できる。

早朝の北沢峠は盛夏でも涼しさが漂っている。仙丈ヶ岳登山口から、直径1mを超す原生林のあいだを縫うように登りはじめる。登山道に取り付くとはじめから傾斜がきついが、涼しさと荷物が少ないこともあり、思いのほか快適だ。

しばらく急な登りが続くが、傾斜がゆるまって平坦地に着くと二合目。ここでは、北沢峠の広河原《ひろがわら》寄りの登山口から山腹につけられた道が合流する。小仙丈ヶ岳まで先が長いので、乱れた息を整えたら早々に出発しよう。二合目の先で傾斜が一段ときつくなる。

深い樹林帯の登山道は展望を楽しめないので、ひたすら高度を上げることに専念する。樹林帯に霧が漂うと幽玄そのもので、南アルプスの山深さを肌で感じられる。目印がない樹林帯は、平坦地で休憩をとりながら一定のペースを守って登りたい。

傾斜がゆるくなり、明るく開けた平坦地が**五合目**の大滝《おおたき》ノ頭《あたま》である。北沢峠を出発して2時間ほどの行程だ。東が開けた平坦地では多くの登山者が休憩している。右に分岐する道は、藪沢小屋から馬《うま》ノ背《せ》に通じている。

五合目からも相変わらずの樹林帯が続き、樹相がダケカンバに変化すると、森林限界は近い。ダケカンバの森林限界を抜けてハイマツの稜線に出ると、視界が一気に開ける。爽快な気分で広々としたハイマツの斜面を乗りきれば、平坦な**小仙丈ヶ岳**に着く。山頂は絶好の展望台で、正面に小仙丈沢カールを抱えた優美な仙丈ヶ岳がひときわ美しい。さらには東に目を移すと、鳳凰《ほうおう》三山や北岳《きただけ》、富士山《ふじさん》など手にとるように眺望できる。後方には甲斐駒ヶ《かいこまが》

仙丈ヶ岳山頂へと続く稜線。登山者の姿も見える

下山路の藪沢新道では対岸に小さな滝が望める

岳《たけ》と鋸岳《のこぎりだけ》が連なる。とくにモルゲンロート（朝焼け）に染まる仙丈ヶ岳は、カメラマンあこがれの被写体になっている。

広い小仙丈尾根は、展望と足もとに咲くウサギギク、チングルマを愛でながら爽快に登れる。小仙丈尾根唯一の岩場を下り、広々としたハイマツ帯を登り返す。コース途中には、藪沢カール底の仙丈小屋への分

仙丈小屋直下から山頂をめざす登山者

小仙丈尾根上部から甲斐駒ヶ岳方面を望む。背後は八ヶ岳連峰

岐がある。

　殺風景な砂礫の稜線をたどれば、待望の**仙丈ヶ岳**に着く。遠くから眺める仙丈ヶ岳はおおらかで大きな山容を見せているが、山頂は意外と狭いことがわかる。山頂からの眺望は感動のひと言だ。南アルプス北部の主だった山をはじめ、八ヶ岳《やつがたけ》、中央アルプス、北アルプスが眺望できる。なかでも日本一の標高の富士山と2番目の北岳が仲よく並んだ光景は、仙丈ヶ岳に登った人のみが体験できる光景だ。大パノラマを眺めながら休憩をしよう。

　眺望を満喫したら、山頂をあとにイワウメやチシマギキョウが咲く稜線を進む。左に地蔵《じぞう》尾根の分岐を見送り、藪沢カール底に建つ仙丈小屋に向かう。正面には甲斐駒ヶ岳と荒々しい鋸岳、その背後には八ヶ岳が印象的だ。

　岩礫のカールを下れば**仙丈小屋**に着く。以前は小屋周辺がキャンプ指定地になっていたが、今では全面禁止になっている。小

ハイマツの小仙丈ヶ岳から望む北岳方面。その左に富士山が頭を覗かせる

屋前が藪沢の源流で、夏でも冷たい水が流れている。

　おいしい水でのどを潤したら斜面に咲くチングルマを楽しみ、ハイマツに囲まれた馬ノ背尾根を下る。馬ノ背尾根はミヤマキンポウゲ、シナノキンバイなど百花繚乱のお花畑が広がっていたが、ニホンジカの食害で花が極端に少なくなってしまった。

　稜線から離れ、ダケカンバの樹林を下れば**馬の背ヒュッテ**が現われる。小屋を出ると五合目方面の道を右に分け、藪沢の左岸沿いに下る。藪沢の両斜面はダケカンバ、ナナカマドが目立ち、紅葉の季節は彩りがすばらしい。

　対岸に清涼感あふれる小さな滝、前方には甲斐駒ヶ岳を眺めて樹林帯へと入る。うっそうとした樹林帯を抜け、**大平山荘**《おおだいら》から**北沢峠**に向かう。

藪沢コースは沢沿いを下っていく

プランニング&アドバイス

2019年の台風19号の影響を受けたため、北沢峠までのアプローチと藪沢コースの最新情報をあらかじめ関係市町村や山小屋で入手すること。前日、北沢峠付近の小屋に泊まれば余裕ある計画を立てることができる。逆コースの際は2日間で計画を立てよう。1日目は馬の背ヒュッテ泊まり、2日目に山頂から小仙丈尾根を下山する。初夏の藪沢は残雪が多く滑落の危険があるので、初心者は下山に利用しないこと。小仙丈尾根コースは危険箇所が少なく、年配者でも安心して歩ける。

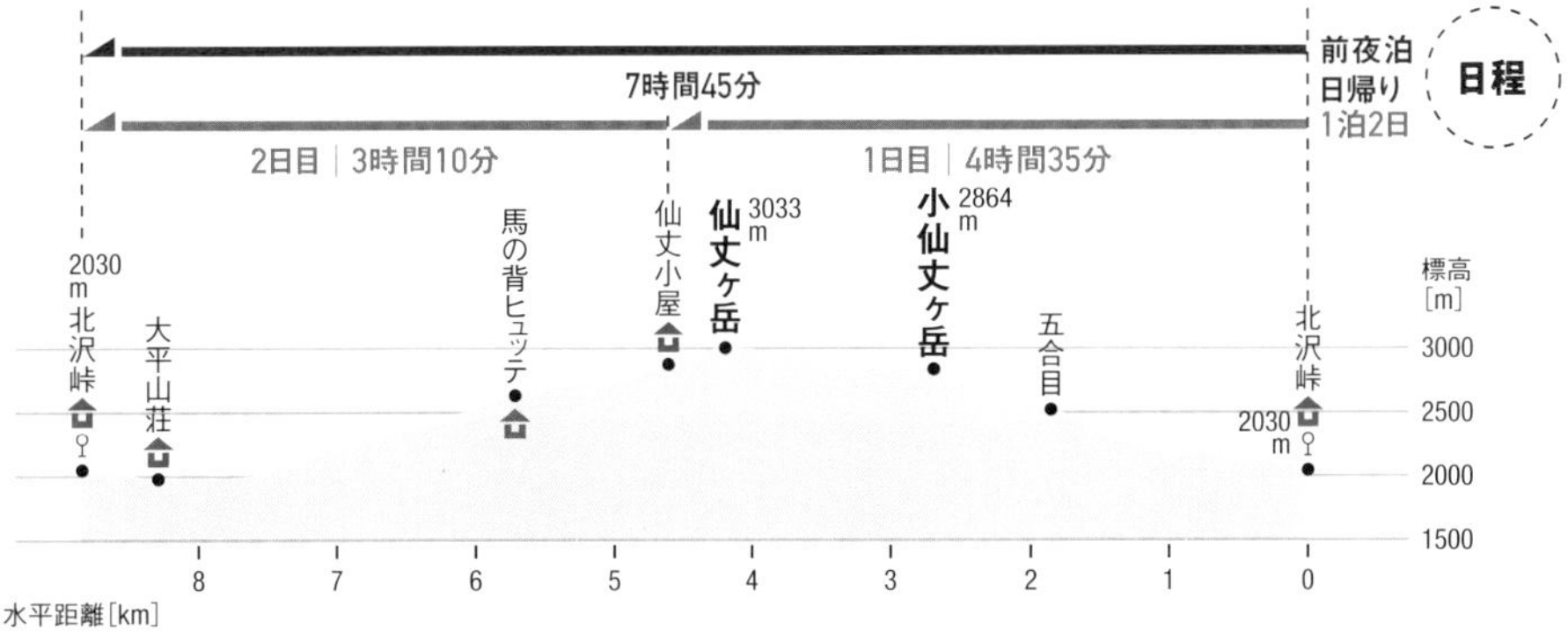

前夜泊1泊2日

鳳凰三山

薬師岳 観音岳 地蔵岳

赤抜沢ノ頭から見る地蔵岳。そびえ立つ岩塔のオベリスクがとても印象的だ

南アルプス連峰の絶景を楽しみながら白砂の山稜を歩くコース

コースグレード	中級
技術度	★★★☆☆ 3
体力度	★★★☆☆ 3

1日目	夜叉神峠登山口→夜叉神峠→南御室小屋　計5時間30分
2日目	南御室小屋→薬師岳→観音岳→地蔵岳→白鳳峠→広河原　計7時間55分

写真・文／伊藤哲哉

現在、鳳凰《ほうおう》三山とよばれる山域は、最高峰の観音岳《かんのんだけ》と薬師岳《やくしだけ》、地蔵岳《じぞうだけ》の総称である。古くは鳳凰山《ほうおうざん》とも称されていたが、鳳凰山が指す山域は、地蔵岳のみという一山説、観音岳と薬師岳という二山説、地蔵岳、観音岳、薬師岳の三山説と諸説あり、さらに鳳凰の名の由来も、地蔵岳のオベリスク（地蔵仏）が鳥のくちばしに似ていることを由来とする説、オベリスクを構成する巨岩を大日如来《だいにちにょらい》として崇め、法王山《ほうおうざん》の名称となっていたことを由来とする説、さらには奈良の孝謙《こうけん》天皇が療養のために訪れた法王山の名が転じて鳳凰山になったとする説など諸説ある。この山の歴史は古く、奈良時代から平安初期まで遡り、密教信者により開山されて以来、信仰登山の山として頻繁に登られてきた。

鳳凰三山では、原生林を歩きながらの森林浴、白峰《しらね》三山や富士山《ふじさん》、地蔵岳山頂部にあるオベリスクの眺望を楽しむことができ、とくに夏山の季節には多くの登山者が訪れる。

杖立峠で小休止する登山者。楽しい会話が聞こえてきそうだ

夜叉神峠から白峰三山を望む

1日目
夜叉神峠登山口から南御室小屋へ

夜叉神《やしゃじん》峠登山口まで、マイカーまたは公共交通機関で向かう。マイカーの場合、南アルプス市芦安《あしやす》地区から南アルプス林道を上がり、夜叉神峠登山口に駐車する（100台程度駐車可能）。公共交通機関の場合、JR甲府《こうふ》駅発広河原《ひろがわら》行きの山梨交通バスに乗り、夜叉神峠登山口で下車する。夜叉神峠登山口にはトイレが整備されている。休憩舎にて登山届を提出してから出発しよう。

　カラマツ林の中、夜叉神峠まで急な登山道を登る。登山道を進むとカラマツからミズナラへと樹相の変化が見られる。ササに囲まれた平坦な道を進むと**夜叉神峠**に着く。標識の案内にしたがって、右に折れると夜叉神峠小屋（週末中心の営業で、宿泊する場合、営業しているか事前に確認すること）までひと登りだ。小屋前の平坦地には夜叉神峠の標識が立てられ、カヤトの斜面の先に悠々と連なる白峰三山が望める。

　鳳凰三山への縦走路を北に進もう。整然としたカラマツ林の縁を登り返し、うっそうとしたコメツガの樹林帯に入る。主稜線の西斜面にトレースされた登山道が、大《おお》崖頭山《がれあたまやま》より西にのびた小尾根を乗り越す地点まで続く。ここに**杖立《つえたて》峠**の道標がある。小休止し、水分とエネルギーの補給をしよう。

　杖立峠の道標から樹林帯を進むと、山火事跡に着く。以前は見通しがよかったが、ダケカンバの灌木が背丈を超える高さまで育ち、山火事跡の面影が少なくなった。

　再び樹林帯に入ってからも、長々と登りが続く。登山道の斜度がゆるくなり、しばらく平らな道を進むと、苺平《いちごだいら》の道標が見えてくる。杖立峠の道標から約2時間の行程だ。辻山《つじやま》東面の平坦地、**苺平**でも小休止していこう。周辺では、地名の由来になった

観音岳の山頂標識。小休止をして地蔵岳方面に向かう

真夏の陽光を浴びて白く輝く薬師岳

シロバナヘビイチゴが見られる。ここから東の千頭星山《せんとうぼしやま》方面に続くコースは荒れており、やみくもに入らないようにしたい。

　苺平からは、昼間でも日が差さない深い樹林帯が続く。**南《みなみ》御室《おむろ》小屋**は明るい日差しを受ける樹海のオアシスで、季節を通じて水温が4度ほどの冷たくおいしい湧き水があり、キャンプ指定地にもなっている。夏山シーズンの場合、先を急ぐ必要がなければ、ここに宿泊しよう。

2日目　南御室小屋から白鳳峠を経て広河原へ

　早出早着を心がけ、小屋をなるべく早く出発しよう。急な登り坂と樹林帯の道をしばらく歩く。夜明け前に歩きだすと朝日に照らされ、真っ赤に染まった原生林を見ることができる。ガマの岩を過ぎると森林限界を超え、白砂と風化した花崗《かこう》岩の道をひと登りで砂払岳《すなはらいだけ》に着く。天気がよければ雲上に浮かぶ富士山、時計回りに白峰三山、これから向かう薬師岳、北アルプスの峰々、八《やつ》ヶ岳《がたけ》、秩父《ちちぶ》の山々が見渡せる。

　大パノラマを堪能したら、**薬師岳小屋**を経てハイマツ帯から砂礫の斜面を登ると、広々とした薬師岳山頂に立つ。真っ先に威風堂々たる白峰三山の山容が視界に飛び込む。さらに視線を南に向けると、悠々と連なる南アルプスの山々を眺められる。

　山頂をあとに、まずは観音岳をめざす。薬師岳から地蔵岳間がこのコースの核心部で、

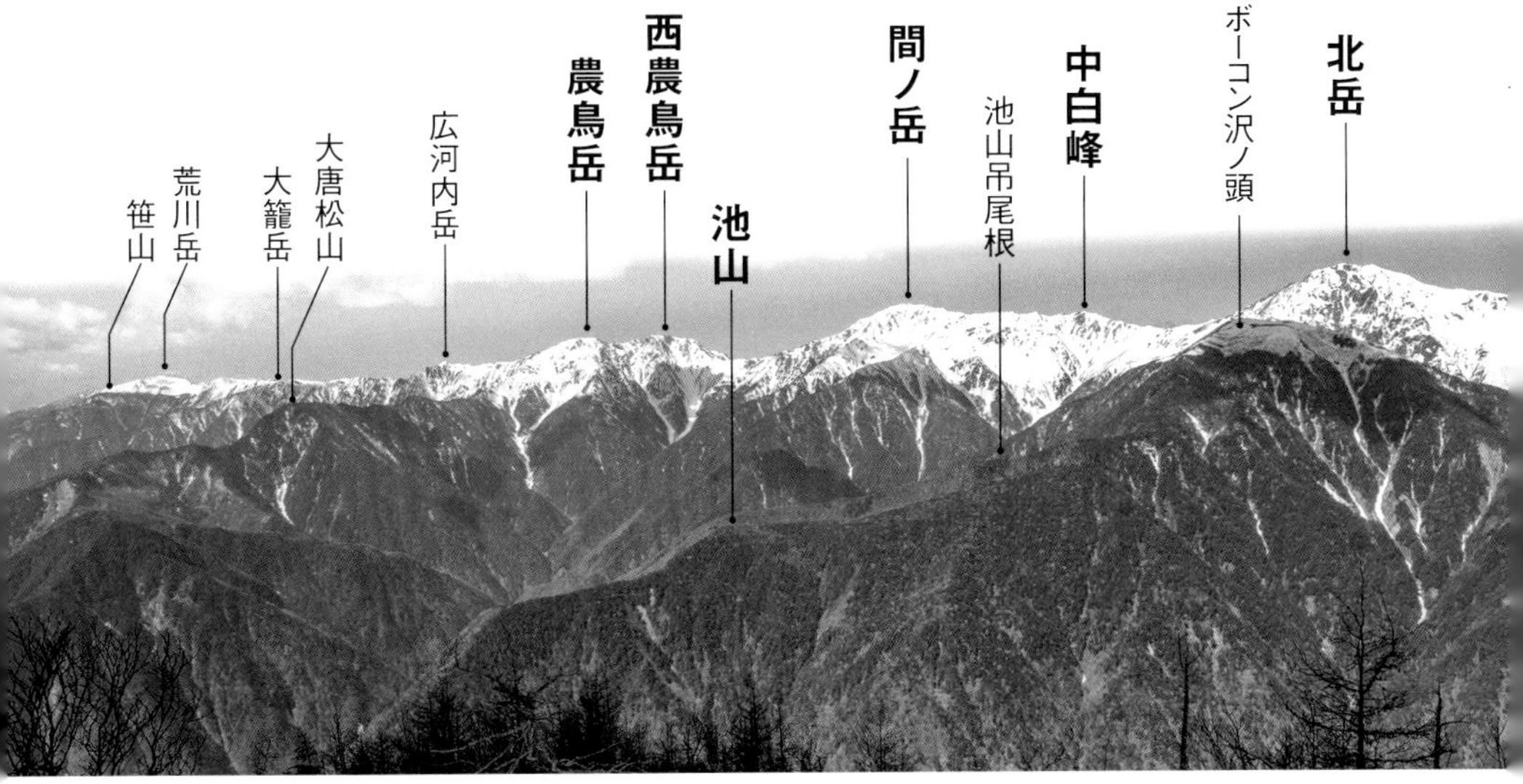

辻山からの白峰三山（右から北岳、間ノ岳、農鳥岳）

山稜に可憐な姿を見せるタカネビランジ

晴天であれば雄大な南アルプスの眺望と稜線漫歩が楽しめる。また、砂礫地にはあざやかな赤紫色のタカネビランジの花（見ごろは7月下旬～8月中旬ごろ）が咲いており、白砂と花崗岩のモノトーンの登山道に色を添えている。

　鳳凰三山最高峰・**観音岳**の山頂に立つと、絶景が広がっている。薬師岳の左に鎮座する富士山をはじめ、時計回りに南アルプス、遠くに北アルプスの峰々、八ヶ岳、甲府盆地などすばらしい大パノラマだ。

　休憩したら、地蔵岳に向かおう。白砂の**鞍部**から岩稜を越えて**赤抜沢《あかぬけさわ》ノ頭《あたま》**に着くと、

天を突くようにそびえ立つオベリスクをもつ地蔵岳を眺めることができる。賽《さい》ノ河原《かわら》に立ち寄り、時間があれば、地蔵岳直下に行くのもよい。賽ノ河原には地蔵尊が何体も安置されているが、これは子授けの願いとその御礼で信者が持ち込んだものだ。賽ノ河原から地蔵岳を仰ぎ見ると、巨大な花崗岩が積み重なった山容と最上部の尖った岩塔が印象的だ。なお、高さ18mのオベリスクにはじめて登ったのは「日本近代登山の父」W・ウェストンで、1904（明治37）年のことである。

　赤抜沢ノ頭からは、稜線沿いに早川《はやかわ》尾根方面に向かう。赤抜沢ノ頭から青木《あおき》鉱泉へ

白鳳峠の標識

地蔵岳からの観音岳。左奥に富士山が霞んで見える

高嶺からのどっしりとした甲斐駒ヶ岳（右）

下山する場合、鳳凰小屋を経由し、ドンドコ沢《ざわ》コースで下山する（P62コース8参照）。赤抜沢ノ頭からガレ場を下って樹林帯を抜け、登り返すと**高嶺**《たかね》の山頂だ。ピラミダルな山容の甲斐駒ヶ岳《かいこまがたけ》やなだらかな稜線の仙丈ヶ岳《せんじょうがたけ》のほか、北岳《きただけ》や歩んできた観音岳からのコースを見渡してみよう。

高嶺からは、急な岩稜帯の下りとなる。ダケカンバの樹林帯まで三点支持を守りながら、慎重に下っていこう。ハイマツ帯とガレ場を下っていけば、やがて**白鳳**《はくほう》**峠**に着く。広河原への急な下り坂に備え、大休止していこう。

早川尾根を離れると急な下り坂が続く。途中にハシゴやクサリ場もあるので慎重に進もう。南アルプス林道に出たら（**白鳳峠入口**）、20分ほどでバス停がある**広河原**だ。

プランニング&アドバイス

夏の天候は変わりやすいので、早朝に出発したい。日程に余裕があれば、1日目は南御室小屋に泊まり、2日目に鳳凰小屋泊の3日間で計画すると鳳凰三山縦走を満喫できる。天候の急変時は、中道コースで青木鉱泉への下山（P62コース8参照）や、鳳凰小屋に避難することも念頭に入れておこう。高嶺から先は急な下り坂が続き、足や膝に負担がかかる。広河原発のバスの時刻を意識し、時間的に余裕のあるプランを立てるとよい。逆コースの場合、広河原を早朝に出発し、1日目は薬師岳小屋または鳳凰小屋に泊まり、2日目には夜叉神峠登山口までの行程となる。

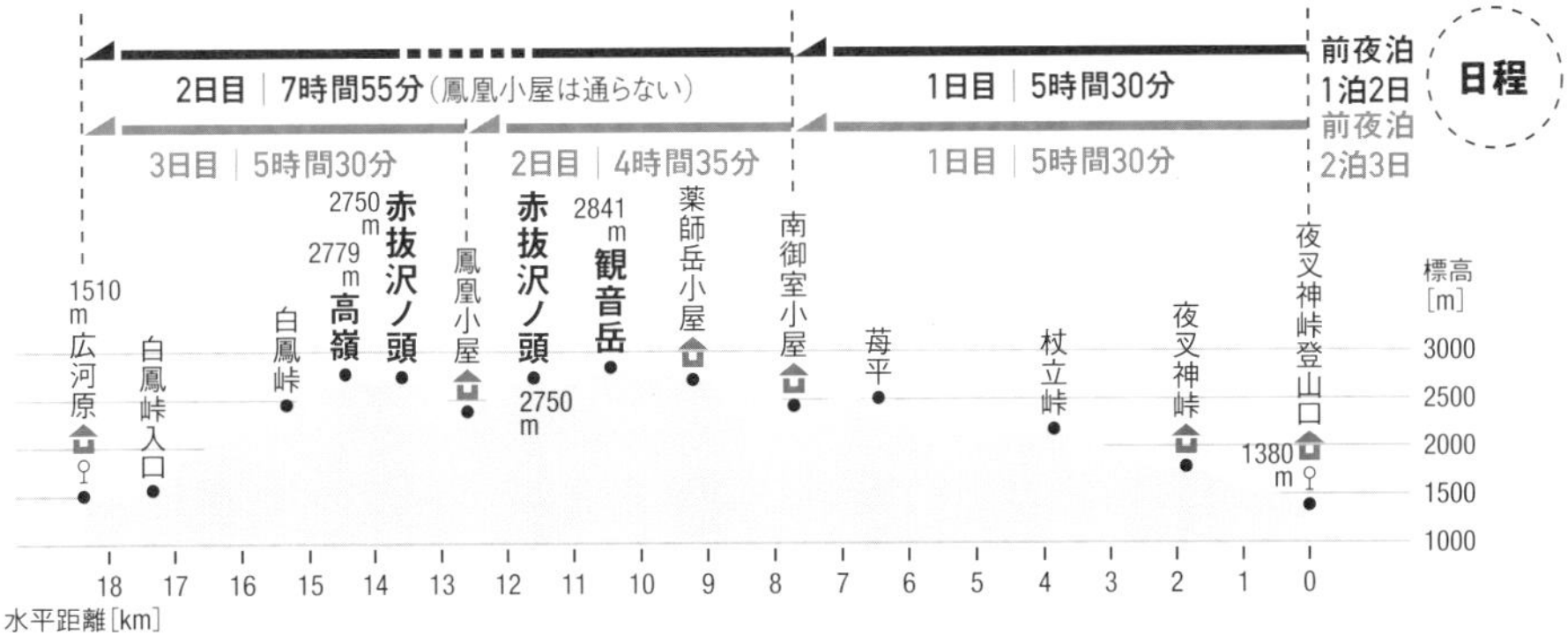

サブコース

地蔵岳から御座石温泉へ

地蔵岳↓燕頭山↓御座石温泉　4時間20分

地蔵岳《じぞうだけ》から御座石《ございし》温泉までのコースは、登山道が整備されており、歩きやすく、迷う心配はない。大部分は樹林帯のため展望には恵まれないが、南アルプスらしいしっとりとした魅力を肌で感じることができるコースである。コース中ほどの燕頭山《つばくらあたまやま》は、うっそうとした樹林帯で、深山らしい雰囲気が漂っている。コースは白砂のザレ場と急坂が連続するため、時間と体力にゆとりのある計画を立てよう。

鳳凰小屋前の標識。燕頭山コースを進む

赤抜沢《あかぬけさわ》ノ頭《あたま》までは、鳳凰《ほうおう》三山縦走（P54コース7）を参照のこと。

赤抜沢ノ頭で白峰《しらね》三山、甲斐駒ヶ岳《かいこまがたけ》や仙《せん》丈《じょう》ヶ《が》岳《たけ》の眺めを満喫したら、地蔵岳の鞍部まで下る。白砂の砂礫地・賽《さい》ノ河原《かわら》は子授《こさず》け地蔵尊が何体も安置され、信仰の山として独特の雰囲気が感じられる。時間あれば、地蔵岳直下に行ってみるのもよい。

地蔵岳をあとにして、ダケカンバが目立つ白砂の斜面を下り、鳳凰小屋へ向かう。針葉樹林帯を抜け出ると**鳳凰小屋**に着く。ここで小休止しよう。小屋の周辺は、初夏から秋にかけ美しく可憐な花が咲く。また、湧き出る豊富な天然水が清らかに流れている。花を愛で、冷たい水でのどを潤してか

Map 13-2A　赤抜沢ノ頭

Map 13-1C　御座石温泉

コースグレード	中級
技術度	★★★☆☆ 3
体力度	★★★☆☆ 3

樹林の中の燕頭山山頂。大休止していこう

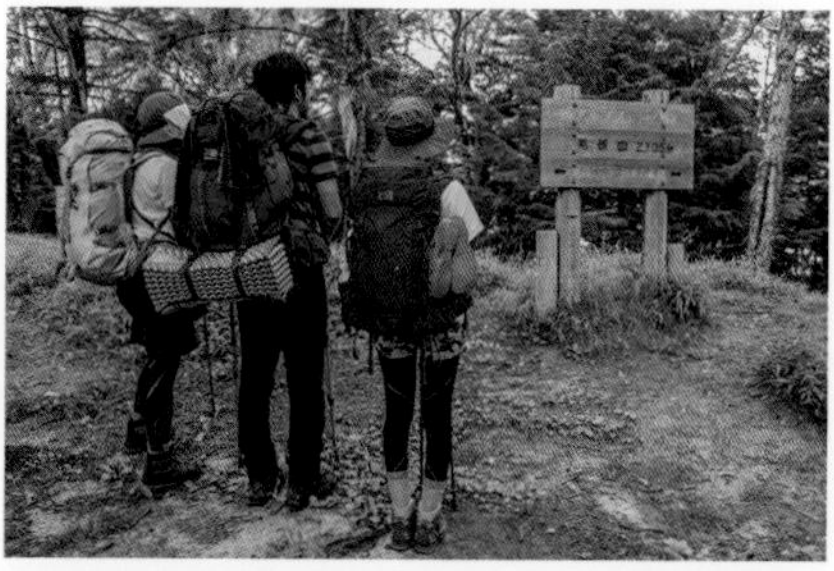

シラヒゲソウ（鳳凰小屋付近）

写真・文／伊藤哲哉

ら出発しよう。

小屋前で青木《あおき》鉱泉への道（P62コース8参照）を見送り、キャンプ指定地の前を通って、登山道を進む。小屋から1時間半ほどで、サルオガセが垂れ下がるダケカンバやカラマツの巨木に囲まれた**燕頭山**に着く。天候がよければ、樹間から鳳凰三山の稜線を垣間見ることができる。

燕頭山からコメツガの樹林帯を進むと、祠が置かれた旭岳《あさひだけ》の山頂が見えてくる。この先は急な坂が連続するので、膝などを痛めないようにゆっくり下っていこう。

樹林帯をジグザクに下って、御座石温泉をめざす。この付近は、地図上でもわかるように等高線がびっしりつまり、西ノ平《にしたいら》まで急勾配の下り坂を歩くことになる。休憩の配分や歩くペースにも極力注意を払いたいところだ。

西ノ平で石空川《いしうとろ》渓谷の分岐を見送り、分岐から40分ほど樹林帯の急斜面を下れば、**御座石温泉**脇の登山口に出る。JR韮崎《にらさき》駅行きバスの発車時刻を確認し、温泉で汗を流し、疲れを癒してからバスに乗ろう。日程に余裕があれば御座石温泉に宿泊して、秘境の雰囲気を味わうのもよい。小屋のご主人と山旅について語り合うのもよい思い出になるだろう。

地蔵岳を背にする賽ノ河原の地蔵尊

プランニング&アドバイス

夜叉神峠から鳳凰三山を縦走し、鳳凰小屋から御座石温泉に下山するコースと組み合わせるとよい（鳳凰小屋まではP54コース7参照）。また、この逆コースをたどる登山者も多い。御座石温泉からJR韮崎駅までバスが運行されているが本数が少なく、事前に時刻表を確認しておこう。マイカー利用なら、精進ヶ滝（北精進ヶ滝）に立ち寄るのもよいだろう。

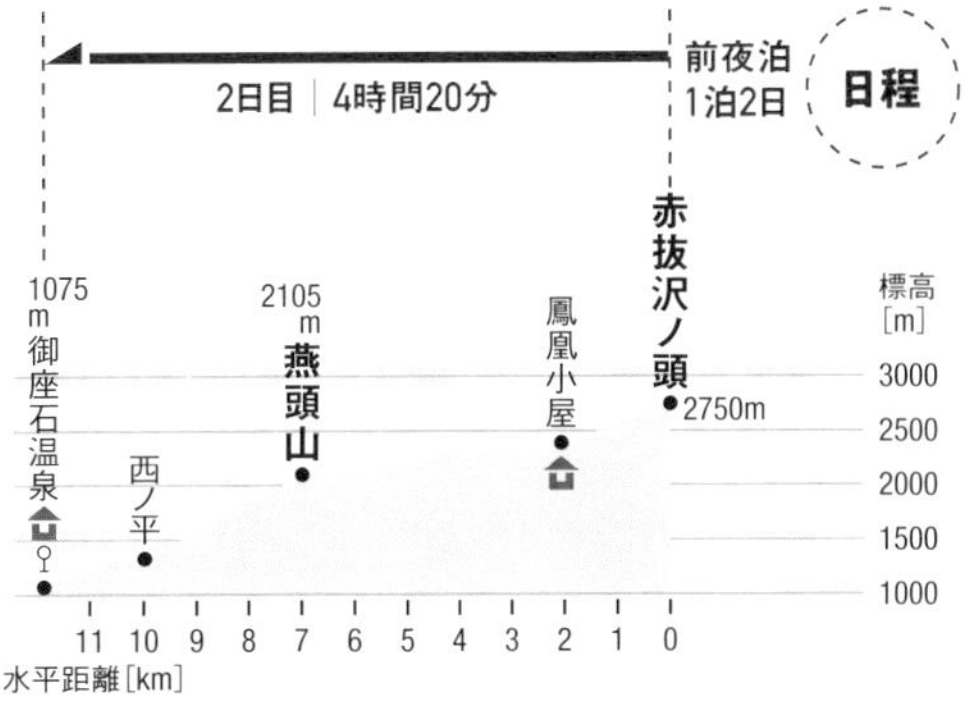

爽快な流れの五色ノ滝（落差約60m）

前夜泊1泊2日

鳳凰山

ドンドコ沢 中道

ドンドコ沢の瀑布をたどり、薬師岳から中道を下山する

コースグレード｜**中級**

技術度｜

体力度｜3

1日目	青木鉱泉→五色ノ滝→鳳凰小屋　計6時間
2日目	鳳凰小屋→観音岳→薬師岳→青木鉱泉　計6時間25分

写真・文／伊藤哲哉

本コースは詩人・大町桂月《おおまちけいげつ》ゆかりの青木《あおき》鉱泉からドンドコ沢を登り、うっそうとした原生林と豪快な滝を眺める変化に富んだ道だ。4つの名瀑をめぐり、鳳凰《ほうおう》三山の核心部で白峰《しらね》三山の大パノラマと花崗《かこう》岩の造形美を満喫、中《なか》道から青木鉱泉に下る1泊2日の行程だ。周回コースだけに、マイカー利用者にも適し、また青木鉱泉が起点のため、前泊して登山に臨めるのもうれしいところ。

1日目 ドンドコ沢を登り鳳凰小屋へ

ドンドコ沢起点の**青木鉱泉**へはJR韮崎《にらさき》駅からバスを利用する。周辺には、駐車場、トイレ、水場などの施設が整っている。ドンドコ沢の滝を存分に眺めるには、前泊して時間に余裕をもって早朝に出発しよう。

青木鉱泉の庭からドンドコ沢の登山道に入る。ここは小武《こむ》川左岸の河原沿いに直進する。大きな砂防堰堤を越え、しばらく傾斜のゆるい登山道が続く。河原は倒木や落ち葉で登山道が埋もれてわかりにくい場合もあり、コースをはずれないよう注意する。

樹林帯を進むと、うっそうとした広葉樹林におおわれた光景が広がる。ジグザクに登り、深く切れ込んだ沢や苔むした清流を横切って、ひたすら高度を上げる。ドンドコ沢は急登の連続だが、適度に小休止できる場所がある。次々と現われる滝を眺めながら、自分のペースを守って登りたい。

南精進《みなみしょうじ》ヶ滝の展望地へは、急坂の少し荒れた道を登っていく。高度感あふれる**南精進ヶ滝**は、水量が豊富で豪快な滝である。ぜひ立ち寄ってみよう。

いつしか樹相が針葉樹に変化し、道も傾斜がきつく、やや険しくなる。鳳凰ノ滝の分岐で滝の方面に折れる。すぐに清流に出るが、鳳凰ノ滝まではしばらく沢のゴーロ地帯を遡ることになる。

秘境の雰囲気が漂う鳳凰ノ滝。見学への道は荒れている

色とりどりのテントが張られる鳳凰小屋前

悪天候時や増水時は要注意。体力に自信のない人は見送ること。左右から落ちてくる滝の眺めと轟音鳴り響く渓谷の景色を堪能したら、早々に登山道に戻ろう。

白糸《しらいと》ノ滝は、登山道の脇に入り込むとその全貌を望むことができる。ほかの滝に比べ高さはないが、秋にはカラマツの黄葉が滝の流れに彩りを添え、いつまでも眺めていたくなる滝である。

ドンドコ沢で最後の滝が**五色《ごしき》ノ滝**で、登山道から滝つぼまで行くことができる。垂直の岩壁を流れ落ちる滝は、清涼感満点だ。

五色ノ滝からもザレ場の急坂が続く。樹林帯を抜けると、正面に地蔵岳《じぞうだけ》のオベリスクを望むドンドコ沢源流の河原に出る。この先はゆるやかな登りとなり、御座石温泉からの道が合流すると（P60参照）、**鳳凰小屋**に着く。水が豊富で、付近の広場がキャンプ指定地になっている。小屋で疲れを癒やし、早めに小屋を出発できるよう準備しておこう。

2日目

観音岳、薬師岳を経て中道を青木鉱泉へ下山

鳳凰小屋の水場前にある入口からドンドコ沢源流を渡り、観音岳《かんのんだけ》への近道を登る。シラビソの樹林が続く急坂を1時間ほど登ると、観音岳と赤抜沢《あかぬけさわ》ノ頭《あたま》の稜線に出合う。岩尾根を南東方面に進み、前方のひときわ高い観音岳に向かう。続いて現われる広々とした白砂の**鞍部**には、夏になるとタカネビランジが多く、ときにはホウオウシャジンも見られる。観音岳までは急な登りが続く。灌木のあいだを登り、再び岩尾根に出ると、ほどなく**観音岳**に到着する。花崗岩が折り重なった山頂では、悠々とした白峰三山、薬師岳《やくしだけ》の奥に見える富士山《ふじさん》など、360度のパノラマを眺望できる。

観音岳から薬師岳へは、白砂の斜面に風化した花崗岩やカラマツ、ダケカンバなど

ドンドコ沢上部の森越しに望む地蔵岳

中道のシンボル・御座石。登山道からもすぐわかるほどの巨岩だ

中道下部のカラマツ林の黄葉。登山口は近い

の快適な尾根道が続く。北岳を右手にする展望に恵まれた稜線漫歩は、気分爽快だ。観音岳から40分ほど下れば、平坦で広い薬師岳山頂に着く。周辺は白砂の斜面に風化した花崗岩が並び、庭園を思わせる光景が広がる。目前の砂払岳《すなはらいだけ》との鞍部に**薬師岳小屋**があるので、休憩に立ち寄りたい。

青木鉱泉へは、再び薬師岳山頂に戻り、山頂東側にのびる中道に入る。ハイマツの尾根をしばらく下り、シラビソの樹林帯に入っていく。登山道はしっかりとつけられているので迷う心配はない。

展望のない樹林帯を下ると、目印となる巨岩が現われる。**御座《ござ》石**と記された標識が立てられ、青木鉱泉まで2時間45分と記されている。この先、長々と続く暗い樹林帯を下っていくと、やがて明るいササが茂る道からカラマツ帯に入る。さらに下山道を進み、ジグザグに下って**中道登山道入口**を示す林道に出る。標識にしたがって林道を進み、小武川を渡ると、スタート地点の**青木鉱泉**に戻ってくる。

プランニング&アドバイス

青木鉱泉には駐車場が整備されており、マイカー利用者にとっても利用しやすいコースである。ドンドコ沢コースは急坂が連続するが、青木鉱泉を早朝に出発すれば、余裕をもってコース途中の滝を見ることができる。健脚なら1日目に観音岳を越えて薬師岳小屋まで足をのばすことも可能だろう。逆コースの場合には、中道コースを登って、1日目は薬師岳小屋に泊まる。稜線では展望を楽しみながらゆっくりと歩きたい。7月下旬から8月中旬に咲くタカネビランジやホウホウシャジンのある稜線を訪れるのも魅力的である。10月中～下旬には、黄葉したカラマツと滝の景色を楽しむことができる。

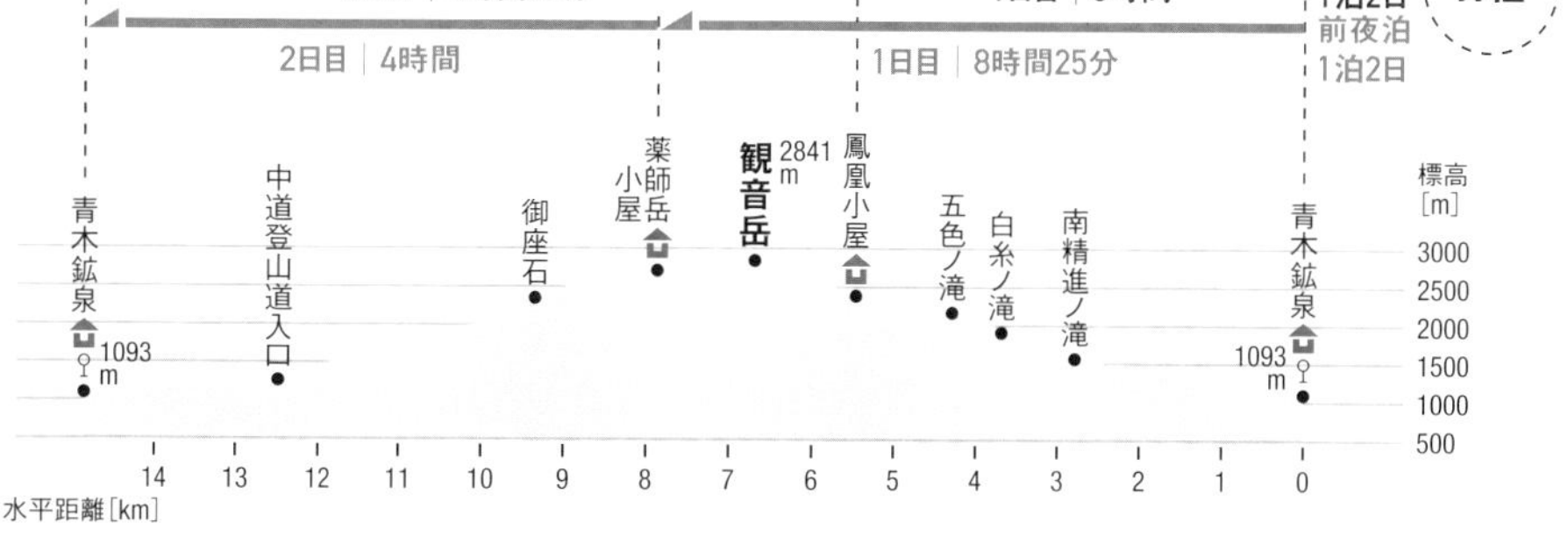

コラム4

南ア北部の山頂から見る富士山

南ア北部の山々は、富士山《ふじさん》の北西約50〜60kmに位置している。北岳《きただけ》や鳳凰《ほうおう》三山など主だった山頂からは、甲府《こうふ》盆地をはさんで、直接富士山と対峙している。

私がおすすめする「山頂から見る富士山」ベスト3は、①北岳、②薬師岳《やくしだけ》、③間《あい》ノ岳《だけ》である。このほかにも、塩見岳《しおみだけ》や甲斐駒ケ《かいこまが》岳《たけ》、小仙丈ケ岳《こせんじょうがたけ》、甘利山《あまりやま》などから眺望する富士山も感動的だ。

朝の斜光で輝く富士山や百花繚乱のお花畑越しの富士山など、今年こそ、南ア北部の山頂から朝の斜光に輝く瞬間や雲海に浮く富士山を見に登ってみよう。

■北岳山頂（北岳肩の小屋）

北岳に立つと、特徴的な櫛形山《くしがたやま》の上にひときわ高い富士山が印象的に眺望できる。山頂からは朝夕の斜光に染まる富士山は絶景で、日本一の山にふさわしい光景だ。北岳に登った人だけ眺望できる感動の富士山は、時間や季節を変えて眺めたい。北岳肩《かた》の小屋では、テント場やお花畑越しの富士山もすばらしい。

■観音岳山頂（薬師岳）

鳳凰三山の最高峰・観音岳《かんのんだけ》付近から眺めると、朝の斜光に輝く薬師岳とその左に鎮座する富士山がひときわ印象深い。薬師岳山頂周辺には風化した花崗岩《かこう》が点在し、岩と富士山を組み合わせて眺めることができる。日の出直前、東の空が真っ赤に染まる時間帯は、尖った花崗岩と富士山がシルエットで個性的な光景が眺められる。

■間ノ岳山頂（中白峰）

平坦で広々とした間ノ岳山頂からの富士山は、縦走する登山者を点景人物として組み合わせた光景がおすすめ。縦走する登山者の高い位置に富士山が眺められ、間ノ岳山頂でしか見ることができない臨場感あふれる光景がすばらしい。また、中白峰《なかしらね》の東斜面にはお花畑があり、お花畑と富士山の光景は絵ハガキを見ているように美しい。

池山吊尾根越しの富士山／**肩の小屋テント場から**

写真・文／中西俊明

朝焼けの富士山と薬師岳を望む／**観音岳山頂から**

盛夏の富士山／**塩見岳山頂から**

日の出前、東の空から赤く染まりはじめると富士山が山頂から全容を見せだした／**北岳山頂から**

雲間に浮かび上がる富士山／**小太郎尾根から**

登山者越しに望む雄大な富士山／**間ノ岳山頂から**

甲斐駒まで続く稜線と
仙丈や北岳の絶景が魅力の
山域を訪ねる

前夜泊1泊2日

早川尾根
栗沢山
アサヨ峰

アサヨ峰方面を望む。新緑に包まれる尾根が美しい（右奥は甲斐駒ヶ岳）

コースグレード	中級
技術度	★★★☆☆ 3
体力度	★★★☆☆ 3

1日目	北沢峠→仙水峠→栗沢山→アサヨ峰→早川尾根小屋　計6時間
2日目	早川尾根小屋→白鳳峠→広河原　計4時間40分

写真・文／伊藤哲哉

早《はや》川《かわ》尾根は、にぎわいをみせる夏山シーズンであっても、比較的登山者が少ない山域である。甲斐駒ヶ岳《かいこまがたけ》と鳳凰《ほうおう》三山を結ぶ尾根で、大部分が緑濃い樹林におおわれている。栗沢山《くりさわやま》からアサヨ峰《みね》のあいだはガレ場やハイマツ帯が続くが、甲斐駒ヶ岳や仙丈ヶ岳《せんじょうがたけ》、北岳《きただけ》だけでなく、天気がよければ、八ヶ岳《やつがたけ》や秩父《ちちぶ》方面の山並みの眺望がすばらしい。とくに栗沢山は、目の前に迫る甲斐駒ヶ岳の展望台として知られる。また、日本三百名山のひとつアサヨ峰では、鳳凰三山や北岳の山並みが大きな感動を与えてくれる。そして後半部の早川尾根《はやかわおね》ノ頭《あたま》から白鳳《はくほう》峠のあいだは、深い樹林におおわれており、南アルプスのよさが今も残っている。

ここでは北沢《きたざわ》峠から入山して早川尾根に上がり、アサヨ峰、赤薙沢《あかなぎざわ》ノ頭《あたま》を越え、白鳳峠から広河原《ひろがわら》に下山する2日間のコースを紹介しよう。南アルプス北部の主だった山々を登りつくした登山者におすすめのコースである。

登山者が集う栗沢山山頂

仙水峠に向かう道。北沢沿いに進んでいく

1日目

北沢峠から早川尾根を行き早川尾根小屋へ

まずは**北沢峠**から仙水峠に向かう。南アルプス市営の**長衛《ちょうえい》小屋**は甲斐駒ヶ岳や仙丈ヶ岳登山のベースとなる小屋で、建物前には南アルプス開拓に尽力した竹沢《たけざわ》長衛翁のレリーフが今日のにぎわいを見守っている。北沢の河原がキャンプ指定地になり、夏山シーズン中は、仙丈ヶ岳と甲斐駒ヶ岳をめざす登山者の笑顔であふれている。

小屋前で、仙水《せんすい》峠と栗沢山の直登コース（P73参照）の分岐で仙水峠方面に折れ、岩場堰堤の右側を越えて北沢源流へ進む。岩場を越えて急坂を登れば、やがて**仙水小屋**に着く。続いて樹林帯を抜け、駒津峰《こまつみね》の山腹から崩壊した岩塊斜面の縁を登る。岩塊斜面は、氷河期に形成されたものといわれている。登り着いた**仙水峠**は駒津峰と栗沢山にはさまれた早川尾根上の鞍部で、正面には摩利支天《まりしてん》の大岩壁を眺めることができる。

仙水峠を右に折れると、栗沢山まで標高差450mの直登となる。樹林帯を抜けると岩とハイマツ帯に出る。登ってきた方角を振り返ると、大きな山容の甲斐駒ヶ岳を見ることができる。仙水峠から栗沢山まで変わらない急斜面が連続する。小さな岩場を越えると、待望の**栗沢山**山頂だ。北に目を向けるとそそり立つ岩峰の甲斐駒ヶ岳、西に目を向けると甲斐駒とは対照的に、おおらかな山容の仙丈ヶ岳が見える。

眺望をじっくり楽しんだら、稜線をアサヨ峰に向かう。南には三角形の北岳が顔を見せている。ハイマツに囲まれた岩尾根は展望に恵まれ、アップダウンが少なく登りやすい。登山者とすれ違うことも少なく、静かな山歩きができるところだ。

標高2779・4mの**アサヨ峰**は、早川

栗沢山からの仙丈ヶ岳。左に仙塩尾根がのびる

白鳳峠から下る中間付近の鉄ハシゴ。慎重に下りていこう

尾根の最高峰である。山頂からは、天候がよければ、南から時計回りに北岳、仙丈ヶ岳、甲斐駒ヶ岳、八ヶ岳、秩父連山、東に鳳凰三山や富士山《ふじさん》と、３６０度のパノラマを楽しむことができる。

アサヨ峰山頂での眺めを満喫したら、ミヨシノ頭に向かおう。山頂から鋭く東に折れ、一枚岩や下り坂をゆっくり進む。ミヨシノ頭《あたま》を越えれば、この先は展望のない樹林帯が長々と続く。静かな樹林に囲まれた道を進むと**早川尾根小屋**に着く。早川尾根小屋は現在は無人小屋だが、清水が得られ、キャンプ指定地にもなっている。なお、小屋前から山容の眺めはない。小屋でくつろぎ、仲間と会話するなどして今日の疲れをしっかり癒しておこう。

赤薙沢ノ頭からの北岳。深緑の山肌が夏らしさを演出している

2日目 早川尾根小屋から広河原へ

樹間から北岳方面を望みながら樹林帯の道を進むと、**広河原峠**に着く。うっそうとした樹林に囲まれた平坦地は、右に広河原への下山コースが分岐している。広河原峠は古くから北岳をめざす登山者が通ったところだ。ここでは稜線をそのまま進み、白鳳峠に向かう。南アルプスの雰囲気が漂う

南アルプス林道の標識。広河原方面へ向かう

アサヨ峰山頂。パノラマの眺めを楽しめる

樹林帯を登り返せば、好展望の赤薙沢ノ頭に着く。アサヨ峰、甲斐駒ヶ岳、北岳などを一望できる。赤薙沢ノ頭からさらに樹林帯を下れば**白鳳峠**だ。直進すれば、高嶺《たかね》から地蔵岳《じぞうだけ》に通じている（P54コース7参照）。白鳳峠で縦走路から離れ、右に折れる。ハイマツ帯と岩塊斜面が現われ、やがてシラビソやツガの樹林帯に突入すれば、ひたすら広河原をめざして下る。急な下り坂であり、膝を痛めないよう足運びに注意したい。ハシゴ、クサリ場や滑りやすい箇所もあるので、慎重に行動しよう。

樹林帯を下って、樹相が広葉樹に変われば、南アルプス林道は近い。林道に出たら、20分ほどで**広河原**バス停に到着する。

アサヨ峰（中央）への道のり。右奥は北岳

プランニング&アドバイス

北沢峠を早朝に出発すれば、1日で広河原まで歩くことができるが、早川尾根小屋に泊まることをおすすめする。ただし無人小屋のため、食料や寝具などを用意すること。体力と時間に余裕があれば、高嶺を越えて赤抜沢ノ頭に出て、鳳凰三山を結ぶとさらに充実した縦走を楽しむことができる（P54コース7参照）。また、赤抜沢ノ頭から御座石温泉に下ると、変化に富んだコースとなる（P60参照）。エスケープルートとして、広河原峠からも広河原まで下ることができる（約3時間）。

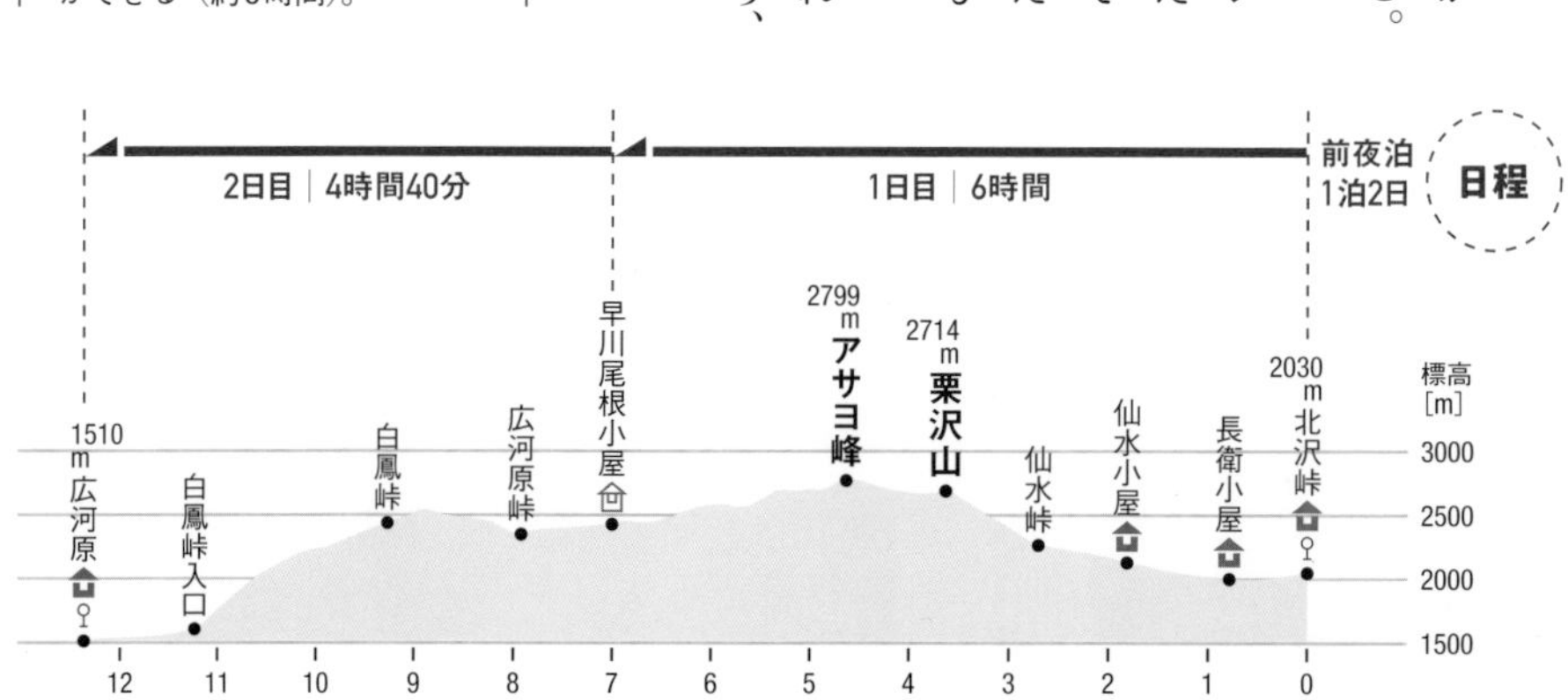

サブコース

長衛小屋から栗沢山へ

北沢峠→長衛小屋→栗沢山→仙水峠→長衛小屋→北沢峠　4時間15分

早川《はやかわ》尾根上のピーク栗沢山《くりさわやま》は登山者こそ多くはないが、甲斐駒ヶ岳《かいこまがたけ》や仙丈ヶ岳《せんじょうがたけ》、北岳《きただけ》といった南アルプス北部の名峰の展望台だ。とくに、深い谷から高度感あふれる甲斐駒ヶ岳の山容が見えるので、多くのアマチュアカメラマンに人気の撮影スポットだ。ここでは北沢《きたざわ》峠方面から最短時間で到達できる、栗沢山西《にし》尾根を紹介する。

北沢峠バス停から林道を広河原《ひろがわら》方面に進み、すぐに登山道に入る。**長衛《ちょうえい》小屋**前で北沢を渡り、右手斜面の登山道に取り付く。しばらくシラビソの樹林帯を登る。道はよく踏まれており、またテープなどの目印も多くコースからはずれることはないが、倒木が多い箇所があり、注意して歩きたい。

途中から傾斜のきつい登山道がしばらく続く。適度に小休止し、ゆっくり登っていこう。樹相が変化してダケカンバが目立ちはじめると、森林限界は近い。急な登りが終わり、ハイマツに囲まれた露岩帯を少し進めば**栗沢山**山頂に立つ。甲斐駒ヶ岳をはじめ、アサヨ峰《みね》、仙丈ヶ岳、北岳、塩見岳《しおみだけ》など南アルプスの峰々を眺望できる。山座同定をしながら、山頂でぜいたくな時間を過ごすとよい。

下山は、ハイマツに囲まれた岩稜帯の急坂と樹林帯を下って**仙水《せんすい》峠**に出る。仙水峠から岩塊斜面の脇を進み、**仙水小屋**経由でスタート地点の**北沢峠**に戻る。

Map 14-4C 北沢峠
Map 14-4D 栗沢山

コースグレード	中級
技術度 ★★★☆☆	3
体力度 ★★★☆☆	3

西尾根のシラビソの樹林帯を登っていく

360度のパノラマが広がる栗沢山からの初秋の甲斐駒ヶ岳。左奥は鋸岳

写真・文／伊藤哲哉

朝日に映える塩見岳（左）と
天狗岩（右）。塩見小屋から

南アルプス中央部に位置する塩見岳《しおみだけ》は、深田久弥《ふかだきゅうや》が「漆黒の鉄兜」と評した名山である。山名の由来は、山頂から海が見えることからつけられたという説や、大昔、建御名方之命《たてみなかたのみこと》がこの地を通ったおり、山麓の鹿塩《かしお》の谷（塩川《しおかわ》）で塩を発見し、その谷の頭に見えた山として名づけられたという説がある。

塩見岳では、三伏峠《さんぷく》と北荒川岳《きたあらかわだけ》南面に広がるお花畑、権右衛門《ごんえもん》沢源頭の美しいシラビソの原生林、山頂から眺望する南アルプスの峰々など、南アルプスのよさを堪能することができる。また、北岳《きただけ》と塩見岳を結ぶ長大な尾根コースは、南アルプスらしい深山の雰囲気を味わえるものとして人気が高い。

ここでは、最短時間で登れる鳥倉《とりくら》登山口から塩見岳を往復するコースを紹介する。

1日目 鳥倉登山口から三伏峠へ

ＪＲ伊那大島《いなおおしま》駅から**鳥倉登山口**までバスを利用する。マイカーの場合には、登山口

鳥倉登山口バス停脇から
三伏峠への登山道に入る

登山者どうしが談笑する
三伏峠小屋前の広場

写真・文／伊藤哲哉

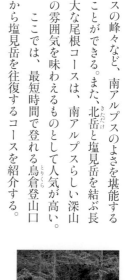

コースグレード｜中級

技術度｜★★★ 3

体力度｜★★★ 3

山名の伝説に思いを馳せて南ア中部の名山を往復

1日目	鳥倉登山口→三伏峠　計3時間
2日目	三伏峠→本谷山→塩見小屋→塩見岳→塩見小屋　計5時間40分
3日目	塩見小屋→三伏峠→鳥倉登山口　計5時間30分

バス停手前の越路《こしじ》の駐車場を利用して鳥倉登山口まで林道を50分ほど歩く。

カラマツ林につけられた登山道に取り付き、急斜面をジグザグに登る。明るいカラマツの樹林帯を登って**豊口山間《とよぐちさんかん》のコル**をめざす。樹林に囲まれた平坦なコルで休憩をとり、水分や栄養を補給しよう。さらに進むと、樹間から塩川方面の展望が見えてくる。奥水無沢《おくみずなし》源流を横切る地点は水場になっており、貴重な水を得ることができる。

水場を通過し、急斜面をひと登りで塩川からの登山道に**合流**する（2020年現在塩川ルートは通行止め）。樹林帯のゆるい登りが続き、天気がよければ樹間から遠くに甲斐駒《かいこま》ヶ岳《がたけ》や仙丈《せんじょう》ヶ岳《がたけ》が眺められる。

歩みを進めると、ほどなく標高日本一の峠（2580m）とされる**三伏峠**に到着する。樹林に囲まれた峠には三伏峠小屋が建っており、ここが1日目の宿泊先になる。早めに小屋に到着したら、名物の三伏峠小屋特製カレーを味わいたい（要事前確認）。また、夕食や朝食も疲れた体にやさしく、しっかりと栄養がつくものを提供してくれる。夕食まで時間があれば、小屋で仲間と会話をしながらゆっくり過ごしたり、明日に向けて英気を養うのもよい。

2日目 三伏峠から塩見岳へ

三伏峠からキャンプ指定地、樹林帯、ハイマツ帯を通って好展望の三伏山《さんぷくやま》に着く。はるか前方にはめざす塩見岳が望める。本谷山《ほんたにやま》へのコルまで下り、マルバダケブキなどが咲く高茎草原のお花畑を登り返す。樹林帯をしばらく進むと**本谷山**に着く。平坦な山頂であるが、樹林に囲まれており、展望は得られない。

本谷山から立ち枯れ木が目立つ尾根道が

三伏峠から烏帽子岳方面に向かうと出会うお花畑

本谷山からの道のところどころにある立ち枯れの木々

三伏峠小屋のテント場。午後になると混雑する

続き、しばらく平坦な道が続く。

登山道には木漏れ日が差し、気持ちよく歩くことができる。美しいオオシラビソの原生林に感動しながら、登山道を進むとゴーロ帯を通過する。ゴーロ帯から苔の多い道を登ってゆくと、やがて左から塩見新道（2020年現在通行止め）が合流する。合流地点からさらに歩みを進めると稜線の北側に建つ**塩見小屋**も見えてくる。小屋からは鋭く尖った塩見岳と天狗《てんぐ》岩が眺められる。

宿泊手続きを早々にすませ、必要な荷物だけをもち、塩見岳に向かおう。ハイマツ帯の斜面から露岩帯に入ると眼前には峻厳な天狗岩と塩見岳本峰がそびえ立つ。ここからは、安全確保のためヘルメットを着用して歩こう。険しい天狗岩は基部を巻き、累々としたガレ場を慎重に登って塩見岳をめざす。浮石があるので、落石を起こさないよう細心の注意を払おう。

稜線に出るとミヤマシオガマなどの高山植物が顔を見せ、ほどなく2等三角点が置かれ

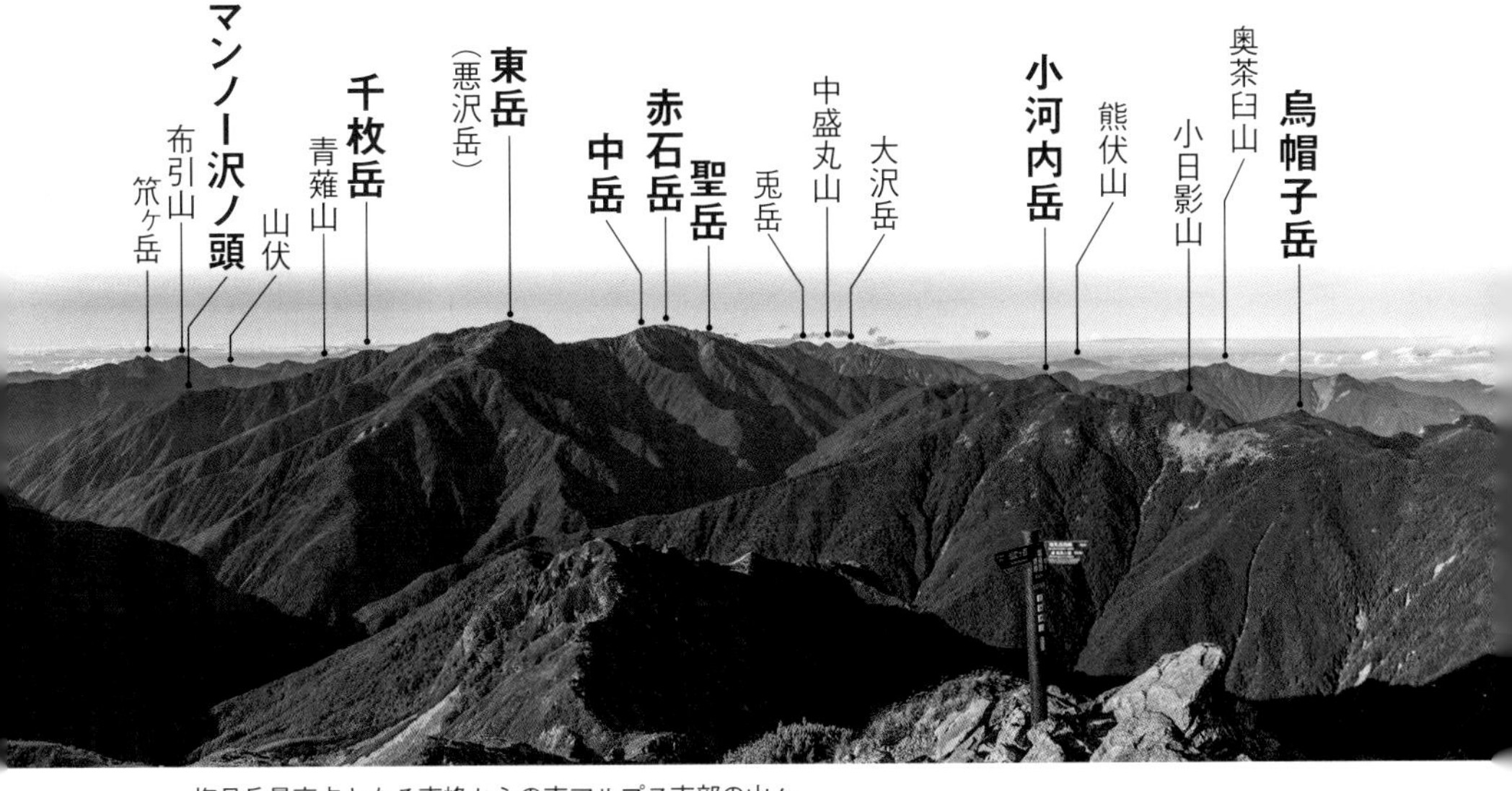

塩見岳最高点となる東峰からの南アルプス南部の山々

塩見岳東峰に続く登山道。東峰は登山者でにぎわっている

た**塩見岳**西峰《せいほう》に着く。南東方面の少し先に最高点の塩見岳東峰《とうほう》が望める。いずれの山頂からの眺望は抜群で、荒川《あらかわ》三山や仙丈ヶ岳、北岳、間《あい》ノ岳《だけ》など、南アルプスの主要な山稜が大パノラマに広がっている。また、深田久弥が絶賛した塩見岳からの富士山《ふじさん》の眺めも堪能しよう。時間の許す限り、存分に山頂からの絶景を楽しみたい。

下山は先ほど登ってきた岩場を、落石を起こさず、また転落や滑落に注意して慎重に下っていく。ハイマツ帯まで下れば宿泊地の**塩見小屋**はもうすぐだ。

3日目 塩見小屋から鳥倉登山口へ

早朝に塩見小屋前の岩場や稜線に立ち、斜光の朝日に輝く塩見岳本峰や天狗岩、白《しら》峰《ね》三山、仙丈ヶ岳を眺めてから出発しよう。

小屋を出発してすぐに塩見新道の分岐を右に見送る。**本谷山**までは、南アルプスのしっとりとした樹林帯が続く。三伏山では、時間に余裕があったら、今までたどってきた道を眺めるのもよい。**三伏峠**で休憩して、**塩川ルート**を見送り、**鳥倉登山口**に向かう。

プランニング&アドバイス

南アルプス登山バス鳥倉線（P178参照）は、運行本数が極端に少なく、時間、行程に余裕のあるプランニングをしよう。2日間の日程で計画する場合、1日目は登山口を早朝に出発し塩見小屋まで、2日目に塩見岳を往復して登山口まで戻る行程となる。マイカーの場合は越路の駐車場（トイレあり）が利用できるが、ピーク時には第2駐車場も満車になることがあり、早めに到着しておきたい。塩見小屋、三伏峠小屋ともに予約が必要になるので、事前に確認すること。なお、蝙蝠岳に登り、二軒小屋に下る上級者向けのコースもある（P79参照）。事前に小屋でルート状況の情報を入手しておくとよい。

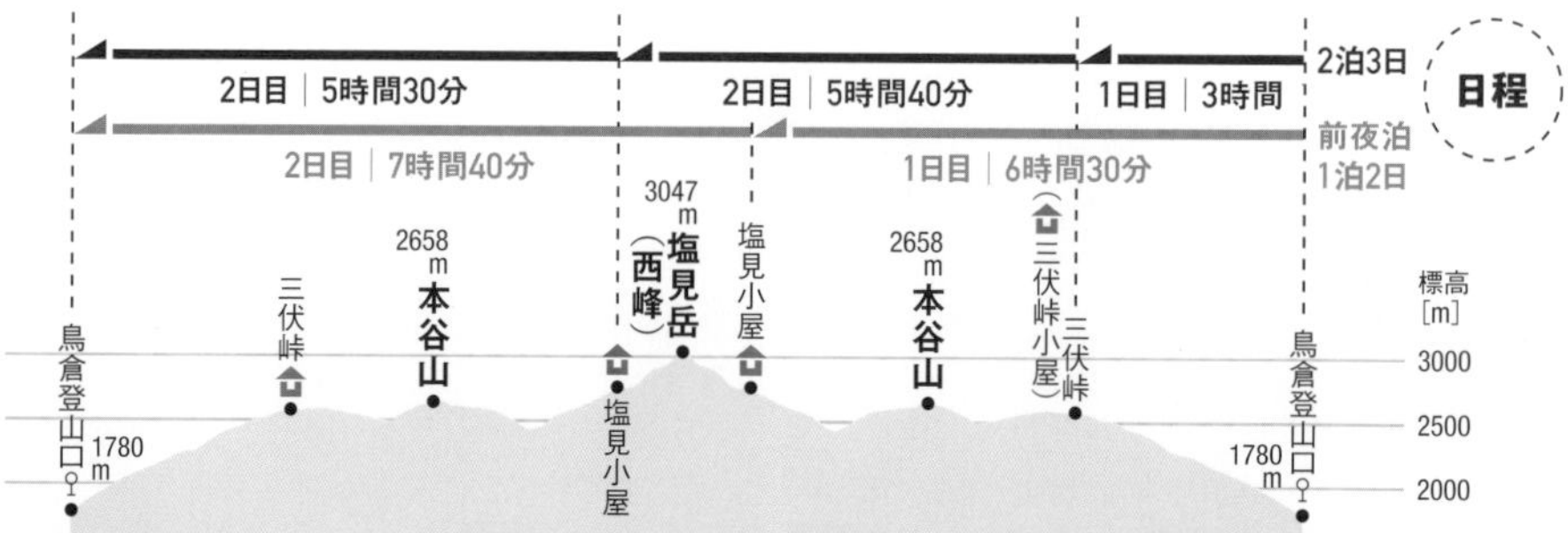

サブコース

蝙蝠尾根を下る

鳥倉登山口↓三伏峠↓塩見小屋↓塩見岳↓蝙蝠岳↓徳右衛門岳↓二軒小屋　16時間55分

蝙蝠岳《こうもりだけ》は塩見岳《しおみだけ》の南東にあり、おおらかな尾根上に頂をもつ山である。山慣れた上級者向け登山コースを紹介しよう。

1日目 **鳥倉《とりくら》登山口**から**塩見小屋**まではP74コース10を参照。

2日目 塩見小屋から**塩見岳**を越え**北俣岳《きたまただけ》分岐**までは、P74コース10、P80コース11参照。仙塩《せんしお》尾根と分かれ、険しい岩尾根を北俣岳に進む。**北俣岳**山頂は通過せず、左から巻いて蝙蝠岳へと連なる稜線に入るが、四郎作《しろうさく》ノ頭《あたま》まで踏み跡が不明瞭な箇所があり、濃霧時は注意。2845m地点から蝙蝠岳との鞍部まで下り、ハイマツ漕ぎをしながら登り返すと**蝙蝠岳**山頂に着く。

山頂から標識のないピーク（四郎作ノ頭）を越え、ダケカンバの巨木の先で樹林帯へ入り、登山道をひたすら下って、**徳《とく》右衛《え》門岳《もんだけ》**へ。山頂の先で水場への分岐を見送る。樹林帯のルートには倒木が多く、迂回路や踏み跡が不明瞭な場所もある。時には地図などを頼りにルートファインディング（正しいコースを見つける技術）を確実に行い、登山道の目印（ペンキやリボン）を探しながら、慎重に進む。

中部電力管理棟の脇を階段で下り、さらに樹林帯を進み、東俣《ひがしまた》林道に下りた地点が**蝙蝠岳登山口**だ。林道を30分ほど歩くと、**二軒小屋**に着く。

3日目 送迎車で畑薙《はたなぎ》第一ダムへ。さらにバスでJR静岡駅に向かう。

Map 8-1A 鳥倉登山口
Map 8-4D 二軒小屋

コースグレード | **上級**

技術度	★★★★	4
体力度	★★★★	4

徳右衛門岳からの下り。シラビソの美しい森が広がり別世界のようだ

北俣岳分岐上部よりめざす蝙蝠岳方面を望む

写真・文／伊藤哲哉

白峰三山と中央アルプスを望む静かなロングコースの踏破

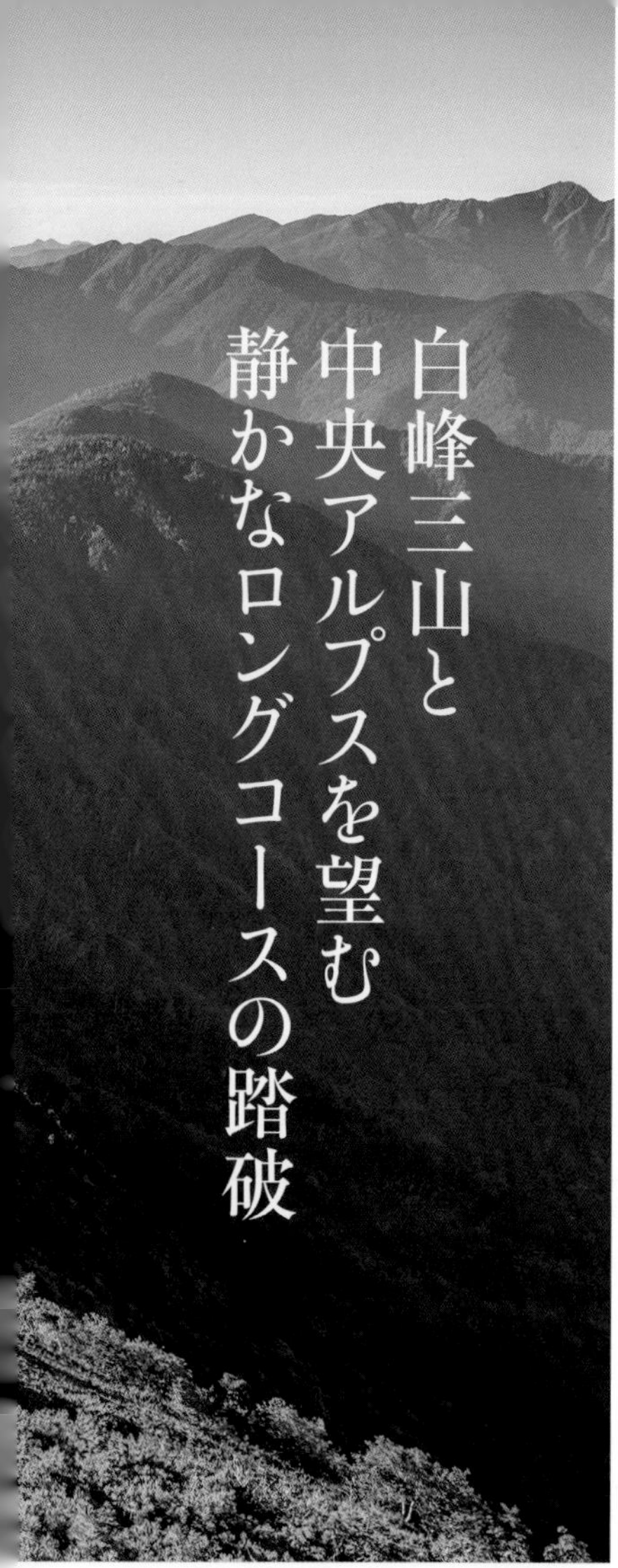

朝靄に霞む仙塩尾根と白峰三山（右奥は塩見岳）。三峰岳へはアップダウンが続く

仙《せん》丈《じょう》ヶ岳《がたけ》から塩見岳《しおみだけ》を結ぶ縦走路は、樹林に支配された仙塩《せんしお》尾根を踏破するハードなコースだ。南アルプス好きの登山者にはあこがれの尾根で、踏破後の満足感はとても大きなものがある。このコースの魅力は、山頂からの絶景だけでなく、うっそうとした原生林やお花畑など、南アルプスのよさを肌で感じることであろう。

仙塩尾根は登山者が少なく静かな山歩きが楽しめるが、近年はトランス・ジャパン・アルプス・レース（日本海からスタートして、日本アルプスを抜け、太平洋まで1週間で走破する日本縦断レース）の南アルプスのコースとなっているためか、トレイルランニングをしている人をよく見かける。

縦走路上は宿泊施設が少ないだけに、夏山シーズンでは充分な水と行動食を持参し、休憩場所や歩行のペース配分をあらかじめ確認する。晴天の場合、稜線では直射日光が容赦なく降り注ぐので、熱中症予防に努めたい。不意の悪天にも備え、エスケープルートの確認や装備を万全にしておこう。

コースグレード	上級
技術度	★★★☆☆ 3
体力度	★★★★★ 5

稜線で出会ったライチョウの親子

前夜泊3泊4日

仙塩尾根

仙丈ヶ岳 塩見岳

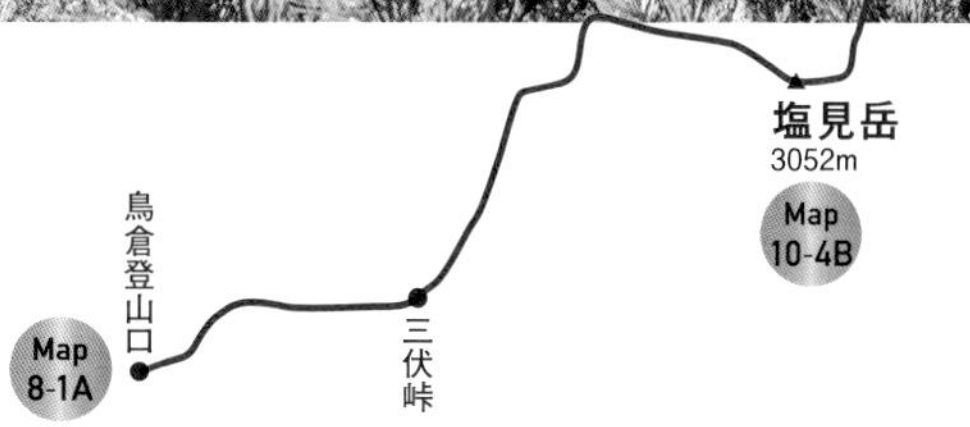

木漏れ日が気持ちい
い野呂川越の分岐。
十分に休憩しよう

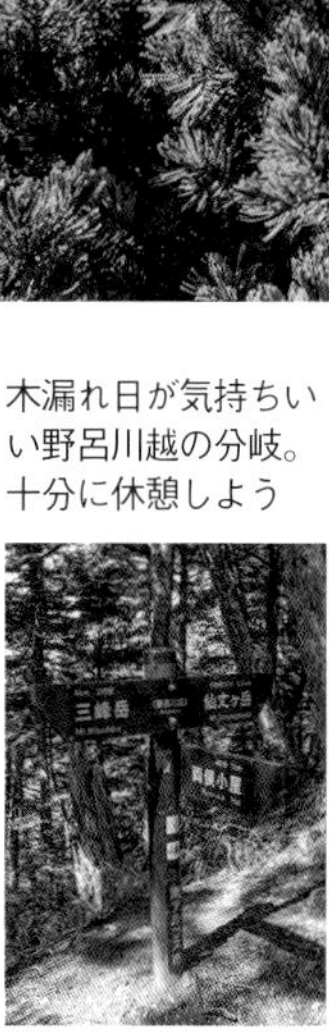

1日目	北沢峠→ 大滝ノ頭→ 仙丈小屋　計4時間35分
2日目	仙丈小屋→ 仙丈ヶ岳→ 三峰岳→ 熊の平小屋　計10時間30分
3日目	熊の平小屋→ 塩見岳→ 塩見小屋　計7時間20分
4日目	塩見小屋→ 三伏峠→ 鳥倉登山口　計5時間30分

1日目

北沢峠から仙丈小屋へ

北沢《きたざわ》峠から**仙丈小屋**までは、藪沢《やぶさわ》コースまたは小仙丈ヶ岳《こせんじょうがたけ》コースのいずれかのコースを登る。詳細はP48コース6参照。

2日目

仙丈小屋から仙丈ヶ岳、三峰岳を経て熊の平小屋へ

長い行程であり、早朝に出発しよう。仙丈小屋から20分ほどガレ場を歩くと、**仙丈ヶ岳**に着く。山頂からは、進行方向に大仙丈ヶ岳《だいせんじょうがたけ》、塩見岳、南東方面に北岳《きただけ》、間ノ岳《あいのだけ》、東方面に早川《はやかわ》尾根、北東方面に甲斐駒ヶ岳《かいこまがたけ》、西方面には中央アルプスの大パノラマを満喫することができる。

仙丈ヶ岳山頂をあとにして、縦走路を先に進もう。大仙丈ヶ岳から長々と続く縦走路を見ながら歩けば、自然と期待に胸がふくらむ。大仙丈ヶ岳山頂に着いたら、再び大パノラマを堪能しよう。

大仙丈ヶ岳から野呂川越《のろがわごえ》へ下りにはいくつもの小ピークを越えるが、縦走路は整備されており、安心して進むことができる。樹林帯に入りしばらくすると、見晴らしのない伊那荒倉岳《いなあらくらだけ》の山頂に出る。しっかりと休憩し、水分と栄養補給を行おう。

枯れ池の高望《こうぼう》池を見送り、見晴らしのよい独標を経て再び樹林帯に入り、さらに進むと**野呂川越**に着く。伊那荒倉岳から野呂川越間は台風による多数の倒木があるが、迂回路などが整備されている。

野呂川越でエスケープルートの両俣小屋への道を左に分け、三峰岳《みぶだけ》への登り返しがはじまる。木漏れ日が気持ちのよい樹林帯を抜け、小ピークに近づくと急登になる。緊張感を保ちながら先を進む。小ピークを越え、三

盛夏の空にそびえ立つ三峰岳

威風堂々たる朝焼けの大仙丈ヶ岳

北荒川岳から見る大迫力の山容の塩見岳

峰岳を見ながら灌木帯やガレ場を登り、間ノ岳との分岐を経て**三峰岳**山頂に着く。山頂から仙丈ヶ岳方面を振り返ると、今まで踏破した山稜が目に入る。また、南西方面に目を移すと次に向かう熊ノ平《くまだいら》、塩見岳方面を眺めることができる。

不安定な岩礫の尾根を慎重に下って、ハイマツが広がる**三国平**《みくにだいら》に着く。左に分岐するコースは農鳥《のうとり》小屋方面だ。ゆるく下ってダケカンバ帯を抜けると熊ノ平で、ハクサンフウロなど高茎草原のお花畑が広がる。**熊の平小屋**脇には豊富な水が流れ、キャンプ指定地にもなっている。小屋ではしっかりと食事をとり、明日に疲れを残さないよう休息しよう。

3日目 熊の平小屋から北荒川岳、塩見岳を経て塩見小屋へ

前日に続き、早朝に出発する。平坦な樹林帯を進んで尾根上に出る。樹林が開けた地点からは、伊那谷と中央アルプスが見渡せる。しばらく樹林帯の尾根道が続く。東側につけられた道はアップダウンが少なく歩きやすい。安倍荒倉岳《あべあらくらだけ》のピークは登山道から離れていないので、立ち寄ってみよう。

深緑色が美しい仙塩尾根と西農鳥岳、間ノ岳（新蛇抜山から）

夏の縦走路で出会った山岳部の学生（新蛇抜山付近）

まばらな樹林帯では農鳥岳《のうとりだけ》方面を見ながら進むと、展望のよい小岩峰（**竜尾見晴**《りゅうびみはらし》）が現われる。進行方向には塩見岳、振り返れば、白峰《しらね》三山、仙丈ヶ岳が眺められる。

新蛇抜山《しんじゃぬけやま》を経て、小さな草原からハイマツ帯を直登すると**北荒川岳**《きたあらかわだけ》山頂に着く。熊ノ平から続いた樹林帯も、ここでようやく終わりとなる。正面にはめざす塩見岳が迫力満点の姿を見せている。ここでも充分に休憩をし、水分と栄養を補給しておこう。

北荒川岳から稜線の東斜面につけられた登山道を進む。盛夏にはお花畑が広がり、その中心部に登山道がのびている。**肩の広場**を経てハイマツ帯を越え、東には北俣岳へのびる稜線を見ながら急坂を登り、**北俣**《きたまた》**岳**《だけ》**分岐**を見送る。ここから1時間ほどの登りで3052mの塩見岳東峰《とうほう》に立つ。東峰からは壮大な荒川《あらかわ》三山や赤石岳《あかいしだけ》など南アル

岩稜を登る登山者。塩見岳東峰はもうすぐだ

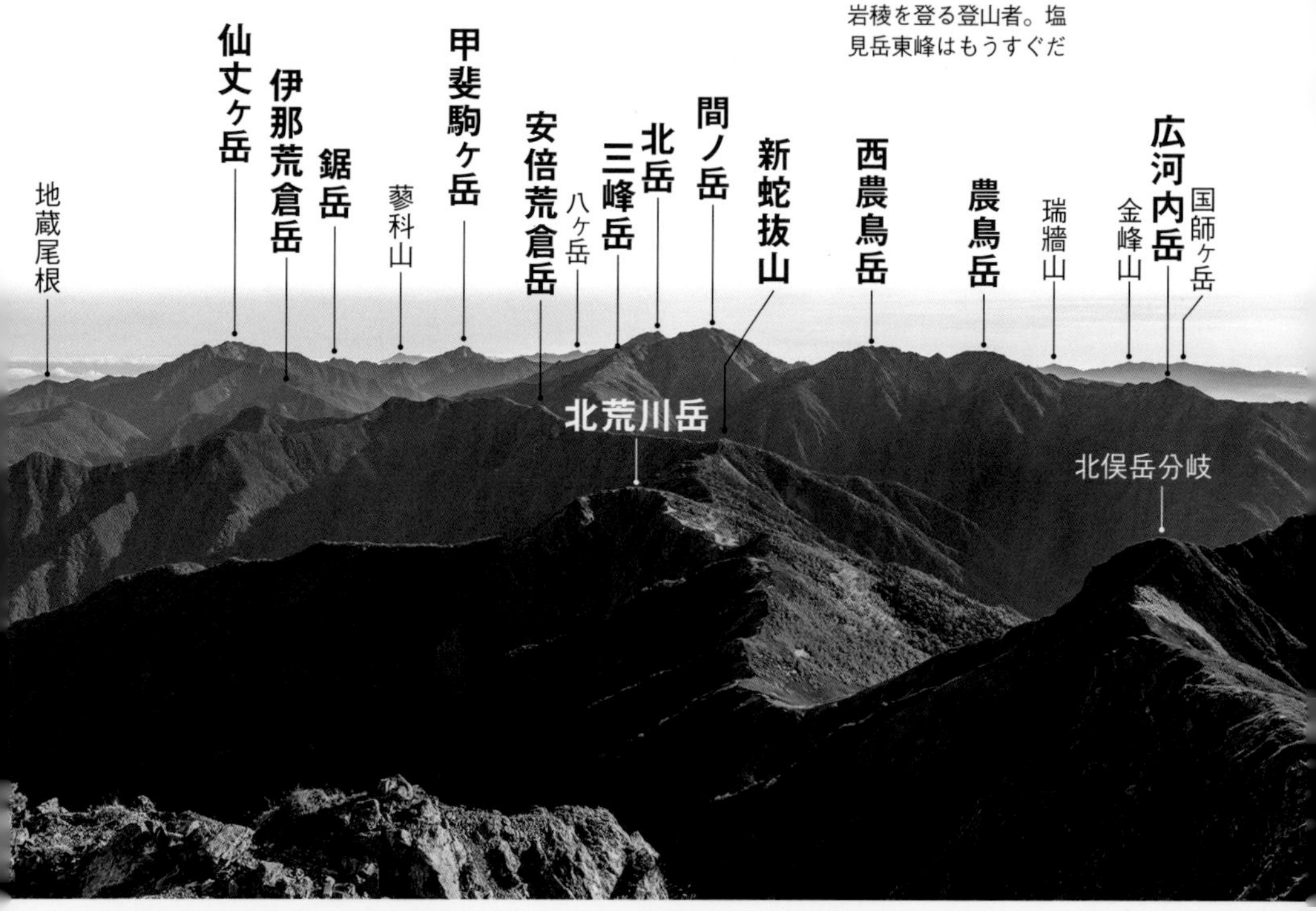

塩見岳から仙塩尾根方面を振り返ると仙丈ヶ岳が遠くに望まれる

プス南部の山々と、仙丈ヶ岳、北岳、間ノ岳など北部の山々を眺望できる。

数分進んだ**塩見岳**西峰《せいほう》は東峰よりもわずかに低いが、三角点が置かれている。

塩見岳西峰からは急な岩場がはじまる。ヘルメットを着用し、落石しないように慎重に下りたい。天狗《てんぐ》岩の斜面を巻きながら通過して、ハイマツ帯に出ると**塩見小屋**はもうすぐだ。

塩見岳東峰から眺める秀峰・富士山

4日目　塩見小屋から鳥倉登山口へ下る

塩見小屋からは、朝日に輝く塩見岳と天狗岩が鋭く尖った岩峰を望む。ご来光を浴びる美しい山稜を見れば、味わったことのない感動に浸ることができる。北東方面に目を移すと、ここまでたどった仙塩尾根や仙丈ヶ岳、白峰三山もすばらしい眺めだ。

眺めを堪能したら、バスの時刻に間に合うよう**鳥倉《とりくら》登山口**に向かう（塩見小屋〜鳥倉登山口間の詳細はP74コース10参照）。

プランニング&アドバイス

宿泊施設が少ないだけに、天候の安定する時期に出かけたい。北岳から塩見岳を縦走するプランを作成する場合にはP22コース2を参照のこと。間ノ岳から三峰岳までは30分程度（逆コースは1時間程度）の歩行時間となる。1日目は、天気がよければ仙丈ヶ岳山頂や周辺を散策することもできる。2日目は長い行程を縦走するので、ペース配分も入念に確認しておくこと（両俣小屋泊も考慮する）。3日目は健脚なら熊ノ平から三伏峠まで足をのばすことも可能だ。鳥倉登山口から伊那大島駅までのバスの便数が少ないので、事前に時刻を調べておきたい。また、仙丈小屋、塩見小屋は宿泊予約を必ず入れる。

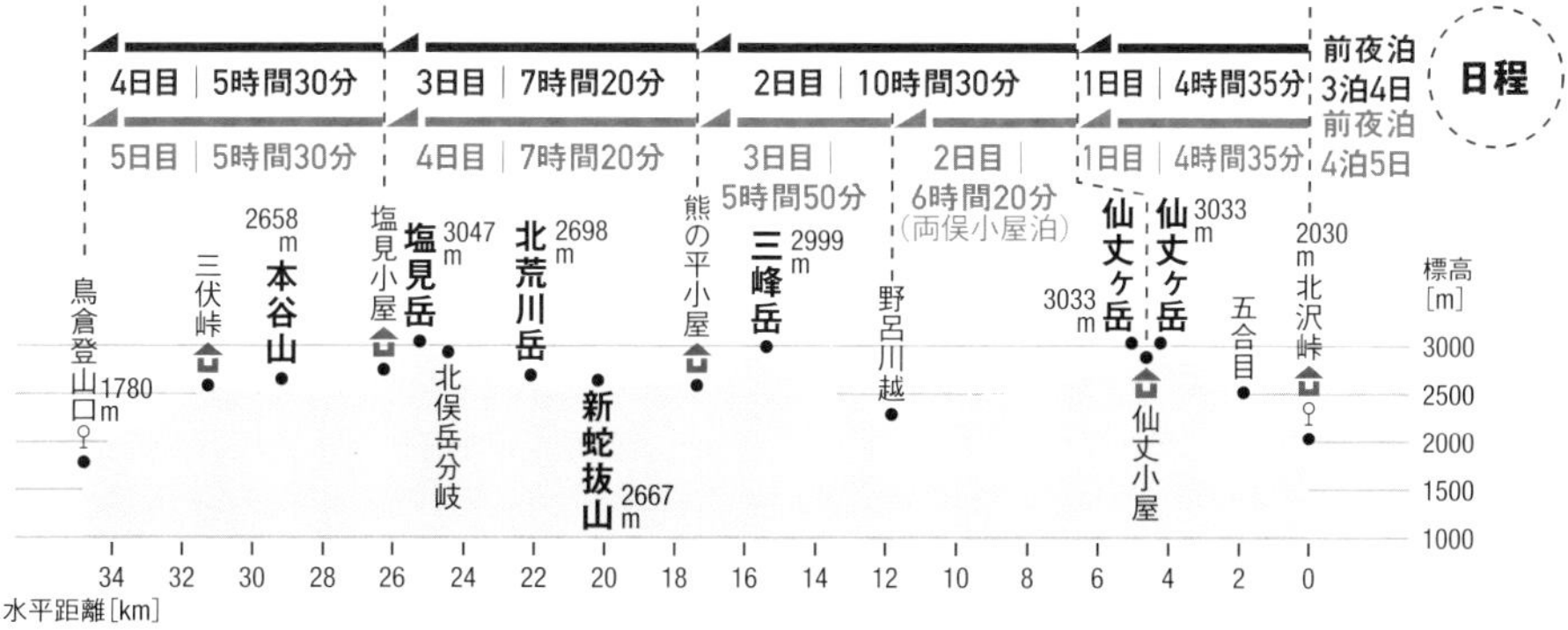

コラム5

南ア北部のおすすめ撮影ポイント

南アルプス北部では、富士山《ふじさん》や白峰《しらね》三山、甲斐駒ヶ岳《かいこまがたけ》、仙丈ヶ岳《せんじょうがたけ》、塩見岳《しおみだけ》、鳳凰《ほうおう》三山、滝や渓谷など、山岳写真撮影をするカメラマンにとっては被写体に恵まれた山域だ。

南アルプスの山稜は全体的に山容が大きく、被写体を絞って撮影したい。また北岳《きただけ》や間《あい》ノ岳《だけ》山頂などから他の山稜を撮影すると高度感がなくなるので、撮影時の標高にも気を配りたい。

撮影プランを立てるには、被写体（山稜、高山植物など）の最も美しい時期を狙うことが大切だ。最近では、山小屋などから山の直近情報が各々のホームページやSNSを通じて発信されていることも多く、これらの情報を積極的に活用するとよい。

コース案内で利用している写真のうち、代表的な撮影ポイントで撮影したものがいくつかあるが、ここでは、南アルプス北部でおすすめの撮影ポイントで撮影した作例を紹介する。

銀嶺の白峰三山

撮影場所：砂払岳山頂付近

砂払岳の山頂からモルゲンロートの白峰三山を撮影できる。ズームレンズの広角側で撮影した。日の出前後は光量が足りないので、できれば高感度撮影せずに三脚を使用して撮影したい。秩父方面から太陽が昇ると銀嶺が赤く染まり、高度感のある山岳写真になった。薬師岳山頂からも撮影できるが、砂払岳山頂付近から撮影すると岩稜の写り込みが少なく、白峰三山を大きく撮影することができる。

雲湧く甲斐駒ヶ岳

撮影場所：栗沢山付近

初秋の爽やかな青空の下、仙水峠～栗沢山山頂間に堂々とした甲斐駒を眺められる場所がある。栗沢山までは急な登りが続くので、時おり甲斐駒を振り返りながら登るとよい。夏から秋にかけて雲が湧くことが多く、早朝に小屋を出発して最適なタイミングを待ちたい。作例は、摩利支天に雲がかかるのを待って撮影をした。栗沢山山頂に登れば雄大な甲斐駒のほか、大きな山容の仙丈ヶ岳、アサヨ峰から北岳までの連嶺の撮影もできる。栗沢山山頂は、2016年ごろにミネラルウォーターのコマーシャルで放映されたことでも有名になった。

写真・文／伊藤哲哉

盛夏の富士山を眺める

撮影場所：塩見岳山頂

塩見岳から眺める富士山は、最も形が美しいと深田久弥も絶賛した。日の出後すぐに塩見小屋から山頂に登り、光の状態を見ながら太陽が高くなる前に撮影した。雲が湧き、独特の山容をした蝙蝠岳を入れて、南アルプスの夏らしい山岳写真にすることができた。山並みが斜めに写るので、山並みの方向に惑わされず、水平を保ちながら撮影したい。

深夜のランデブー

撮影場所：薬師岳山頂付近

伊那方面の街明かりが白峰三山のスカイラインを際立たせていた。山岳夜景撮影では、上弦あるいは下弦付近の月明かりのときには、目で見た風景と同じ明るさで撮影できる。長時間露光撮影でオリオン座が雪稜の白峰三山に傾いていく様子を、ダイナミックかつドラマチックに撮影できた。山岳夜景撮影の際には、山と星の比率のほか、水平かどうかにも気を配りたい。

甲府盆地に雲海広がる

撮影場所：黒戸尾根八合目

作例は、夜明け前に七丈小屋を出発し、日の出を待って八ヶ岳方面を撮影した。夜明け前から甲府盆地には広大な雲海が広がっていて、雲はまるで波を打っているようだった。八合目御来迎場では、鳳凰三山と秀峰富士山、朝日に染まる甲斐駒ヶ岳、雲海とご来光が撮影できる絶好の撮影ポイントである。

南アルプス南部

笊ヶ岳からのモルゲンロートに染まる南部主脈。左から上河内岳、聖岳、赤石岳、荒川岳（写真／岸田 明）

盟主・赤石岳をはじめ 4座の日本百名山を抱える。 登山スキルが求められる 実力派エリア

小赤石岳の肩からの荒川三山。右の東岳（悪沢岳）は南アルプス第三の高峰

前夜泊3泊4日

荒川三山
千枚岳 東岳 小河内岳

1日目	椹島→清水平→千枚小屋　計6時間15分
2日目	千枚小屋→千枚岳→東岳→中岳→高山裏避難小屋　計5時間55分
3日目	高山裏避難小屋→板屋岳→小河内岳→三伏峠小屋　計5時間30分
4日目	三伏峠小屋→鳥倉登山口　計2時間15分

コースグレード｜上級

技術度｜★★★★☆　4

体力度｜★★★☆☆　3

写真・文／岸田 明

多彩な姿を見せる 南アルプスに浸る 静かな山旅

荒《あら》川《かわ》三山（荒川岳《あらかわだけ》）とは、前岳《まえだけ》、中岳《なかだけ》そして南アルプス南部の最高峰・東《ひがし》岳《だけ》（悪沢岳《わるさわだけ》）の総称。本コースは南アルプスの南部と北部をつなぐ唯一の縦走路で、公共交通利用前提となるので入山者が少なく、静かな山旅を味わえる玄人好みのコースだ。千枚《せんまい》小屋～三伏《さんぷく》峠小屋間は避難小屋のみで、原則食料の持参が必要なうえ、ハイシーズン以外は管理人不在で寝具の携行も必要なことが入山者の少なさに拍車をかけている。一方、入山口の駿河の井川《いかわ》と下山口の信州の大鹿《おおしか》村では里の風景が、加えて山そのものの雰囲気も大きく異なり、二国をまたいではるばる歩く充実感がある。

縦走路上は森林限界上の開放的な岩稜帯歩きや、対照的に内省的な小さなお花畑を縫う樹林帯の縦走と、メンタル面でも変化を楽しむことができるコースだ。荒川岳は南アルプス主脈の中央に位置し、さらに東に飛び出した枝尾根であることからとくに展望にすぐれ、南ア北部、南部のほぼすべての山を遠望することができる。

南ア南部でも規模が大きい千枚岳～丸山間のお花畑

駒鳥池は南アルプスでは数少ない沼地

1日目 椹島から千枚小屋へ

　南アルプス南部の登山基地・**椹島**《さわらじま》から出発する。宿泊地の千枚小屋への登山道は最初の取り付き以外は全体的に長くゆるい登りがえんえんと続く尾根道なので、あせらずに一定のペースで歩くのがポイントだ。

　椹島の奥にある井川山《いかわさん》神社の脇の道を登り、林道を二軒小屋《にけんごや》方向へ。滝見《たきみ》橋先の新設の吊橋から尾根に取り付く。岩尾根の急登、シャクナゲの台地、核心部の岩頭見晴《がんとうみはらし》のやせ尾根を通過する。

　一度林道に出て右の階段を登り、**小石下**《こいしした》への斜面のジグザグと踏み跡がやや不明瞭な尾根道を行く。ゆるい登りはさらに続き、林道を横断しトラバースを続けると、ルート唯一の水場の**清水平**《しみずだいら》に着く。さらに標高を上げた登山道脇の**見晴**《みはらし》**岩**からは、小赤石《こあかいし》岳《だけ》の長大な尾根と荒川三山の展望が楽しめる。その先ではかつて木材の搬出路だった木馬《きんま》道跡の横断が何箇所かあるので、迷い込みに気をつけよう。

　駒鳥《こまどり》**池**の静かな佇まいを楽しみ、千枚小屋への荷揚げロープウェーの下を通って直角に左に曲がりトラバースを続けると、百花繚乱のお花畑の中の**千枚小屋**に着く。

2日目 荒川三山を越え高山裏避難小屋へ

　2日目がこのコースのハイライトだ。ダケカンバの並木道を通り、樹木が低くなると白峰南嶺《しらねなんれい》と富士山《ふじさん》の展望が得られる。**千**《せん》**枚岳**《まいだけ》山頂からの赤石岳《あかいしだけ》の存在感、塩見岳《しおみだけ》を含むはじめて見る北部の山々の遠望がすばらしい。

　山頂から登山道は一変、ハシゴのある岩稜帯のやせ尾根の難所になり、緊張感は一挙に高まる。慎重に通過し、お花畑に入ればひと安心。ここは花の種類の多さでは南部一だろう。**丸山**《まるやま》を越えると東岳への豪快な登りとなる。赤石山脈の語源である赤色チャートの混じる大ゴーロ帯の異空間を通

コース第三の難所・荒川大崩壊地縁のザレた登山道

丸山から東岳への豪快な登り

東岳（悪沢岳）から望む荒川中岳

過すれば、待望の**東岳**（**悪沢岳**）山頂。３６０度の展望が得られ、充実感もひとしおだ。

　東岳からは中岳を見ながらのなだらかな下りではじまるが、やがて第二の難所となる岩稜帯の下り（Ｐ１０４右下写真）に差しかかる。距離こそ短いが、砂まじりなのでスリップに注意。コルからは楽しい岩尾根と大らかな登りが続き、クロユリの咲く中岳避難小屋に着く。この先エスケープルートはないので、ここで縦走の最終的な行動判断をする。体調が芳しくなければ中岳避難小屋泊、または荒川小屋へ下るべきだ。

　中岳山頂標識を越え、**前岳**からは荒川大崩壊地を俯瞰する。ここからが第三の難所で、激しく進行している崩壊地の縁のザレ場の下りになる。膝に負担のかかる６００ｍ近い標高差のあるカール内を下りきり、トラバースすると縦走路のオアシス・水場がある。水量は少ないが、高山裏

中岳避難小屋付近からの南アルプス北部の山々

避難小屋の水場は往復30分を要するので、少人数であればここで補給しておこう。**高《たか》山裏《やまうら》避難小屋**はお花畑の中にあり、稜線に出れば中央アルプスに沈む夕日が見られる。

3日目 高山裏避難小屋から三伏峠小屋へ

小屋をあとに**板屋岳《いたやだけ》**をめざすが、登路には部分的に崩壊地の縁があり、慎重に通過する。バイケイソウとダケカンバの林を抜け、標高差200mを登ると**小河内岳《おごうちだけ》**に着く。山頂は、長大な荒川三山の全貌を北から確認できる唯一の場所。ここにも避難小屋がある。泊まっても最終日の午後のバスには充分に間に合うので、さえぎる物のない山頂から落日、満天の星、蝙蝠岳《こうもりだけ》から登るご来光を楽しみに泊まるのもよいだろう。

さらに進んだ前小河内岳《まえおごうちだけ》山頂部〜烏帽子岳間のコルの崩壊地の縁を注意して通過し**烏帽子岳《えぼしだけ》**へ。山頂からの、文字通り山の形をした塩見岳がすばらしい。**三伏峠**でお花畑を楽しんで、宿泊地の三伏峠小屋へ。

4日目 三伏峠小屋から鳥倉登山口へ

三伏峠から**鳥倉《とりくら》登山口**へは、P74コース10を参照。なお、最終日は下山バスまで時間に余裕があるので、往復約25分の三伏山《さんぷくやま》まで行ってみよう。仙丈ヶ岳《せんじょうがたけ》、塩見岳、西に中央アルプス、空気が澄んでいれば北アルプスまでの遠望が得られる。荒川岳を眺めるなら再度**烏帽子岳**に登るのもいい。

プランニング&アドバイス

公共交通機関を利用して縦走できるのは、7月中旬から8月末まで。他の期間は、往路は千頭駅から畑薙第一ダムまで、復路は越路ゲートからJR伊那大島駅または中央道松川ICまでタクシー利用となる。千枚小屋〜三伏峠間には3軒の避難小屋があり、高山裏避難小屋と小河内岳避難小屋は8月末まで、中岳避難小屋は9月末まで管理人が常駐し、レトルト食品と寝具のサービスを受けられる。3日目の行程が長くなるが、2日目を中岳避難小屋泊とし、荒川小屋方向に下ったところにある南アルプス最大とされる前岳カールのお花畑を楽しむのもよいだろう（P100コース13参照）。

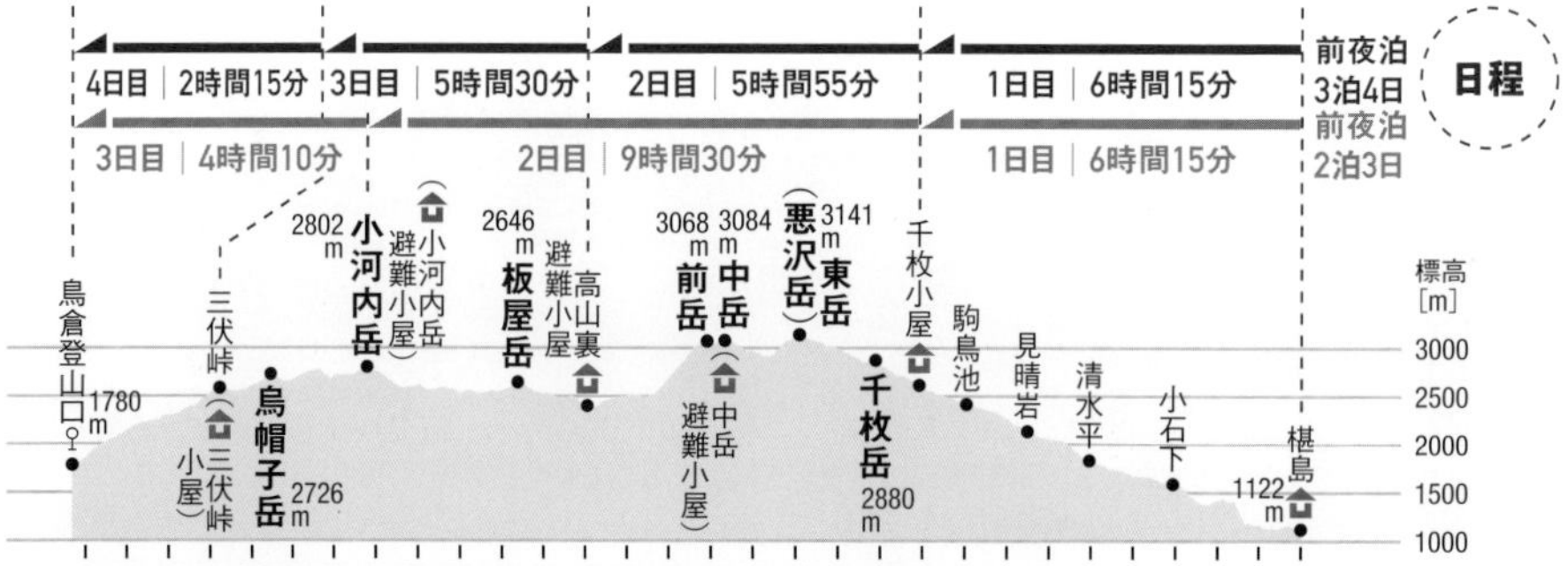

サブコース

二軒小屋から千枚岳へ

二軒小屋↓マンノー沢の頭↓千枚岳　5時間45分

Map 8-4D　二軒小屋
Map 8-4C　千枚岳

コースグレード	中級
技術度 ★★★	3
体力度 ★★★	3

二軒小屋《にけんごや》から千枚岳《せんまいだけ》へ突き上げるマンノー尾根は、冬期の東岳《ひがしだけ》（悪沢岳《わるさわだけ》）登頂コースの一部として長い歴史をもつ。しかし早《はや》川《かわ》町側から転付《でんつく》峠までのルートは大雨のたびに道が流され、２０２０年現在通行止め。考えられる本コースの利用としては、三伏《さんぷく》峠を起点とする塩見岳《しおみだけ》、蝙蝠岳《こうもりだけ》と荒川《あらかわ》三山を踏む、大井《おおい》川西俣《にしまた》の周回だろう。本コースは南アルプス南部屈指の急登だが、短時間に高度をかせぐことができ、また、登山道はクッションのよい落ち葉が堆積し、下山道としては椹島《さわらじま》より足の負担が少ない。

二軒小屋から大滝となっている大井川の洪水吐の上にある吊橋を渡り、右岸から尾根に取り付く。最初がハシゴと不安定なゴーロ帯の登りが続くコースの核心部。尾根筋に出れば眼下にコバルトブルーの田代《たしろ》湖と二軒小屋が一幅の絵のように広がる。

その先は樹林帯の急登が連続、一度ガレの縁に出る。最初の見どころはロボット雨量計跡のあるガレ縁から見上げる千枚ガレと千枚岳、次はすぐに現われるカニコウモリの大群落。**マンノー沢《さわ》の頭《あたま》**に着けば、蝙蝠岳と塩見岳の遠望を垣間見ることができる。

草付きでは笊《ざる》ヶ《が》岳《たけ》を中心とする白峰《しらね》南嶺《なんれい》南部の遠望と高山植物に癒やされる。その先森林限界に出た瞬間の開放感と蝙蝠尾根と白峰南嶺の山並みも印象的。千枚岳への直登ルートはハイマツが繁茂し失われてしまったので、トラバースし千枚小屋からの道に合流する。ガスが出ていなければ**千枚岳**に登って、赤石岳《あかいしだけ》を確認しておきたい。

笊ヶ岳縦走路からのマンノー尾根を伴う荒川岳の雄姿

残雪期の千枚岳山頂付近から見る赤石岳

写真・文／岸田 明

サブコース

三伏峠から荒川岳へ

鳥倉登山口↓三伏峠↓小河内岳↓高山裏避難小屋↓荒川中岳　11時間55分

Map 8-1A 鳥倉登山口
Map 8-4B 荒川中岳

コースグレード	上級
技術度	★★★★☆ 4
体力度	★★★★☆ 4

鳥倉《とりくら》登山口は塩見岳《しおみだけ》の入山口としてだけではなく、荒川岳《あらかわだけ》から光岳《てかりだけ》にいたる、南アルプス南部全山というとても魅力的な大縦走のスタート地点でもある。

鳥倉登山口〜三伏《さんぷく》峠間はP74コース10を参照。三伏峠から標高差150mの急坂を登った**烏帽子岳《えぼしだけ》**からは、塩見岳と小河内《おごうち》岳《だけ》の姿がすばらしい。小河内岳までは崩壊地の縁を歩く箇所があるので注意。**小河内岳**は本コース最高のビューポイントで、荒川三山の全貌をはじめ、左には富士山《ふじさん》と蝙《こう》蝠《もり》尾根の長い稜線が美しい。

樹林帯とひっそりとした小さなお花畑を抜け、だだっ広い砂地の**瀬戸沢《せとざわ》ノ頭《あたま》**に出る。**板屋岳《いたやだけ》**へは、稜線北側をトラバースする。途中のビューポイントからは、瀬戸沢の谷の奥にそびえる小河内岳が立派だ。

お花畑の中の**高山裏《たかやまうら》避難小屋**からは樹林帯のトラバースの登りになる。水場を過ぎ、**小広場**から本コース核心部の**前岳《まえだけ》**への600mの急登となる。前半はやぶ漕ぎの急登、後半は踏み跡が不明瞭なゴーロ帯、さらに勾配が増し、ジグザグのくり返しで前岳稜線の崩壊地の縁に出る。縁から気持ちの余裕は全くなくなる。ひじょうに滑りやすいザレなので、一歩一歩慎重に足の置き場を探す。勾配がゆるくなり、中岳《なかだけ》山頂部への稜線が見えて、極度の緊張から解放される。

なお大聖寺平《だいしょうじだいら》から小渋《こしぶ》川へ下る周回コースは、下山時の小渋川での死亡事故が多発しているので、決して計画してはならない。

高山裏避難小屋からは荒川岳山頂部が望める

瀬戸沢ノ頭付近からの小河内岳（左）と蝙蝠岳

写真・文／岸田 明

コラム6

南ア南部の撮影アドバイス［稜線編］

1

2

3

山々の撮影のポイント

南アルプス南部で撮影する場合、いくつかのポイントがある。

第一は、各山の山容を撮るには、例外的なガレの上端を除けば、標高2600m程度の森林限界の上に出る必要がある点。主脈では、北から烏帽子岳〜小河内岳、荒川前岳〜千枚岳（写真❷・千枚岳からの赤石岳）、前岳〜赤石岳〜百間洞、中盛丸山〜兎岳、聖岳、南岳〜希望峰・仁田岳（写真❶・上河内岳からの聖、赤石岳）、光岳だ。白峰南嶺では笹山以北が該当する。

第二は、山脈が南北に走っているが、山容が美しいのは東西方向の山が多く、光の当たり具合を考える必要がある点。とくに荒川岳と聖岳は山頂部稜線が北東方向なので、北斜面に光が当たるのはかなり太陽が昇ってからになる。一般的に撮影山行の場合、斜面に光の当たる時間が長い北上をすすめる。

第三は、南部は主脈と白峰南嶺の2本の山脈が平行して走っていることと、ビッグ3（荒川、赤石、聖）が中央に腰を据えている点。それぞれの山脈からは、相対する山並みの全貌を捉える（写真❸）ことができる。南北の山の重なりを撮るには、北部の山々であれば荒川岳、南部を撮るには聖岳が適地だ。もちろん中央の赤石岳山頂部からは、他の2座のすばらしい姿を捉えることができる。

第四は、山小屋が少なく、かつ小屋間の距離がある点。狙う撮影ポイントによい時間に着くには小屋の出発時刻が重要で、「カシミール3D」などで影のでき具合のよい時間帯をあらかじめ調べておく必要がある。なお、南アルプスの南部は登山道が不明瞭な箇所があるので、必ず足もとが見えるようになって出発するか、前日に下見をしておくこと。さらに南アルプスは昼前から雲が湧いてくることも忘れてはならない。

写真・文／岸田 明

お花畑

典型的なお花畑は、千枚岳〜丸山、前岳カール（南面）、北沢源頭（赤石岳）、奥聖岳、南岳周辺、茶臼小屋にあるが、千枚岳稜線部以外の大半は斜面に位置し、高山植物を前景とした山々（写真❹）を撮るのはかなり難しい。自然保護から絶対にお花畑に入ってはいけないのでここは諦めて、図鑑的な撮影を主にする。なお、前岳カールは早朝には日が差し込まない。

樹木と苔、シダ

南アルプスの特徴は樹木が豊かな点。針葉樹が最も美しいのは大門沢登山道。それ以外では易老渡〜易老岳間と便ヶ島〜薊畑間（P115の写真）は苔（写真❺）も含め、大木が林立するすばらしいルートだ。ツガなどの樹木と岩のミックスが美しい場所は多く、赤石小屋直前、笊ヶ岳の椹島下降点、転付峠周辺があげられる。ダケカンバは随所で見られるが、味わいのあるダケカンバが多いのは、光岳、希望峰〜上河内岳間、千枚小屋（写真❻）周辺だ。シダ類は希望峰〜光岳間が豊か。

朝と夕方

朝：真っ赤に染まった山ほど、撮影意欲をそそる対象はない。ビック3で南北方向に山頂部稜線があるのは赤石岳のみで、文字通り赤い赤石岳を狙うにはやはり千枚岳と笊ヶ岳がベスト。近接では赤石小屋もすばらしい（写真❾）。上河内岳以南は遠山川からガスが上がってきてしまうが逆にこれが狙い目で、小聖岳周辺から見る南岳や茶臼岳周辺を流れる滝雲は壮観だ（写真❼）。光岳小屋周辺もひじょうにおもしろい写真が撮れる。おもしろい点でいえば、小さなピークのある赤石岳山頂のご来光もあげられる（P103左上写真）。

夕方：夕方はその後の宿泊を考えなければならず、撮影場所が稜線の避難小屋周辺に限られる。赤く染まった入道雲は伊那谷に近い小河内岳からがベスト。中岳避難小屋からは赤い東岳と富士山。赤石岳避難小屋からは眼下に赤い雲が見られるかもしれない。茶臼岳からは赤い聖岳と上河内岳がみごとな景観を見せる（写真❽）。

地学的対象物

南ア南部は概説（P6〜）でも述べたように、地学的な興味がつきない。赤色チャートは各所にあるが、聖兎のコルの露岩（写真⑩）が有名で、それ以外東岳などで見られる。奇岩竹内門もチャート。光石は石灰岩。亀甲状土という六角形をした草原は、光岳のセンジガ原（写真⑪）と上河内岳にある。湿地や沼は少ないが、千枚岳登山道の駒鳥池と仁田池が有名。崩壊地は山のアバタのようだが地学的に興味深い。各所、とくに稜線西側に多く、前岳、聖岳、千枚岳（東側）、青薙山などの山腹に見られる。それ以外、茶臼岳登山道の褶曲（P116）は必見。

積雪期

南ア南部の積雪期入山者は極端に少なく、とくに縦走は完全にエキスパートの世界。ただし5月の連休であれば、避難小屋利用のピストンで雪山撮影が可能。難易度順に並べると、赤石小屋（写真⑭）、茶臼小屋、千枚小屋の3カ所。おおよそ標高1900mから雪道になる。赤石小屋は歩荷返しから上が夏道と異なり厳しい直登、茶臼小屋も小屋直前から夏道のトラバースはせずに尾根を小屋と同じ標高まで登ってからトラバース。入山者の多い千枚小屋は基本的に夏道だが、窪地になっている木馬道跡と、ゆったりした尾根、さらに小屋直前での斜面トラバースでのルートファインディングに注意が必要だ。いずれにせよ登山道の全くわからない樹林帯の通過が長く、無雪期の偵察山行は必須。

富士山

南アルプスでの撮影対象物として、富士山は欠かすことのできない存在だ。ほぼすべての山頂から富士山を見ることができるが、とくにおすすめは赤石岳と笊ヶ岳から。赤石岳からは大井川の深い谷の向こうに白峰南嶺を前景とした富士山がみごと（写真⑫）。笊ヶ岳は小笊の上に鎮座した富士山が愛嬌がある（P130の写真）。それ以外では千枚岳から、あるいは荒川中岳からの東岳と富士山の組み合わせは、撮り甲斐がある。マニアックなものとしては富士山の山頂部と太陽が重なって生じる光学現象の「ダイヤモンド富士」（写真⑬）があるが、南アルプスからは昇日なので、撮影のタイミングはひじょうに難しい。無雪期では、光岳が9月17日ごろ、茶臼岳は秋分の日ごろ、笊ヶ岳が10月10日ごろである。

千枚岳からの朝焼けに染まる赤石岳

前夜泊3泊4日

赤石岳 荒川三山

展望とお花畑を楽しむ南ア南部の銀座コース

コースグレード｜**中級**

技術度｜★★★☆☆ 3

体力度｜★★★☆☆ 3

1日目	椹島→赤石小屋　計4時間35分
2日目	赤石小屋→赤石岳→荒川小屋　計5時間
3日目	荒川小屋→前岳→東岳→千枚岳→千枚小屋　計4時間35分
4日目	千枚小屋→椹島　計4時間50分

写真・文／岸田 明

赤《あか》石岳《いしだけ》（3121m）はまぎれもなく南アルプス（赤石山脈）の盟主だ。大ボリュームの山体、望む角度によって全く姿を変える山容、山頂にいたる4本の登山道もそれぞれ個性的。ここでは、椹島《さわらじま》を起点に南アルプス南部の高峰・赤石岳と東《ひがし》岳《だけ》（悪沢岳《わるさわだけ》）の2座の日本百名山をたどる周回コースを紹介する。展望の稜線とお花畑をめぐる、南アルプス南部の人気コースだが、中級以上の技術と体力が必要。危険箇所も多く、さらに稜線縦走中はほとんどが森林限界上なので、臨機応変な天候判断とそれに対応できる充分な備えが必要だ。山小屋は避難小屋も含めて他コースより多く、しかも営業期間が長いので、体力・スケジュールや混雑度を勘案して山行の計画を立てられる自由度がある（荒川小屋を省き山中の小屋2泊では体力度が5近くになる）。

登路の赤石岳東《ひがし》尾根は別名「大倉《おおくら》尾根」とよばれ、これは旧東海パルプ（現特種東海製紙）創業者の大倉《おおくら》喜《き》八郎《はちろう》が、88歳のときに籠とおんぶで登ったことに由来する。

登路のラクダの背直下にある桟道

富士見平付近から見る残雪期の荒川岳

1日目 椹島から赤石小屋へ登る

椹島の奥、井川山《いかわさん》神社の脇を行き林道に出て、畑薙《はたなぎ》第一ダム方向に戻り階段を登る。樹林帯のジグザグ道を登り、尾根筋に出て勾配もゆるくなると、三角点のような**中電基準点**に着く。ひと休みし、岩まじりの尾根を登って廃道の林道を歩き、折り返して桟道からのトラバース道を登り樺段《かんばだん》に出る。その先は樹林帯の単調な登りが続くので、標柱のある**小広場**で休憩をとる。

歩荷《ぼっか》返しの標識からは岩尾根にからむ急登が続くが、肩の広場に出れば小屋は近い。岩とコメツガの雰囲気ある尾根筋の道を行き、**赤石小屋**に到着する。

2日目 赤石岳に登り、荒川小屋へ

朝は小屋上の広場から、赤石岳の大きな山頂部と左右に見える聖岳《ひじりだけ》と荒川《あらかわ》三山を確認しよう。小屋からは尾根筋からやや離れ、聖岳を垣間見ながらトラバースし、ダケカンバの林を登り富士見平《ふじみだいら》へ。**富士見平**はこの登りで最初の好展望点で、背後には地名通り富士山《ふじさん》が見える。尾根筋は「ラクダの背《せ》」とよばれる冬期ルートで、登山道はその下にトラバース気味についている。登山道は多くの桟道や岩のへつり（主に水際の壁づたいに横に進むこと）、切り立った沢筋の横断などがあり、気が抜けない。

小さな尾根を巻いて**砲台型休憩所**とよばれる地点に着く。ここは富士見平〜主稜線間で唯一安全に休憩できる場所なので、ひと息入れよう。登山道はお花畑の中を行く急登になる。北《きた》沢の源頭でのどを潤し、岩まじりの道をトラバースしながら登ると、チングルマの群生する鞍部に着く。中央稜を登ると、急登から解放され**主稜線**に出る。山頂部を確認、展望を楽しみつつ稜線を登り待望の**赤石岳**山頂に着く。

お花畑の中の急登が主稜線へと続く

小赤石岳も立派な3000m峰。手前に荒川小屋が見える

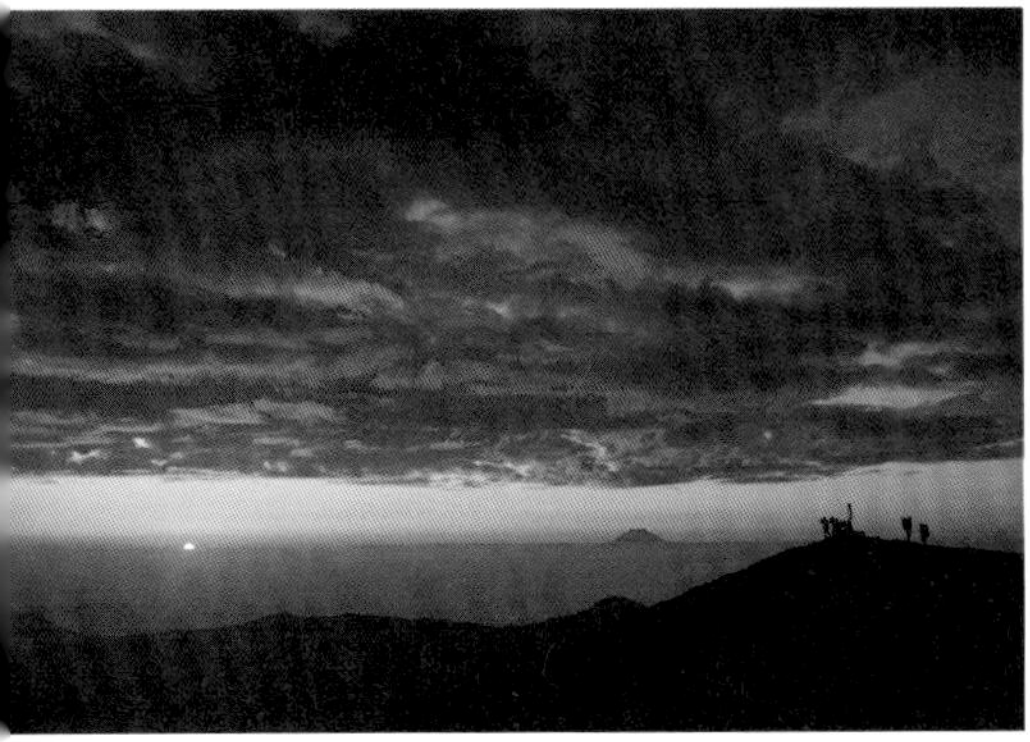
日の出の赤石岳山頂に集う登山者。富士山が頭をのぞかせる

山頂の展望はすばらしく、とくに笊ケ岳《ざるがたけ》を前景とした富士山、小赤石岳《こあかいしだけ》の奥に見える荒川岳《あらかわだけ》が印象的だ。赤石岳は大きな山頂部をもっているので、避難小屋の先からの大井《おおい》川の深い谷筋の俯瞰や、聖岳の眺めを楽しもう。時間があればゴーロ帯の中を聖岳への下降点まで散策して、赤石岳の多様性や大きさに浸るのもよいだろう。

赤石岳から小赤石岳を越える山頂部稜線はところどころに小さなお花畑もあり、まさに山上の遊歩道。小赤石岳の肩からは、荒川岳が真正面に大きく広がる（P90の写真）。荒川岳の全貌が見られるのは、この肩からと北部の小河内岳《おごうちだけ》の2カ所のみなので、心ゆくまでその姿を楽しみたい。

尾根筋から離れて小赤石岳の胸をジグザグに下り、ダマシ平とよばれる平坦面の脇を通って、さらに下ると**大聖寺《だいしょうじ》平《だいら》**だ。このあたりを歩くと東岳（悪沢岳）ではなく、荒川中岳《なかだけ》がその主《あるじ》であることが実感できる。

荒川小屋は岩屑のトラバース道を行き、最後に急坂を下ると到着する。**荒川小屋**はダケカンバの林に囲まれ、真正面に富士山を見る、水も豊富な縦走のオアシスだ。

前岳南東斜面のお花畑越しに望む赤石岳

中岳避難小屋からの夕日を浴びた東岳（右奥は富士山）

先を急ぐ場合でも、荒川小屋の通過時にその日の宿泊小屋を最終的に決める。なお、荒川小屋は縦走の中間点の鞍部に位置するため、どの方向に行くにしても天候が荒れた場合、標高3000mの山越えはできないので停滞になる。

3日目

荒川三山を経て千枚小屋へ

荒川小屋からは前岳《まえだけ》の胸を横切るトラバース道が続く。標柱を過ぎるとこのコースの最高のハイライト、前岳のお花畑になる。広さは南アルプス南部最大といわれ、ハクサンイチゲや、シナノキンバイの大群生がみごとだ。また時期により咲く花の種類も異なるので、何が咲いているか予想しながら向かうのも楽しい。お花畑は防鹿柵が設置されているので、門の開閉は確実に。なお、この斜面には、早朝は日が差し込まない点に注意。

さらにトラバース道を登り、中岳と前岳のコルに出て**中岳**山頂に向かう。中岳も展望にすぐれ、とくに魚無《うおなし》沢の深い渓谷を前景とした、蝙蝠《こうもり》尾根を伴った美しい塩見岳《しおみだけ》の姿や、仙丈ヶ岳《せんじょうがたけ》や間《あい》ノ岳《だけ》の北部の山々の眺めがよい（P93の写真）。

東岳への歩きだしはゆるい下りと、快適な岩尾根の道だが、コルからはひじょうに厳しい登りになる。最初は砂地、途中左に折り返した先からは岩場の急登だ。不安定な岩もあり、手がかりを慎重に確認する。周りに高山植物が見えてきたら核心部は終わりで、東岳へは快適な登りが続く。

東岳（**悪沢岳**）からの下りは岩稜帯で、ルートが不明瞭な箇所もあり要注意。大岩

中岳～東岳間には足もとの悪い岩場の通過がある

荒川小屋付近からは前岳がその存在を主張する

のゴーロ帯と、中華饅頭のような丸山《まるやま》を過ぎ、富士山を正面に見て百花繚乱のお花畑を下ると再び悪場になる。慎重に通過し、最後にザレ地をトラバースして登れば**千枚《せんまい》岳《だけ》**山頂で、ようやく緊張感から解放される。

山頂から幅広い尾根筋を下って赤石岳とお別れしたあと左折し樹林帯に入り、マルバダケブキのお花畑になれば**千枚小屋**だ。千枚小屋はお花畑の中にあるが、ここのお花畑はシカの食害を受ける前に防鹿柵が設置されたので、シシウドなどの大型の高山植物が豊富に見られるのが特徴だ。

4日目 千枚小屋から椹島へ下る

もし前日がガスの中の縦走であれば、千枚岳に登り直そう。朝の澄んだ空気感の中、朝日を浴びどっしりと大地に根付く赤石岳が印象的だ。時間がない場合は、素泊まり棟近くから赤石岳を確認する。千枚小屋からは長くゆるい下りが続く。**見晴《みはらし》岩**で最後の展望を楽しみ、林道を横切ってシャクナゲの群生地になれば**小石下《こいしした》**だ。階段を下り再び林道を横切り、今日の核心部の岩頭《がんとう》見晴のやせ尾根を慎重に登る。

広い台地状の尾根を行き、2本目の鉄塔脇を通過すると、今度は岩まじりの急降下。それまで足の負担は少なかったが、ここからが苦しいところで、慎重に足の置き場を考えながら高度を下げる。新設の吊橋を渡って東俣《ひがしまた》林道を歩き、椹島への林道分岐から左に登山道を降り**椹島**に着く。井川山神社に無事下山のお礼参りをしよう。

プランニング&アドバイス

このコースの登山者の大半は千枚小屋から入る反時計回りだが、紹介コースは危険箇所すべてが登りで、入山初日の行動時間が短く、しかも週末の小屋の混雑が避けられる。荒川小屋に泊まらずに赤石小屋〜千枚小屋間を1日で歩く登山者も多いが、せっかく苦労して2000mの標高差を登って歩く稜線部なので、ぜひ2日間の展望の縦走を楽しんでほしい。先を急ぐ場合、1日目は赤石岳山頂の避難小屋に泊まる。反時計回りで稜線を1日で歩く登山者による、北沢源頭での疲労と急ぎ足による滑落事故が多発している。

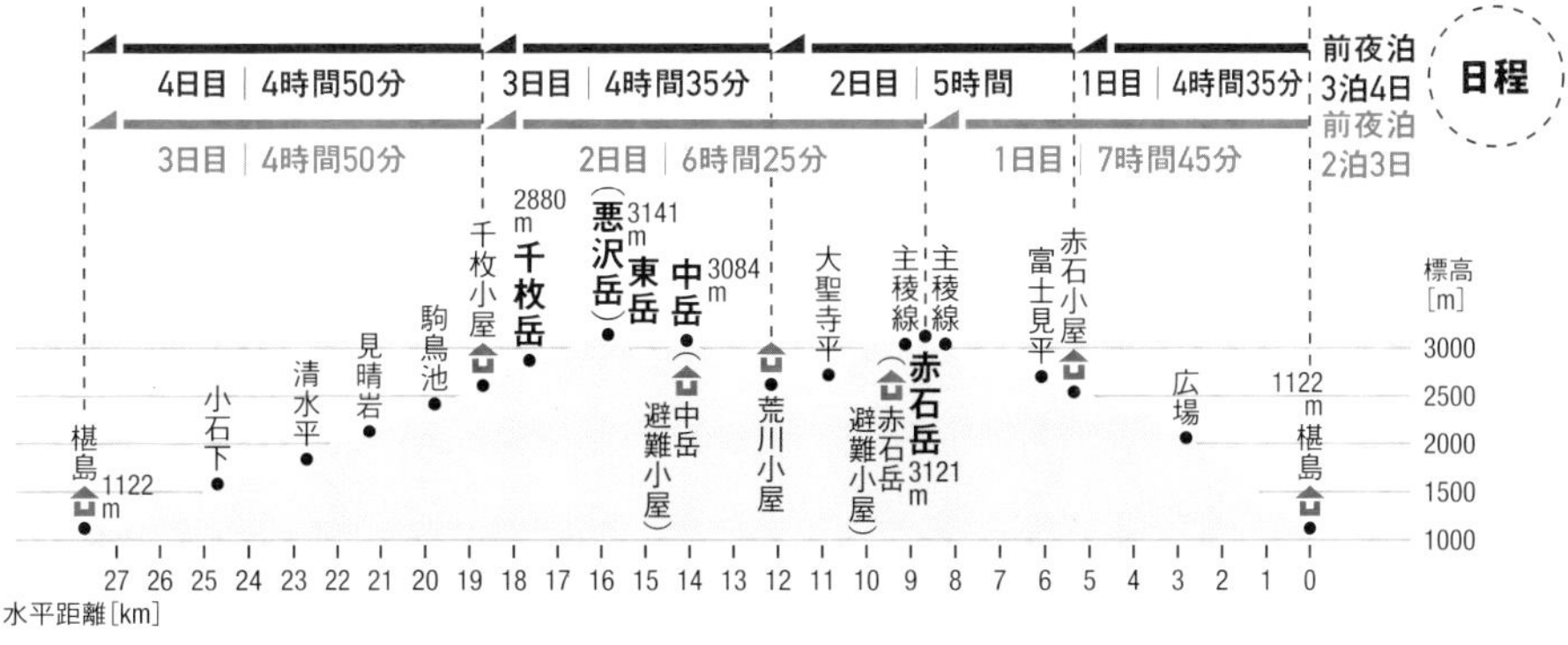

バリエーションコース

小渋川から大聖寺平へ

湯折↓七釜橋↓広河原小屋↓大聖寺平　7時間40分

Map 7-3D 湯折ゲート

Map 5-1B 大聖寺平

コースグレード｜上級＋

技術度｜★★★★★　5

体力度｜★★★★☆　4

小渋《こしぶ》川から赤石岳《あかいしだけ》への登路は日本を代表する名ルートのひとつで、日本アルプスを世界に紹介したW・ウェストンも赤石岳登頂の際に歩いている。当時は数少ない信仰登山の山を除き登山のための道はなく、ウェストンは小渋川から赤石岳をめざした。本コースはかつて高巻きルートもあったが今は廃道で、小渋川の河原を遡上するバリエーションルートのみとなっている。

本コースは広河原小屋までは登山道がなく、大雨で毎回流れを変える小渋川を、10カ所以上、安全な徒渉点を探しながら歩くので、高度な登山技術と判断力が必要。一方、登山の多様性と難関ルートを歩いた達成感は最高で、また広河原から見上げる荒《あら》川《かわ》大崩壊地と黄葉、手つかずの自然が残った木が林立する急登を経て稜線の大聖寺平《だいしょうじだいら》に着いたときの充実感は、南アルプスファンを虜にして止まないものがある。

小渋川に入るには、最低1カ月の調査期間を要する。入山予定日に向けて降雨量をチェックし、国土交通省のライブカメラで水量を確認する。入山できる期間は短く、台風シーズンが終わって水量が減る秋涸れの時期がベスト。ただし水は冷たく、また秋でも水深は腰まである。岩の登攀はないのでフェルト底の靴は不要だが、年によってはスラブ（表面に凹凸が少ない一枚岩）状の岩の上を歩くので、滑りにくい靴や草鞋が必要。また最良の徒渉点を探し、体を安定させるためのストックは必携だ。さらにザイルでの確保、また事故発生時の救助

大聖寺平の手前から見る
前岳の崩壊斜面と東岳

廊下状になると急激に水量が増す

要請から、複数人での入谷が望ましい。そして最も大切なのは、必ず危険を判断して撤退できる入山で利用することだ。下山で利用した場合、徐々に増える水量と急流を見ても、標高差1300mの急登の登り返しと、2日の日程延長を決断できる登山者はおらず、無理な下山が死亡事故発生の大きな要因となっている。

湯折《ゆおれ》の駐車場ゲートから林道を歩く。小渋温泉跡を過ぎ、**七釜橋**《ななかま》先で左岸に降りる。うまくいけば榛沢《はんのき》までは水に入らないですむこともある。ここから徒渉をくり返しながらの遡上がはじまるが、それまで伏流だった川の流れが廊下（ゴルジュ＝両岸が急な岩場の細い谷）状になるので、水量が急激に増す。時間がかかっても、最も水深の浅い場所を探そう。

高山《たかやま》**ノ滝**周辺は流れてきた大量の土砂で段丘状になっているので、ひと息つける。なおも急流の廊下の遡上が続くが、川幅が広くなればひと安心。ところどころに過去の赤ペンキなどが残っているが、あてにせず自ら判断して遡上を続ける。右から合流する福《ふく》川との出合上流で小渋川左岸の樹林帯に入り、5分ほどで**広河原小屋**に着く。

小屋から樹林帯の大らかな谷筋を行き、途中からわずかな踏み跡にしたがって折り返し、トラバースしながら尾根末端方向に登る。尾根筋に出ればルートファインディングの問題は減り、ひたすら上部に向かって登る。大聖寺平までの距離を示す金属プレートが残っていれば、参考にできる。途中大木の生い茂る肩で休み、荒川の滝を垣間見て、尾根を左に歩いてウェストンが幕営した**船窪**《ふなくぼ》へ。

船窪から尾根筋を完全に離れ、左の谷にやぶを漕いでトラバースしながら登る。高度をかせぎ、ハイマツ帯からはジグザグを切りながら砂地を登る。眼前に前岳《まえだけ》の大崩壊地が迫り、さらにトラバースを続けると**大聖寺平**だ。左に30分行けば荒川小屋、赤石岳山頂へは右に進んで2時間ほどのひじょうに苦しい登り。

プランニング&アドバイス

本コースはいつでも撤退の判断ができる入山で利用する。それも水量の少ない時期に。下山はピストン以外たいへん危険で原則禁止。登頂後は主脈横断または縦走がおすすめ。マイカー利用の場合は北上し三伏峠経由で鳥倉登山口に下り（P90）、タクシーなどで車を回収する。広河原小屋泊は寝具と食料が必要になるので早朝に入山し、その日は荒川小屋泊がベスト。

広河原から見る荒川大崩壊地は迫力がある

赤石岳への稜線からは戦艦三笠のような聖岳が屏風のようにそびえ立つ

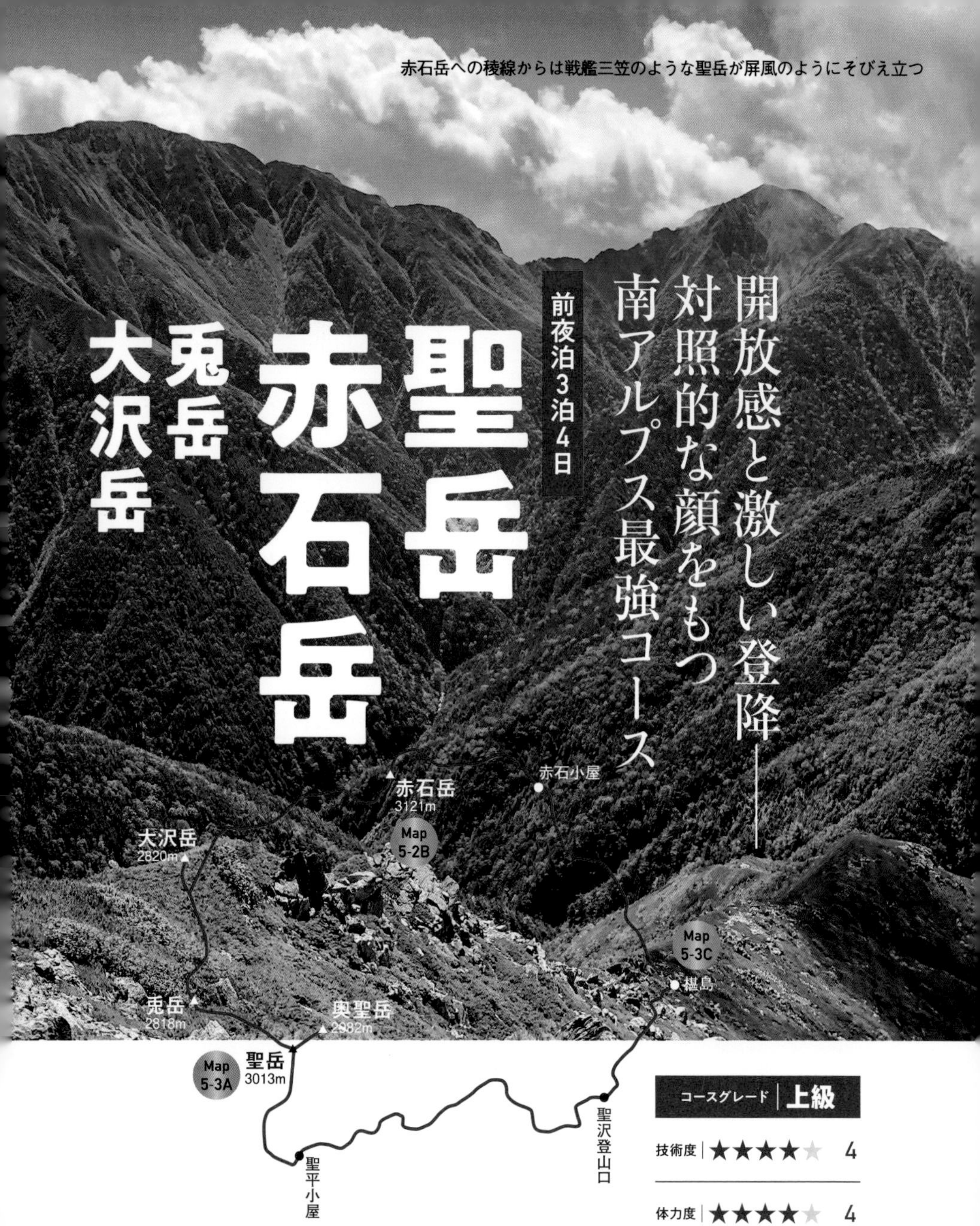

開放感と激しい登降――
対照的な顔をもつ
南アルプス最強コース

前夜泊3泊4日

聖岳
赤石岳
兎岳
大沢岳

コースグレード	上級
技術度	★★★★☆ 4
体力度	★★★★☆ 4

1日目	椹島→聖沢登山口→聖平小屋　計7時間
2日目	聖平小屋→聖岳→奥聖岳→兎岳→百間洞下降点→百間洞山の家　計8時間35分
3日目	百間洞山の家→赤石岳→赤石小屋　計5時間40分
4日目	赤石小屋→椹島　計3時間25分

写真・文／岸田 明

椹《さわら》島《じま》を起点に、聖岳《ひじりだけ》と赤石岳《あかいしだけ》の2座の日本百名山をたどる3泊4日のロングコース。1日の歩行時間が長いうえ、アップダウンが激しく相当の体力が要求される。またエスケープルートがなく、避難小屋も兎岳《うさぎだけ》避難小屋のみなので、稜線縦走スタート時の天候の見極めと体調確認が重要で、登山の総合技術を必要とする難コース。一方、コース自体は変化に富み、初日は聖《ひじり》平《だいら》小屋まで沢筋を高巻きながら時おり聖岳を垣間見るトラバース、2日目は縦走のハイライトとなる大半が森林限界上の360度の展望の稜線歩き、3日目は台地やゴーロ帯、カールの下りとトラバースといった、南アルプスの多様性が堪能できる。

1日目 椹島から聖平小屋へ

椹島から鳥森山《とりもりやま》への登山道を行き、トラバースしながら牛首《うしくび》峠へ出る。樹木の美しい林道を赤石沢に沿って畑薙《はたなぎ》第一ダム方向へ戻り、**聖沢《ひじりさわ》（岳）登山口**へ。

庭園のような奥聖岳山頂部に咲くチングルマ

聖岳東尾根から落ちる印象的な2条の滝

小石まじりの登山道を谷筋に沿って入ったあと、左の急斜面をジグザグに登り、尾根筋に出る。旧道は大崩落したので、そのまま80mほど尾根筋の不安定な踏み跡をたどる。最後はザレた急坂を慎重に登り、聖岳東尾根からの枝尾根を乗り越え左の出会《でかい》所《しょ》小屋跡に下る。しばらくは快適な山腹の道が続くが、聖沢吊橋が近づくと切り立った斜面となり道幅も狭くなる。桟道や手すりが出てくる中を、注意して進む。

聖沢吊橋を渡ると、最初はブナの大木が林立する斜面で、中間点からは尾根筋を行く標高差約350mの急登。**造林小屋跡**を過ぎ、ゆるく尾根筋にからむ登りで乗越に出る。尾根北斜面をトラバースし、吊橋を経て何本かガレた沢筋を注意しながら横断する。谷筋奥の広い沢を横断、Uターンして高山植物が豊富な尾根を乗っ越す。尾根筋を回り込み終えたあたりが**岩頭滝見台**《がんとうたきみだい》で、滝を伴う二本の沢を眼下に見上げる聖岳東尾根は、南アルプスのスケールの大きさを実感させてくれる。

その先もトラバースや崩壊地の高巻きが続く。露岩は高度感のある聖沢本流の展望台だ。せせらぎを横切り、小さな尾根筋を乗っ越して沢筋に下りると平坦になる。聖平小屋までは、ぬかるみと4本の橋を渡る、思いのほか遠い道だ。**聖平小屋**に着いて、もし晴れていれば、聖平の縦走路に出てみよう。夕日を浴びた上《かみ》河内岳《こうちだけ》から光岳《てかりだけ》、加《か》加森山《がもりやま》までの長い稜線が雄大だ。

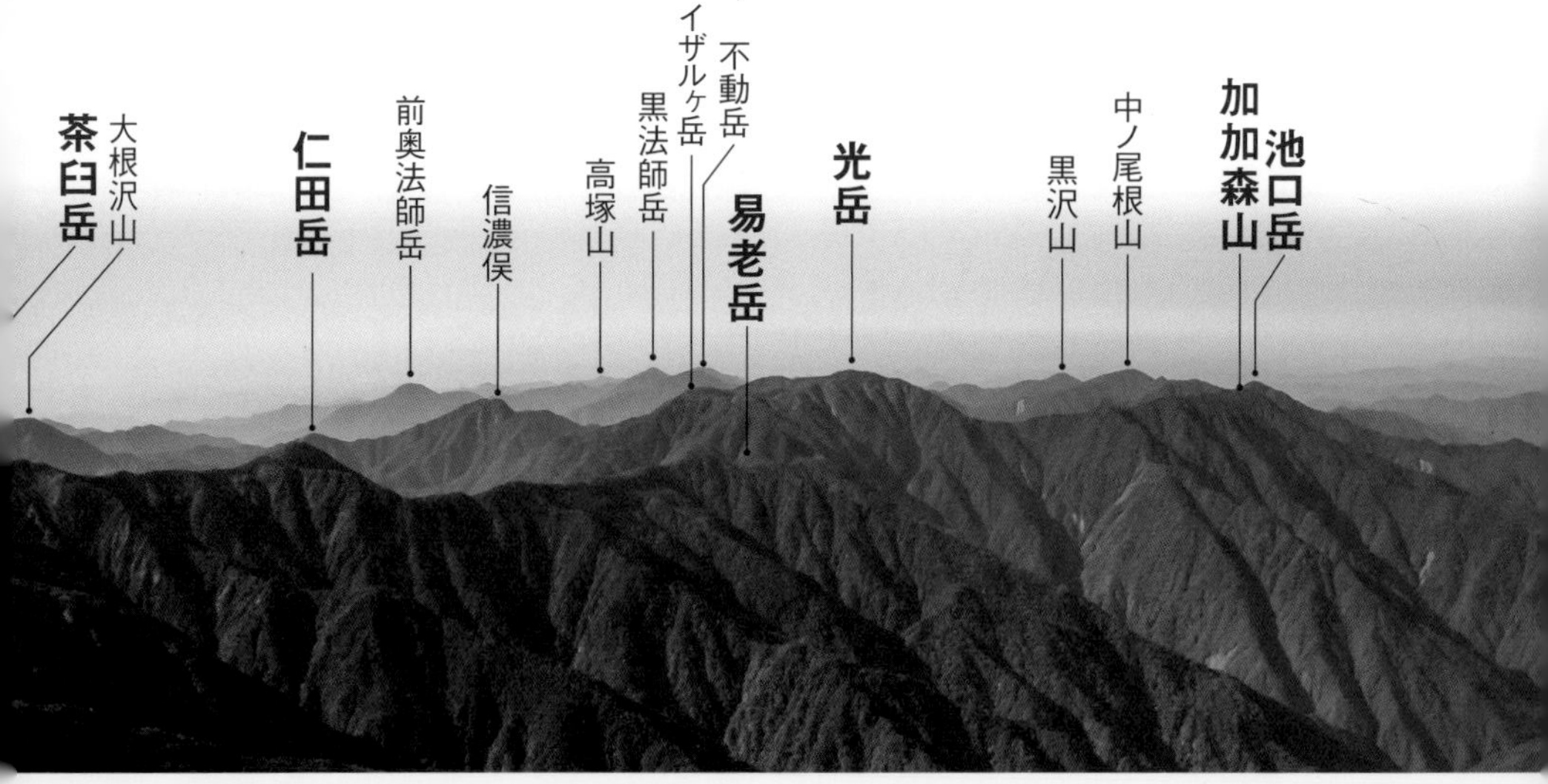

聖岳山頂から南方向の展望

2日目

聖沢小屋から聖岳、大沢岳を経て百間洞山の家へ

まずは縦走路に出て、**薊畑**《あざみばた》に向かう。最初は急だが、途中からはお花畑や立ち枯れの中の楽しい登りになる。樹林帯の幅広い尾根筋を行き、最後に急登で森林限界のやせた稜線に出れば、正面に朝日を浴びた兎岳が目に飛び込んでくる。

小聖岳《こひじりだけ》から聖岳へは、前半は切り立った崩壊地の縁の通過、後半は砂地の滑りやすい急登。登り着いた**聖岳**山頂からは、大ボリュームの赤石岳、仙丈ヶ岳《せんじょうがたけ》から中央アルプスへと広がるパノラマに目が釘付けになるであろう。振り返れば深南部のほぼすべての山が見える。時間があれば三角点のある**奥聖岳**《おくひじりだけ》にも立ち寄りたい。山頂部は初夏はチングルマの咲く石庭で、どっしりとした赤石岳が空に浮き上がる。さらにまっすぐのびるナイフリッジ（ナイフの刃のように切り立った岩稜）状の東尾根と、笊ヶ岳《ざるがたけ》と布引山《ぬのびきやま》の奥に浮かぶ富士山《ふじさん》が印象的だ。

聖岳～兎岳間が本コースの核心部で、聖《せい》兎《と》のコルまで登山道は緩急をくり返す階段状になっている。急下降部はガレの縁や岩場があるので、慎重に。トラバース道が赤い石（チャート）になれば聖兎のコルだ。

兎岳への登りはじめはガレ縁の通過があり、要注意。兎岳避難小屋直下からはゴーロ帯の登りになる。兎岳避難小屋は老朽化し、トイレ、水場もないので、緊急時の利用と考えたい。小屋からさらに標高差50mほど登ると、**兎岳**の標識のあるピークに着く。ここからの360度のパノラマは、縦走路随一といっても過言ではない。

石ころの混じる登山道をコルに下り、双耳峰の**小兎岳**《こうさぎだけ》に登り返す。小兎岳北峰《ほっぽう》からは、眼前に尖った中盛丸山《なかもりまるやま》が絶望的にそびえて見える。コルで灌木帯に入り再び岩稜帯に出て、中盛丸山の懐の窪地に入る。西の稜線部に出て、最後はザレた急登に耐えれば**中盛丸山**の山頂だ。

赤色チャートの転石（聖兎のコル）

聖岳から大沢岳までは激しいアップダウンの連続

おおらかな山腹を下ってコルから少し登り返せば、百間洞《ひゃっけんぼら》山の家への**下降点**がある。小屋へのルートは2本あるが、大沢岳《おおさわだけ》経由は山頂部が切り立った稜線の縁で事故が発生しており、また山頂から百間洞山の家への下りが不安定な岩のゴーロ帯で疲れた足に大きな負担となる。ここは分岐に荷物をデポして、往復50分の**大沢岳**をピストンしよう。**下降点**に戻り、見晴らしのよい峠を越えてダケカンバの森を下れば、ナナカマドに囲まれた**百間洞山の家**に着く。

3日目
百間洞山の家から赤石岳を経て赤石小屋へ

今日は南アルプスの盟主・赤石岳の多様性にどっぷり浸かる一日だ。テントサイトを抜け、コルに向かい、途中から百間平の肩へ方向を変えて稜線を登っていく。振り返れば三角帽子の中盛丸山と、双耳峰の大沢岳が朝日を浴びて輝いている。

肩からは周囲の様子は一変し、広大な台地を行く。正面左に大崩壊地を伴った荒川岳《あらかわだけ》や仙丈ヶ岳がよく見える。**百間平**の標柱を過ぎると尾根の幅がしだいに狭まり、快適な岩尾根歩きになる。正面には赤石岳が迫り、その胸の大ゴーロ帯を南方向に登っていくトラバース道が明瞭に確認できる。

大ゴーロ帯は標柱のある地点でいったん勾配がゆるくなる。再び砂地の急坂を登り、赤石岳山頂部の肩に出る。背後には、百間平の先に昨日歩いた聖岳から大沢岳への稜線が見える。赤石岳は広大な山頂部をもち、中央稜線から見る凹地越しの白峰南嶺《しらねなんれい》のかなたに浮かぶ富士山の姿が美しい。

中央稜線を越え、南側の凹地を登りきっ

小聖岳からの聖岳。崩壊地の縁をたどる

赤石岳西面は大斜面のトラバースを行く

聖岳からはどっしりした赤石岳が見える

た先に赤石岳避難小屋がある。まずは**赤石岳**山頂に登って四方の展望を楽しむ。再び避難小屋に戻り、小屋の上にある南アルプス最高の展望ベンチや、その先の標識からの聖岳や大井《おおい》川の俯瞰を堪能しよう。

山頂を越え、北部の展望を楽しみ、**椹島下降点**で稜線を離れる。途中ザレや岩場の急降下が連続し滑落の危険があるので、慎重に下る。北《きた》沢の源頭でのどを潤し、ラクダの背《せ》の桟道のトラバース道を注意して通過し、**富士見《ふじみ》平**を経て**赤石小屋**に下る。

4日目　赤石小屋から椹島へ下る

小屋から肩までは、ツガと岩の雰囲気のよい道。**歩荷《ぼっか》返し**への岩場の急坂を下り、標柱のある**小広場**を経て樺段《かんばだん》へ。岩まじりの尾根筋を下り、左に斜面のジグザグを下れば東俣《ひがしまた》林道で、林道のUターン地点から登山道を**椹島**に下る。

プランニング&アドバイス

本コースは、時計回り、反時計回りともに一長一短。前者は順光の赤石岳を見ながら歩け、体力のあるうちに聖岳への急登をこなせる反面、2日目までの行動時間が長い。後者は入山日に赤石小屋まで登れば日程を1日短くできるが、日程後半で疲れもたまっている午後に最大のハードル・聖岳越えが待っている。なお健脚であれば時計回りで百間洞からその日のうちに椹島まで下ることも可能だが、足の負担と、急ぐ下山は事故の原因なので、おすすめできないし、また赤石岳も楽しめない。時計回りで聖平で脚力や体調に不安が出た場合は、聖岳のみの往復、または上河内岳縦走に計画を変更する。

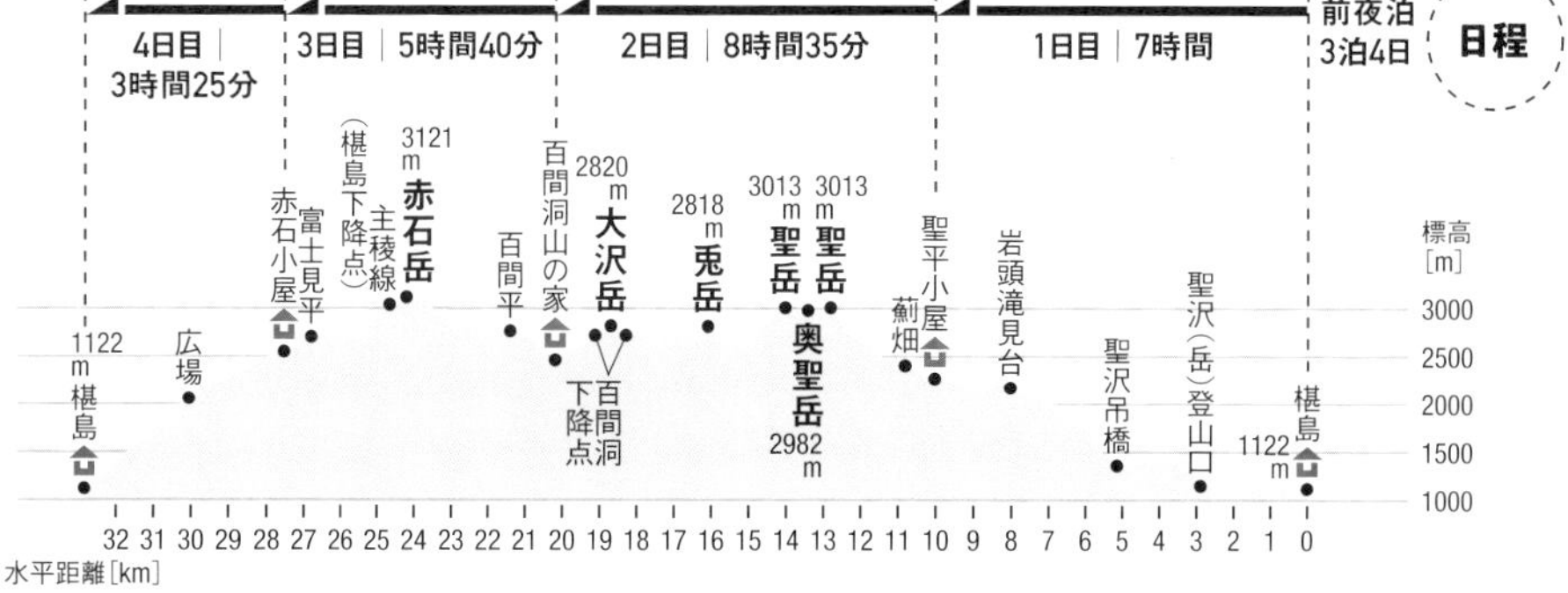

サブコース

易老渡から聖平へ

易老渡↓西沢渡↓薊畑↓聖平小屋　5時間45分

聖岳《ひじりだけ》は、その頂を麓から確認できる点では、長野県の山ともいえよう。日本のチロル下栗《しもぐり》の里から見る三角形の聖岳の姿は印象的だ。また、しらびそ峠付近から望む遠《とお》山《やま》川越しの聖岳から大沢岳《おおさわだけ》の稜線はみごとな高度感で、北アルプスの弓折岳《ゆみおりだけ》の稜線から見る槍《やり》・穂高《ほたか》と双璧といえるだろう。

西沢渡《にしざわど》コースは、展望のない樹林帯をえんえんと登るが、伐採をまぬがれ林立する大木や、コケやシダなど植生が豊かだ。また、稜線の薊畑《あざみばた》に出た瞬間、眼前に広がる上河内岳《かみごうちだけ》から加加森山《かがもりやま》までの高く長い稜線の雄大さは、すべての苦労を忘れさせてくれる。味わい深い本コースは、南アルプスでも上位にランクされるべき登山道だろう。

易老渡《いろうど》への車道の通行止めが頻発している（P124参照）。易老渡～**便ヶ島**《たよりがしま》間も車道歩きが続く。易老渡のトンネルの先では、めざす聖平《ひじりだいら》周辺の稜線が見える。聖光小屋《せいこう》（休業中）からはところどころで美しい滝が見れる森林鉄道跡を歩く。部分的に崩壊箇所があり、また下草にヤマビルが隠れているので要注意。**西沢渡**の丸太橋が大雨で流されている場合は、ロープウェー（ゴンドラ）を使って対岸に渡る。

踏み跡をたどって段丘を登り、廃屋を回り込むといよいよ本格的な登りとなる。薊畑まで標高差1300mの一本調子の登りなので、植生を楽しみつつゆっくり登ろう。

最初はカラマツの整然とした植林帯、途中からは部分的に岩場のある美しい針葉樹林帯の登りだ。その先2カ所、不安定なト

Map 2-2D　易老渡

Map 5-4A　聖平小屋

コースグレード｜中級

技術度｜★★★☆☆　3

体力度｜★★★☆☆　3

西沢渡で橋が流されているときは、重いロープウェーで渡る

小聖岳付近から見る秋色の上河内岳

写真・文／岸田 明

雰囲気のよい苔平。急登の中の息抜きに最適

ラバースやザレ場があり、慎重に通過する。

標高1450m付近のガレ場の上端からは、西沢を見下ろすことができる。標高1700m地点には小さな看板がついたトウヒの大木があり、休憩によい場所だ。

滑落防止の網のあるトラバース帯を抜けると、コメツガや苔の美しい**苔平**《こけだいら》。このあたりで標高は2000mを超える。やや勾配がゆるんだ標高2100mからは、苔が密着した倒木帯がすばらしい。

粉砕された赤色チャートやシダの群生を楽しみながら標高を上げる。2314・5mには登山道脇に三角点があり、気分転換になる。なお、苔平から上部は2019年の台風で倒木がひじょうに多く、迂回後は速やかに登山道に戻らないと、道迷いを起こす危険がある。

樹木がややまばらになり、道はトラバースし**薊畑**のジャンクションに飛び出す。ここからの崩壊地越しに見る上河内岳から加加森山への稜線の雄大さは筆舌につくし難く、一挙に解き放たれた開放感に涙が出るほどだ。また上河内岳から流れ落ちる一条の滝も清涼感を添えている。

聖平へは、最初は高山植物と立ち枯れの楽しい下り、途中からやや急な塹壕の道を行く。ぬかるみが多く歩きにくいが、植生保護の観点から登山道をはずれないこと。聖平はシカの食害によって全くの草地と化していたが、高山植物保護の防鹿柵設置の効果により、名物のニッコウキスゲやカラマツソウなども見られるようになった（P121参照）。コルのT字路を左折して木道を歩き、森に入れば**聖平小屋**だ。

プランニング&アドバイス

長野県側から南ア南部にアプローチする希少な機会なので、下栗の里にはぜひ立ち寄りたい。急斜面に張り付いた家並みとそれを縫う車道の風景はほかでは見られない。下栗の里からしらびそ峠へは林道が通じ、南アルプスの山並みを見ながらの楽しいドライブになる。しらびそ峠～尾高山間はサルオガセの絡む大木の茂る、雰囲気あるハイキングコース（Map 4参照）。

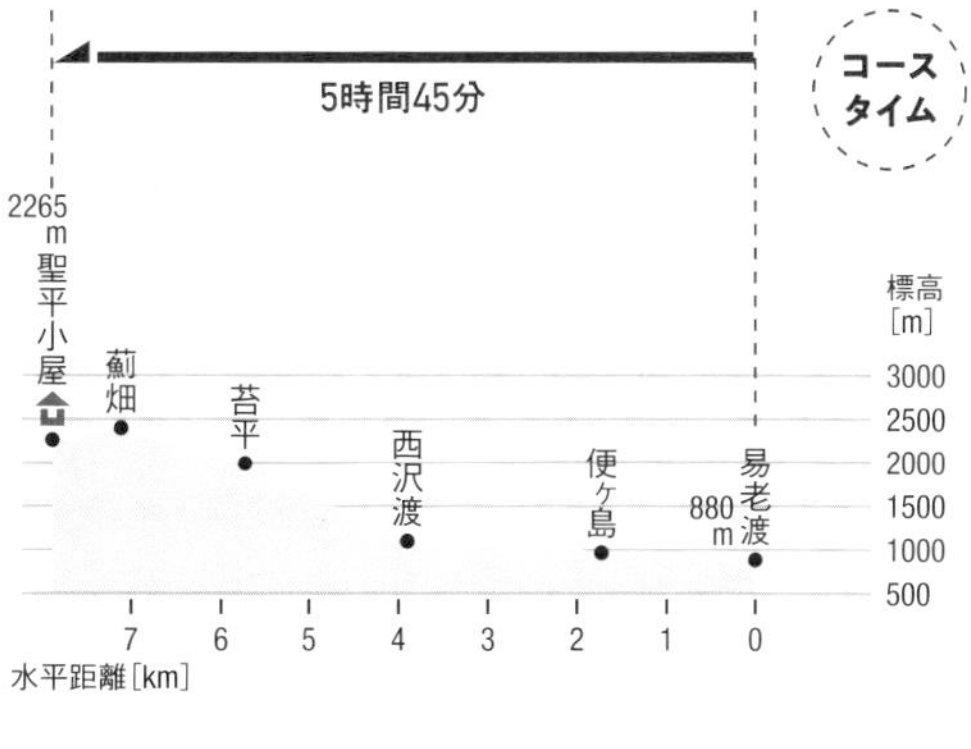

茶臼岳からの上河内岳。均整のとれた姿が印象的

上《かみ》河内岳《こうちだけ》と茶臼岳《ちゃうすだけ》は、日本百名山の聖《ひじり》岳《だけ》・光岳《てかりだけ》縦走路の中間に位置し、影の薄い存在になっているが、実は南アルプスのエッセンスが凝縮されたすばらしい山たちだ。また両百名山の絶好の展望台で、この2座のみを目標にして登るに充分な価値がある山だ。南アルプス南部の特徴は、標高約2600m周辺の森林限界を縫う稜線が長く続くことだが、まさにこの2座がその高度に位置している。稜線を歩けば、バイケイソウに囲まれたダケカンバや、美しいお花畑、そして富士山《ふじさん》と聖岳の大展望と、変化に富んだ縦走の楽しさを満喫できるに違いない。ただし入門コースとはいっても、入下山路は切り立ったトラバース道と南アルプス屈指の急登が待っており、決してあなどってはならない。

1日目 畑薙ダムから横窪沢小屋へ

畑薙《はたなぎ》第一ダムから林道を歩く。ダム右岸堰堤からは、畑薙湖の奥にめざす上河内岳

観光用以外では東洋一の長さ（151m）とされる畑薙大吊橋。しっかりしたつくりで不安はない

2泊3日

上河内岳 茶臼岳

南アルプス南部のすばらしさを
手軽に味わえる入門コース

コースグレード	中級
技術度	★★★☆☆ 3
体力度	★★★☆☆ 3

1日目	畑薙第一ダム→ 畑薙大吊橋→ 横窪沢小屋　計4時間25分
2日目	横窪沢小屋→ 茶臼小屋→ 上河内岳→ 茶臼小屋　計6時間5分
3日目	茶臼小屋→ 茶臼岳→ 茶臼小屋→ 畑薙第一ダム　計6時間15分

上河内沢に降りるとみごとな褶曲が見られる

から茶臼岳の稜線がよく見える。**沼平**《ぬまだいら》ゲートを過ぎ、林道が右に大きく回り込んだ先で**畑薙大吊橋**の全貌が確認できる。

吊橋を渡った対岸からは切り立った崖を行く山腹の道で、とくに落ち葉で道が埋まっている時期は一歩ずつ足場を確認しながら歩く必要があり、コースタイム以上に時間がかかる。急な尾根筋を登り、送電鉄塔の下から再び山腹道になる。斜面の角度はゆるくなるが、ザレ場や土砂で埋まった沢筋の横断があり、緊張を強いられる。ヤレヤレ峠とは言い得て妙で、下山時の長い下りが終わったという意味だろうが、入山時のトラバースの緊張からの解放でもある。

石でザクザグの山腹道を下り、上河内沢に出る。ここからウソッコ沢《さわ》小屋の先までは吊橋が何本かあったが、大半は近年の台風で流されてしまったので、仮設の木橋を渡る。左岸を行くと、明瞭な褶曲を対岸に確認できる。これは台風以降見られるようなった、思わぬ副産物だ。ザレた斜面や半分土砂に埋まったハシゴを登り、岩の下からの湧水にのどを潤し、吊橋を渡り**ウソッコ沢小屋**に着く。

小屋の先で木橋を渡り、5基の階段を登るとコルに出る。ここから中《なか》ノ段《だん》までが本ルートで最も急な箇所で、不明瞭かつ不安定な場所もあるので、細心の注意で登る。

中ノ段からは尾根筋を登り、途中から岩場をトラバースして横窪《よこくぼ》峠へ。左の尾根をしばらく登って、小屋横から小屋に向かって降りる。**横窪沢**《よこくぼざわ》**小屋**は緑に囲まれたキャンプ場を伴った、水の豊富な小屋だ。

2日目

横窪沢小屋から上河内岳に登り茶臼小屋へ

小屋の横から尾根に取り付き、稜線をめざす。基本的に尾根筋にからみながら登る。展望ベンチからややトラバースに登り、倒

自然がつくったオブジェ・竹内門（左奥は聖岳）

ウソッコ沢小屋からはハシゴのある急登を行く

木ベンチや水場（涸れていることが多い）を経て**樺段**《かんばだん》へ。さらに尾根筋を登り、標高2300mで左への山腹道に入る。樹林帯を抜け草原に出れば、**茶臼小屋**は目前だ。

小屋に荷物をデポし、上河内岳をめざす。ゆるい谷筋と砂地の登りを経て稜線（**茶臼小屋下降点**）に出ると、西方の視界が一気に開ける。上河内岳と聖岳、中央アルプス、

南岳付近から見るビッグ3（左から聖・赤石・東岳）

恵那山《えなさん》までのパノラマと見上げる茶臼岳は、2日間の急登に耐えたご褒美だ。茶臼岳方向に少し登ると方向指示板があり、山座同定しながら休憩するのもよいだろう。

上河内岳へはまずは稜線を歩くが、すぐの標高2510mで尾根からはずれて、左へのトラバースになる。ザレ地を下り、ダケカンバの気持ちよい山腹の道を歩くと、「御花畑《おはなばたけ》」と地形図に記載された凹地に出る。残念ながら花はないが、ここは亀甲状土《きっこうじょうど》が観察でき、奥に尖った上河内岳も見えてよい撮影ポイントだ。

凹地から先は、バイケイソウとダケカンバ、さらに小さなお花畑、右には富士山の遠望と快適な登りが続く。稜線部を越え西側に出ると、登山道の先に大きな奇岩竹内《たけうち》門《もん》と、聖岳が再び見えてくる。みごとな褶曲の竹内門は聖岳周辺と異なる白色のチャートで、通り過ぎずにじっくり観察しよう。

ゆるい登りから、上河内岳の肩に向かうやせ尾根に取り付くと、聖岳がますます迫

茶臼岳から南に目をやると、特徴的な大無間山が目に入る

冬の小河内岳山頂からの荒川三山。神々しい眺めだ

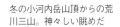

ってくる。水平になったやせ尾根を少し歩くと、上河内岳の肩だ。左の広場の先に行けば聖岳が美しい。肩から斜面をジグザグに登った**上河内岳**山頂は南アルプス南部主脈の最高の展望台で、聖岳を正面に左に兎岳《うさぎだけ》、右に赤石岳《あかいしだけ》、東岳《ひがしだけ》（悪沢岳《わるさわだけ》）と並ぶ姿は、みごとというほかない。とくに積雪期の三山の姿は正に神々の棲む世界だ。山頂部南端に行くと、大無間山《だいむげんさん》、茶臼岳から光岳、池口岳《いけぐちだけ》と南アルプス深南部の山々が登山者を招くように並んで見える。

山頂をあとに往路を**茶臼小屋**まで戻る。小屋からは、午後になると青薙山《あおなぎやま》の激しい崩壊地である赤崩を明瞭に観察できる。

3日目 茶臼小屋から茶臼岳を経て下山

ご来光を見に茶臼岳に登る。海の日からお盆にかけては、布引山《ぬのびきやま》付近から太陽が昇ってくる。ただし気温差がある日は遠山《とおやま》川側からガスが上がってくるので、その時は小屋のほうがご来光を見られる確率は高い。

茶臼岳山頂部は岩稜帯の展望台で、聖岳をしたがえた上河内岳の姿はまさに二百名山の名に値する。山頂部を南に行けば、仁田《にった》池や希望峰《きぼうほう》までの公園のようなゆったりした尾根筋と、奥に光岳が見える。

下山は往路を引き返すが、急坂の連続なので登り以上に慎重に下る必要がある。とくに膝の弱い人は要注意だ。また急勾配の斜面やハシゴは逆向きになり、斜面に正対しながら下るとよいだろう。

プランニング&アドバイス

コース上に避難小屋を含めて３軒の山小屋があり、体調や入山時刻に合わせて柔軟な山行計画を立てることができる。コースどりとしては、ここで紹介したピストンではなく、聖平へ抜け、聖岳を登頂し大井川側へ下ってもよい（P108、122）。なお本コースから光岳まで足をのばす登山者も多いが（P122）、その場合光岳日帰りではほとんど歩くだけになってしまい、光岳のすばらしさを味わえないので、光岳小屋での一泊をすすめる。もし時間にあまり余裕がない場合でも、それほど遠くはない仁田岳あるいは南岳まで足をのばせば、この稜線のすばらしさをさらに味わうことができるだろう。

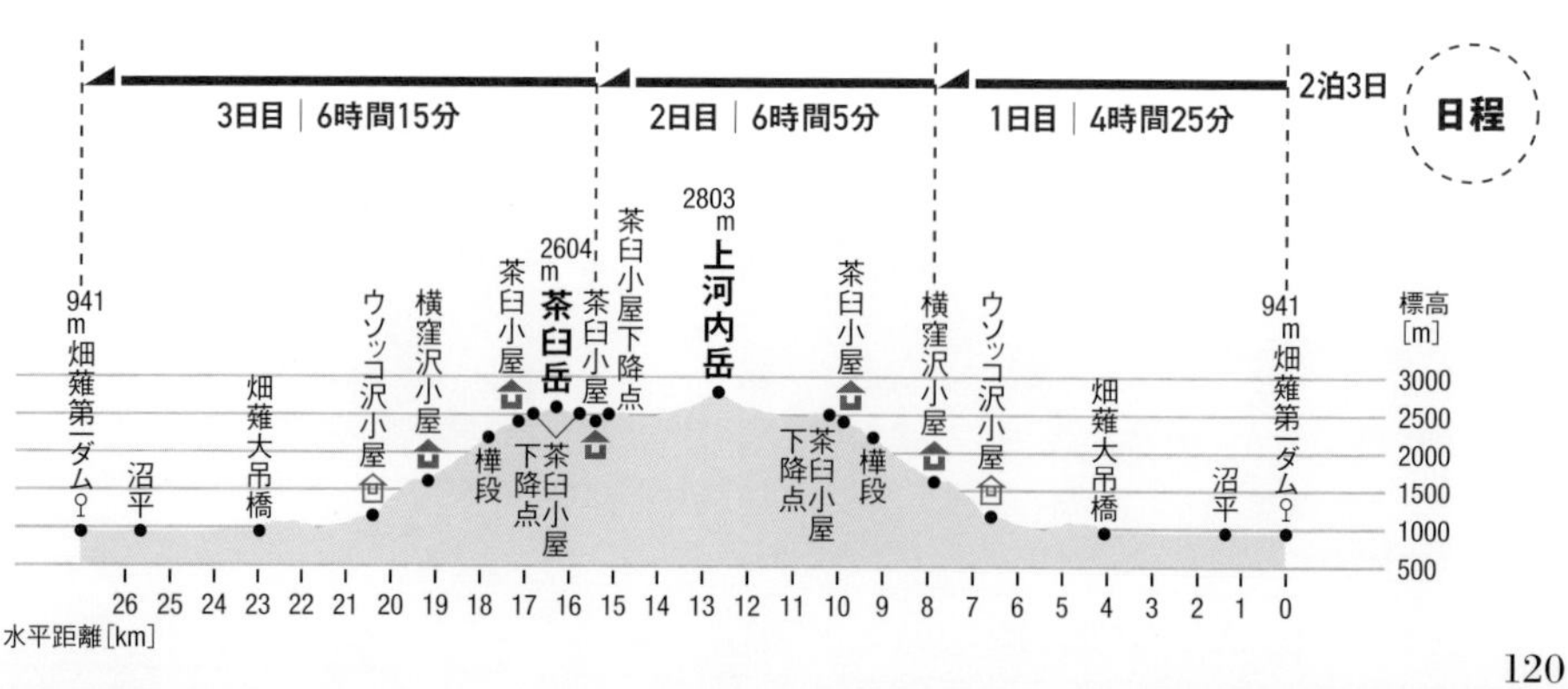

コラム7 高山植物とシカの食害

かつては「高山植物の南アルプス」といわれていたが、南アルプスの南北問わず今は無残な状態になっている。以前は登山者による盗掘が原因であったが、最近は登山者のマナーは向上しておりその影響は少なく、現在はニホンジカによる食害が主な原因となっている。これは、地球温暖化によるシカの高山への進出や、猟師の高齢化や減少によるシカの個体数の激増が、その理由としてあげられている。

以前は、三伏《さんぷく》峠周辺、塩見岳東峰《しおみだけとうほう》のシナノキンバイ、聖平《ひじりだいら》のゼンテイカ（ニッコウキスゲ）は有名なお花畑だったが、三伏峠は食い荒らされ、塩見岳は食害のさらなる影響で土砂の流出まで起き、聖平も原っぱになってしまった。残っているお花畑はシカの嫌いなマルバダケブキやトリカブトで、最近では同じくシカが嫌うバイケソウまでも、若芽の時期に先端部分が食べられてしまうようになってしまった。なお、最も貴重といわれる前岳《まえだけ》のお花畑や北沢《きたざわ》源頭は幸いにも食害を免れているが、それも消失するのは時間の問題といわれていた。

放置していては減少する一方なので、静岡県側では2002（平成14）年から「高山植物保護ボランティアネットワーク」が、また行政も青少年に働きかけて防鹿柵の設置活動を行い、現在は顕著な効果が出はじめている。例えば聖平では、2005年に確認できたゼンテイカはゼロだったが、2019(令和元)年には防鹿柵内で700株以上を数えられるにいたっている。また三伏峠でも、シカの大好物のウド系の高茎草本も見られるように少しずつ復活している。

防鹿柵は見た目に美しい物ではないが効果は確実だけに、実情を理解し、大切に維持していくことが必要だ。また登山者にあっては、柵の扉の開け閉めの確実な履行、登山道外への踏み入れの自制など、一人ひとり自らできる自然保護活動を行ってもらいたい。ただし防鹿柵は「ノアの箱舟」であり、本質的な解決にはなっていない。適正なシカの個体数の維持のための施策に関して、幅広い層での議論が必要である。

（上）食害を免れた、シカの嫌いなマルバダケブキのお花畑
（下）高山植物保護ボランティアネットワークの活動の様子

2008年の三伏峠。右は防鹿柵を設置した直後で、土砂の流出も見られる

写真・文／岸田 明

これぞ南アルプス南部の真髄、
至福の稜線縦走を楽しむ

前夜泊3泊4日

光岳
茶臼岳
上河内岳

仁田岳からのイザルヶ岳と光岳（中央やや右）。右奥は池口岳

1日目	易老渡→易老岳→光岳小屋　計7時間
2日目	光岳小屋→光岳山頂部周遊→易老岳→仁田岳→茶臼小屋　計7時間10分
3日目	茶臼小屋→上河内岳→聖平小屋　計3時間50分
4日目	聖平小屋→便ヶ島→易老渡　計4時間15分

写真・文／岸田 明

コースグレード | 中級

技術度 | ★★★★★ 3

体力度 | ★★★★★ 4

日本百名山踏破をめざすなかで、光岳《てかりだけ》が最後の山となる人が多い。理由は多々考えられるが、山容に特徴がなく魅力的でない、東《ひがし》（悪沢《わるさわ》）・赤石《あかいし》・聖《ひじり》と3座を縦走すると余ってしまう、またアクセスが悪いなどだろう。ただ、光岳さえあれば南アルプス南部は充分という好事家もいるのも事実。この縦走では、南部最大の特徴である森林限界を縫う植生の変化に富んだ稜線が味わえ、また随所からすばらしい展望を楽しめる。さらに、学術的に光岳は日本の山を氷河がおおっていた紀の最南端で、高山植物とアルプスの象徴・ライチョウが生息していて、そしてハイマツ群生の南限という特徴も合わせもっている。ひとつ注意を促したいのは、光岳山頂標識部分を光岳と思ってはいけない点。光岳とはイザルヶ岳《たけ》、山頂標識部分、百俣沢《ひゃくまたざわ》ノ頭《あたま》への稜線、そして光石《てかりいし》を含めた全体を光岳とよぶのであって、それを考えれば光岳はとてつもなく大きく、変化に富んだ山ということになり、登る楽しみ方も変わるだろう。

面平は南アルプスでも最も樹木の美しい場所

亀甲状土が広がるセンジガ原。木道の先に光岳小屋が見える

1日目 易老渡から光岳小屋へ

登山口のある**易老渡**《いろうど》への車道の通行止めが頻発している。歩行者のみ通行可の場合、北又渡《きたまたど》から1時間半弱、芝沢《しばさわ》ゲートからは1時間強車道を歩く（P179参照）。

登山口の橋を渡る。最初はザレや石の多い、標高差300m弱の急斜面のジグザグ道の登りだ。右方向に行き尾根筋に出て小さなコルを越えると、再び尾根にからむジグザグの急坂になり、約200m登ればようやく勾配がゆるんで**面平**《めんだいら》に着く。面平はサワラなどの針葉樹の大木が林立し、寺の境内のような雰囲気を醸し出している。

大らかな窪地を奥に進み、再び急坂を約300m登ると、**第2の段**（水平な場所）になる。ここも樹木がひじょうに美しい。その先、やせ気味の尾根上の馬ノ背《うませ》は、イワカガミやコメツガが美しい。少し登ると左に聖岳《ひじりだけ》を垣間見ることができるだろう。**標高2254m地点**は広い山頂部。その先が本日の核心部で、岩場のトラバースと急登があるので注意。縦走路に出たところが**易老岳**《いろうだけ》で、三角点は標識の奥にある。

標識から右に行き、樹林帯や立ち枯れ、シダのトラバース道をゆるやかに下る。勾配がさらにゆるくなった先が好展望の三吉《さんきち》ガレだ。ぬかるんだ道を行き、石まじりの短い急降下をこなすと**三吉平**《さんきちだいら》になる。

再びぬかるみ、ゴーロ状の窪地、沢筋のような急登が続く。道がしだいに乾き、高山植物やハイマツが増えてくると、長い一日も終わりに近づく。静高平《しずこうだいら》は気持ちのよい休憩適地で、水が出ていれば必ず取水すること。イザルヶ岳の**分岐**を過ぎ、亀甲状《きっこうじょう》土《ど》の中の木道を歩き**光岳小屋**に着く。

2日目 光岳から仁田岳、茶臼岳を経て茶臼小屋へ

小屋またはイザルヶ岳でご来光を拝む。もしかしたらご来光の代わりに、山頂平原

ガスにイザルヶ岳と富士が浮かぶ光岳小屋からのご来光

光岳のシンボル光石。巨大な石灰岩塊だ

を流れる薄雲が昇日と相交って、一期一会の情景をつくってくれるかもわからない。

箱庭のような樹林帯の中を行き、やや勾配が急になって**光岳**の山頂標識に到着する。光石側へ1分ほど行くと窓が開いている。ここからの南アルプス深南部の展望は、登山者にとって正に新大陸の発見にも例えられるような驚きであるに違いない。左の大《だい》無間山《むげんさん》から右の加加森山《かがもりやま》まで深南部のほぼすべての山々が確認でき、光岳が深南部の盟主であることを実感できるはずだ。

尾根筋を少し下り、縦走路から左にはずれ急降下すると**光石**だ。光石は石灰岩でできていて、太陽光を浴びると白く光るので、この名がある。ここがおそらく可憐な高山植物を見られる最南限で、石灰岩帯に咲くミヤマムラサキを見つけられれば幸運だ。

光岳小屋への復路から右に折れて百俣沢ノ頭方面へ向かい、日本最南限の**ハイマツ群生地**に立ち寄る。ここからは太陽が高ければ、文字通り光る光石がよく観察できる。

また、光岳はその大らかな山容と対照的に、山頂部南面に激しい崩壊地をもっていることもわかる。

センジガ原の木道を歩き、右に折れて**イザルヶ岳**に立ち寄る。はげ頭のような特徴的な山頂から360度の展望を楽しもう。

三吉平では、東面の信濃俣河内《しなのまたごうち》方向へ引き込まれないように。

易老岳からは、聖岳を垣間見たり、シダの大群生や樹木の立ち枯れ、窪

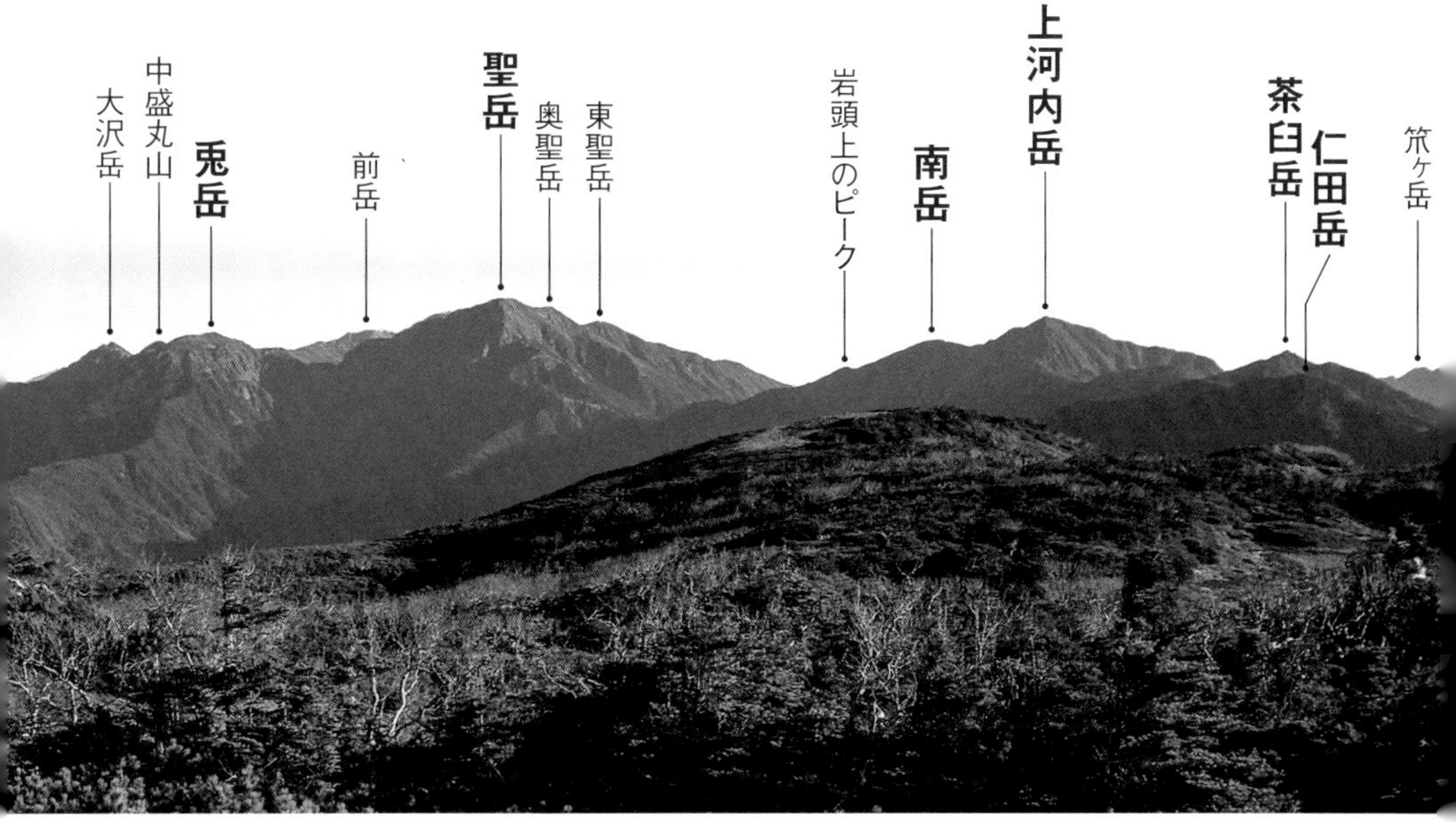

光岳小屋からは光岳山頂平原の向こうに聖岳までの山の連なりが見える

地のバイケイソウのお花畑などを楽しむ。

　鞍部からは久しぶりの急登で、塹壕状態の道をよじ登り、勾配がゆるくなれば**希望《きぼう》峰《ほう》**だ。南方の**仁田岳《にっただけ》**は、晴れていればぜひ立ち寄りたい。左には茶臼岳《ちゃうすだけ》と上河内岳《かみこうちだけ》が兄弟のように並び、また右には信濃俣河内越しに光岳が高度感をもって眺められる。希望峰から明日めざす聖平間がこのコース、いや南アルプス南部のハイライト、雲上の遊歩道といっても過言ではないだろう。

　希望峰のまばらな樹林帯から下ると視界が一気に開け、茶臼岳までの縦走路と、左に聖岳が大きく見える。線状凹地に入り、ダケカンバやバイケイソウと沼を抜ける木道を行く。雰囲気を楽しみながら進むと、南アルプスでは珍しい稜線上にある仁田池に着く。窪地から茶臼岳の懐に入り、トラバースして登ると**茶臼岳**山頂だ。久しぶりの360度のパノラマを楽しもう。

　山頂部から東に岩のあいだを抜け、再び稜線に出てゆるいジグザグで下る。**茶臼小屋下降点**を経て、右に降りれば**茶臼小屋**だ。

3日目 茶臼小屋から上河内岳を経て聖平小屋へ

上河内岳へはP116コース15を参照。なお、健脚であれば茶臼小屋からその日のうちに易老渡まで下ることが可能で、途中の聖平小屋の到着時刻で判断しよう。
　上河内岳の肩から窪地を下り、稜線に出る。下った先の鞍部は、チングルマやイワカガミが咲く小さなお花畑。一部西側がガレた稜線を注意して進み、稜線の東側に出ると急斜面のお花畑のトラバース道となる。ここは目の高さで高山植物を観察でき、振り返ると上河内岳が今までと全く違った姿

仁田池付近の木道から望む茶臼岳山頂

易老岳～希望峰間に群生するみごとなシダ

南岳へと続くお花畑のトラバース道。
上河内岳がおおらかな姿を見せる

を見せていておもしろい。

南岳《みなみだけ》山頂標識を過ぎ、広場を横断するとガレの縁に出るが、すぐに北のハイマツ帯に入る。その後もガレの縁を歩く箇所があり、注意して進む。ゆったりした谷筋のトラバース道からは聖岳がさらに大きく、そびえて迫ってくる。

ザレや岩場を下っていくと森林限界の岩頭で、ここで台形をした聖岳とはお別れになる。尾根筋の樹林帯に入り、稜線の北側の起伏の少ない道を歩き、いったん鞍部に出る。右にピークを避けるように回り込み、再び稜線に戻り樹林帯のジグザグ道を下って**聖平小屋**へ向かう。

4日目　聖平小屋から易老渡に下る

易老渡へは、逆コースになるが、P114を参照。下りは急降下の連続なので、膝の負担を考えることと、一部岩場のやせ尾根なので、足もとに注意を払いたい。

プランニング&アドバイス

この周回ルートをどちら向きに回るかは、目的とする山で判断するとよいだろう。もし光岳に併せて聖岳も登るのであれば、太陽を背に受け、また聖岳をつねに見ながら登頂意欲の高まりを感じつつ歩ける反時計回りが断然おすすめだ。光岳と上河内岳の2座周回であれば、樹木やコケを楽しみながら登れ、アルプス主脈の最南端の光岳をめざす時計回りがよいだろう。さらに時計回りであれば、体調がすぐれない場合、目的とする山ではあるが光岳を省略して下山することも可能だ。なお光岳小屋は小さな小屋で定員や食事の提供に制限があるので、事前の確認や予約の必要性についても調べておくこと。

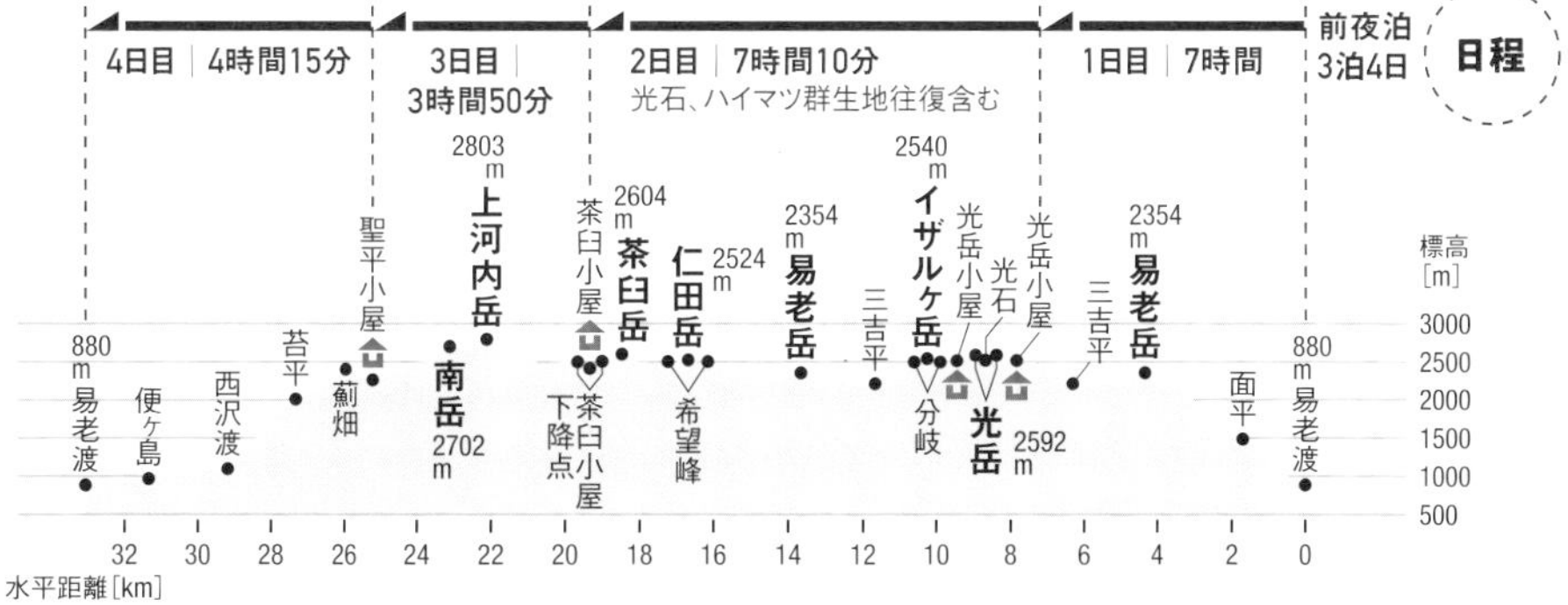

コラム8

南ア南部の撮影アドバイス［山麓編］

南アルプス南部は、その稜線を含む山頂部を平野から見られる場所は少ない。また、南部は雪形が見えるわけでもないので、結果として里の農業や生活と密着した山にはなっていない。そのようなこともあり、一部の地域を除いて、里と山を一緒に撮るのは難しい。一方、南アルプスに分けて入っている大井《おおい》川は長さでは日本の河川トップ10に入っておらず、同じ天竜《てんりゅう》川のはるか後塵を拝しているものの、直線的に高度差3000mを一気に駆け下っているので、流域の季節変化を1日で味わえる数少ない川になっている。季節的には紅葉時期が圧倒的にすばらしく、新緑時期もまたよい。さらには撮り鉄垂涎の的である大井川鐵道の蒸気機関車やトロッコ列車、日本一清楚な温泉をめざす寸又《すまた》峡温泉、日本の最も美しい村を標榜する大鹿《おおしか》村ののどかな里山の雰囲気など、山麓そのものの撮影も楽しい。

1

長野県側

大鹿村が里では抜群の撮影地域。里のサクラ、モモや民家と山を撮るだけでも1日では足りない。大西公園のサクラと赤石岳、小渋川と赤石岳、上蔵地区の民家（写真❶）など。鳥倉林道の夕立神パノラマ公園からの小河内岳なども撮影ポイント。圧倒的なのはしらびそ峠から見る兎岳から大沢岳、荒川岳の屏風のような稜線。なお、南アルプス主脈の全貌を西から見れるのは奥茶臼山（写真❷）が唯一。「日本のチロル」下栗の里もよく、聖岳はやせた三角形だが、谷の黄葉と南アルプスは絵になる。遠く離れるが、陣馬形山や伊那谷のリンゴ畑からの南アルプスの遠望などもすばらしい。

2

❸

山犬段と安倍奥

川根本町から山犬段への林道が通れれば、まるで樹木の植物園のような、アカヤシオなど多種な植物を撮れる大札山、山犬段休憩舎から高塚山方向に行けば、展望とブナやシロヤシオが撮影できる。静岡から井川への道にある富士見峠から山伏方向へ抜ける尾根筋の林道は、県民の森の樹木が多彩でオオイタヤメイゲツやブナなどの樹木、井川湖、大無間山（写真❸）や主脈を撮れる好ルート。安倍奥から梅ヶ島温泉経由で身延へ通じる林道も撮影ポイントが多い。安倍峠はサカサ川の雰囲気とオオイタヤメイゲツ（写真❹）がみごとだ。

4

写真・文／岸田明

寸又峡とアプトライン

寸又峡温泉からは南ア主脈は見えないが、落ち着いた雰囲気の温泉や、寸又峡沿いの遊歩道の散策などに一度は訪れたい。スポットは夢の吊橋が有名で、ベストポイントは飛龍橋への林道途中（写真❺）。しかしそれよりも寸又峡自体の渓谷美と紅葉は例えようもなく美しい。また、寸又峡への県道77号の峠、栗代線の分岐先のガレからの長島ダムとアプトラインの眺望(写真❻)、閑蔵駅から大井川沿いに下る林道から見る日本一高い鉄橋の関の沢橋梁とトロッコ鉄道の遠望は、撮り鉄以外でも必訪の場所。トロッコ列車は新緑と黄葉の時期は乗るだけでも楽しく渓谷美が撮れる。

大井川流域

大井川上流の畑薙第一ダム～椹島～二軒小屋間はバス移動で通り過ぎてしまう人が大半だが、沿線には撮影スポットが多い。とくに畑薙ダムから椹島間は紅葉と相交った渓谷美がすばらしい。撮影には、椹島に泊まって林道を歩くか、自転車で移動することになる。

■二軒小屋・椹島周辺　蝙蝠岳登山口近くのまれにしか見られない滝、コバルトブルーの田代湖と洪水吐の滝（写真❼）、二軒小屋ロッジが主なポイント。椹島の上流側では、二軒小屋への林道にある滝見橋から見る千古の滝。下流側では牛首峠からの赤石岳（写真❾）が有名で、ライブカメラも設置されている。ただ両側の山の稜線にはさまれた赤石岳をどう撮るかは難しく、作者の感性の見せ所だ。紅葉シーズンは二軒小屋が10月下旬、椹島周辺は11月上旬で、椹島のカラマツの黄葉（写真❽）がみごとだが、年により色づきが異なる。

■椹島～畑薙第一ダム間　赤石ダムのコバルトブルーの湖面と、対岸の黄葉はこの流域でもトップクラス。赤石ダムから下った途中にある展望台からのダムと南岳、切り立った対岸の紅葉はこの流域でナンバーワンだろう。その先の大井川本流が合流する赤石渡もポイント。さらに下った破風岩（写真❿）もスラブ状の岩盤と紅葉の対比がみごと。次の有名なスポットは畑薙大吊橋（写真⓫）。撮り方はいろいろあるが、全体を撮るには下流側から。問題は畑薙湖の貯水状況で、現在、堆砂率の高い畑薙ダムのバックウォーターがこの周辺なので、湖面と相まった吊橋を撮れるか否かは運しだい。

笊ヶ岳山頂からは丸い小笊の向こうに富士山が望まれる

白峰南嶺の誉れ・笊ヶ岳に挑む

前夜泊2泊3日 笊ヶ岳 転付峠

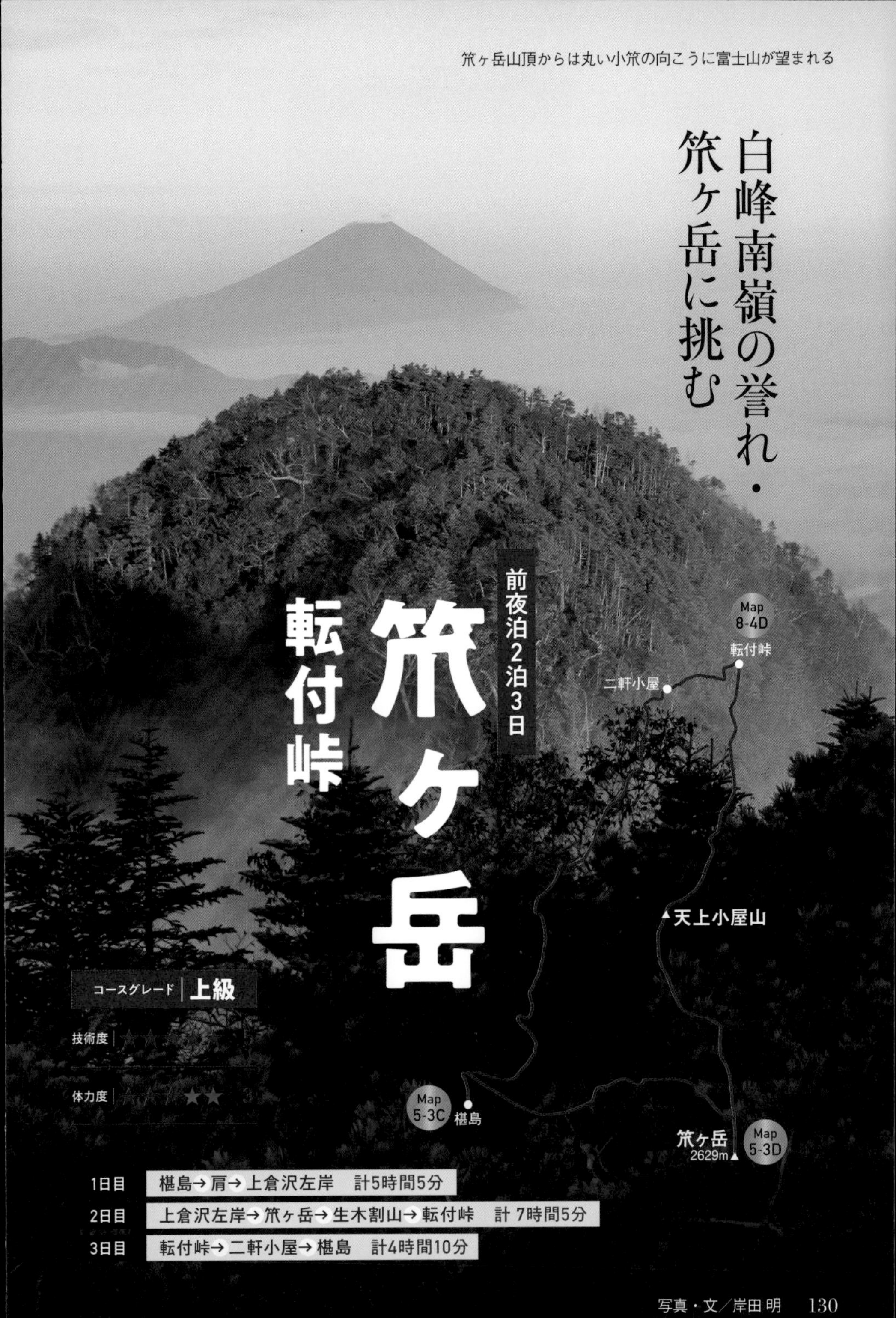

コースグレード | 上級

技術度 ★★★★★ 5

体力度 ★★★★★ 3

1日目	椹島→肩→上倉沢左岸　計5時間5分
2日目	上倉沢左岸→笊ヶ岳→生木割山→転付峠　計 7時間5分
3日目	転付峠→二軒小屋→椹島　計4時間10分

写真・文／岸田 明

笊《ざる》ヶ岳《がたけ》は、北アルプスの蝶ヶ岳《ちょうがたけ》と対比される南アルプス南部主脈の一大展望台で、北は鳳凰《ほうおう》三山から南は光岳《てかりだけ》まで、甲斐駒ヶ岳《かいこまがたけ》を除いてほとんどのピークを確認できる。反対側を向けば、小笊《こざる》の上に鎮座した富士山《ふじさん》の姿がおもしろく、登山の疲れを忘れて思わず微笑みたくなる一瞬だ。

笊ヶ岳は南アルプスでは珍しく特徴的な双耳峰の山なので、他の山からも比較的容易に山座同定ができる。登山道はいずれのルートも標高差や距離において群を抜いており、南部の山では大無間山《だいむげんさん》と双壁をなすひじょうに難度の高い山だ。山小屋もなく、アクセスが悪いことが、さらに登山者にとって近寄りがたい山にしている。なお、本コースは幕営前提のコースであるが、幕営時の自然保護には充分に配慮したい。

1日目 椹島から上倉沢左岸草地へ

椹島《さわらじま》から井川山《いかわさん》神社脇を通り林道に出て右折、滝見《たきみ》橋先の広い場所が**登山口**。いきなり落ち葉に埋まったゴーロ帯のジグザグの急登がはじまる。大木が美しい送電鉄塔周辺で勾配はゆるくなり、やや狭い尾根を行くと北側が崩壊したコルになる。秋であれば黄葉がきれいだ。ここから先は、小石やゴーロ帯の一本調子の登りになる。

イワカガミの群生地や大岩帯の脇を通り、最後右にトラバースしながら登ると**肩**に出る。緩斜面の中の大きな岩のあいだを縫い、おおらかな凹地を抜けると、**標柱の広場**になる。水の問題はあるが、幕営適地だ。ここから上倉《かみくら》沢までのトラバース道は緊張の連続で、時間が止まってしまった錯覚に陥る。最初の沢は穏やかだが、以降5本の沢は激しい登下降。沢筋から急登で尾根を越え、トラバースして沢に下りるというアルバイトをくり返す。切り立ったトラバースや朽ちたハシゴ、ロープにつかまっての下りなど、体力消耗がひじょうに激しい。

斜面がゆるくなり、高山植物の混じる草

上倉沢へのトラバース道に架かる朽ちたハシゴ。慎重に通過しよう

涸れ沢の上倉沢を横断する。横断点がわかりづらい

原を抜けると幅広い涸れ沢の上倉沢で、はじめて頂を見せる笊ヶ岳が高い。上倉沢の横断先の目標は左岸下流斜面にひとつだけ見える大きな岩で、取付点がしばしば変わるので注意。なお、下り方向ではじめて上倉沢に来た場合、対岸の取付点が探しにくい。涸れ沢の対岸の上流側に生えるカラマツが目標だ。

上倉沢左岸段丘上の草地は幕営適地で、水場は上倉沢を下ったゴルジュ帯の中に送水管の排出口のような湧き水があり、見物がてら汲みに行こう。

2日目 上倉沢から笊ヶ岳、転付峠へ

今日の行程は長いが、道の不明瞭な箇所があるので、足もとを確認できる明るさになってから出発する。樹林帯を抜け、砂利で埋まった涸れ沢に下り、倒木を縫って登る。一本筋だが最後の沢の分岐は左に行き、標高2215m地点で沢を離れ、左の森に入る。幼木の混じる樹林帯を登り、大らかな窪地の奥で左折してジグザグに尾根筋をめざす。途中シャクナゲ群生地から展望が得られ、その先に幕営可能地がある。

椹島下降点はツガの混じる雰囲気のある場所で、東側に富士山を垣間見ることができる。尾根のすぐ先には露地があり、はじめて見る赤石岳《あかいしだけ》と荒川《あらかわ》三山の姿は感動的。

その先は急な尾根筋を登るが、1カ所ある右のやせ尾根への取付点に注意。勾配がゆるくなり、ハイマツをかき分けて進むと**笊ヶ岳**山頂だ。左に小笊と富士山、丹沢《たんざわ》、御坂《みさか》、大菩薩《だいぼさつ》、奥秩父《おくちちぶ》の山々までの遠望が広がる。山頂標識から右に出れば、北に鳳凰三山、南は深南部の大無間山までの南アルプスの大パノラマが広がっている。

椹島下降点に戻り、特徴のない幅広いゆ

上倉沢に出ると、めざす笊ヶ岳がはじめて顔を出す

かわいい「森の妖精」

るやかな尾根を、アップダウンしながら蛇行していく。100mほど下ると鞍部で、少し登り返すと**水場下降点**になる。水場は上倉沢本流までの標高差約120mをトラバースで下る必要があり、往復1時間弱かかりルートもひじょうにわかりづらい。周辺での幕営時以外、利用は避けたい。

小石が混じるツガの急登を行く。背後に笊ヶ岳の存在を感じつつ登り、しだいに灌木が主になると偃松《はいまつ》尾山《おやま》の山頂部で、トラバースする。なお、山頂部の入口から右方向にかすかな踏み跡をたどり、激しいハイマツ漕ぎをすると小さな露地があり、ここからの笊ヶ岳の姿は見応えがある。

立ち枯れの草地を下ると上倉沢のガレ場の上端の砂地に出て、そのまま植生との境目を下る。このガレ場の下端から見る荒れた上倉沢の先にそびえる笊ヶ岳の姿は、例えようもなく美しく凛々しい。明瞭な尾根筋を行き、ややトラバース気味に登った先が**生木割山**《なまきわりやま》山頂で、殺風景だが幕営可能。

偃松尾山直下のガレ場からは双耳峰の笊ヶ岳がすばらしい

天上小屋山展望地から見る聖岳（右）と上河内岳

山頂から尾根筋東側を約200m行って左折し、尾根筋を越えてシダの群生する平坦地に下る。右折したあと道は自然に尾根筋に戻り、なだらかな美しい針葉樹林帯を抜け、再び登り返す。尾根筋を忠実にたどり、勾配がゆるくなると**天上《てんじょう》小《こ》屋《や》山《やま》**の山頂。その先の少し広くなった場所は西側が開け、赤石岳以南、とくに聖岳《ひじりだけ》と上河内岳《かみごうちだけ》がよく見え、休憩をとるのによい場所だ。

天上小屋山からゆるやかに下ると、上《かみ》ノ切《きり》のトラバース道の南端になる。トラバース道の頂点からは赤石岳と荒川岳《あらかわだけ》の眺めがよい。展望のきかない中を約1時間ひたすら歩き、道幅が広くなったところがトラバース道の北端。特徴のない森を行き、踏み跡にしたがって左に下ると**林道南端の終点**に出る。

ここからは、幼木が育ちつつある林道をたどる。途中の崩壊地からは、東岳《ひがしだけ》や、新たに塩見岳《しおみだけ》や徳右衛門岳《とくえもんだけ》、さらには白峰南嶺《しらねなんれい》北部の山々も見えてくる。カラマツの植林帯の道が平坦になると、二軒《にけん》小《ご》屋《や》下降点だ。**転付峠《でんつく》**はその先5分で、右へ10分ほど下ると水場がある。幕営は水場ではなく峠の北に10分ほど行った見晴《みはらし》台が断然おすすめだ。自然保護に留意して幕営しよう。南の見晴台からは、赤富士《あかふじ》が見れるかも知れない。

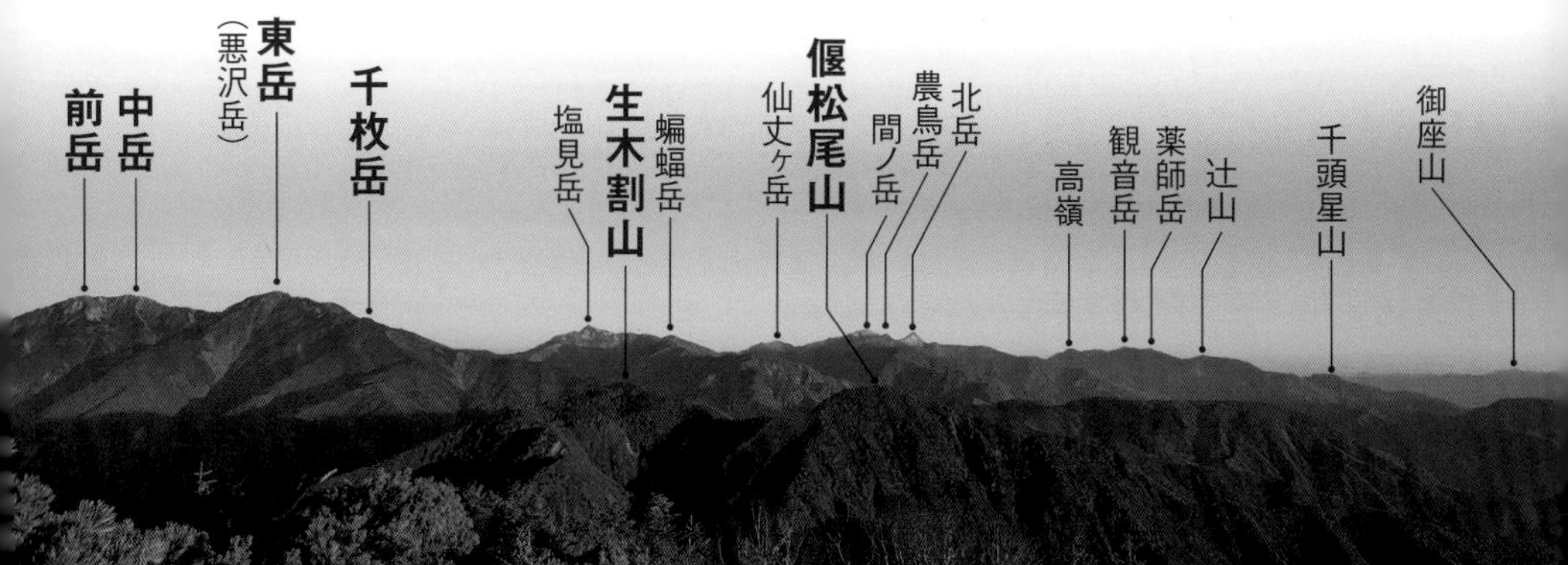

笊ヶ岳からは荒川三山、塩見岳、南アルプス北部方面の展望が広がる

上ノ切へのトラバース道から望むどっしりとした赤石岳

3日目

転付峠から二軒小屋を経て椹島へ

朝焼けの東岳を満喫して**転付峠**に戻り、**二軒小屋**に下る（P138コラム参照）。二軒小屋周辺は飯場になって現実に戻されるが、二軒小屋ロッジは静かさを保った森に囲まれた快適な場所にある。椹島への林道は、頻繁に通行する工事のトラックに注意。林道が右に大きく曲がる大尻《おおけつ》付近からは、大井《おおい》川東俣《ひがしまた》の本流が見通せる。千枚岳《せんまいだけ》への吊橋を右に見て、滝見橋を渡り、林道を登りゲートから左にショートカットすれば**椹島**だ。翌日時間に余裕があれば、聖岳や赤石岳の展望がすばらしい鳥森山《とりもりやま》（P138コラム参照）に登るのもよいだろう。

プランニング&アドバイス

笊ヶ岳は四方から山頂をめざせるが、どれも体力と技術を要する難コース。転付峠からの南下が体力的には幾分楽で、健脚ならば2泊目を椹島とすることも可能。ただし肩から下部は暗いとルートがわからないので、必ず日没前に椹島に着くこと。最も自然なのは椹島一泊後に本コースで登り、稜線周辺で幕営しサブコース（P136）の雨畑に下る案だろう。布引山から南下し青薙山（P144）へつなげるコースは、困難なルートファインディング、激しいやぶ漕ぎがあり、完全に熟達者の世界。転付峠から早川町側へ下るルートは東岳登頂のクラシックルートだったが、内河内の台風被害が甚大で通行止め。転付峠から北の笹山、大門沢下降点を経て（P140）さらに北岳へと足をのばせば、南アルプス主脈縦走に匹敵する充実した大縦走になる。

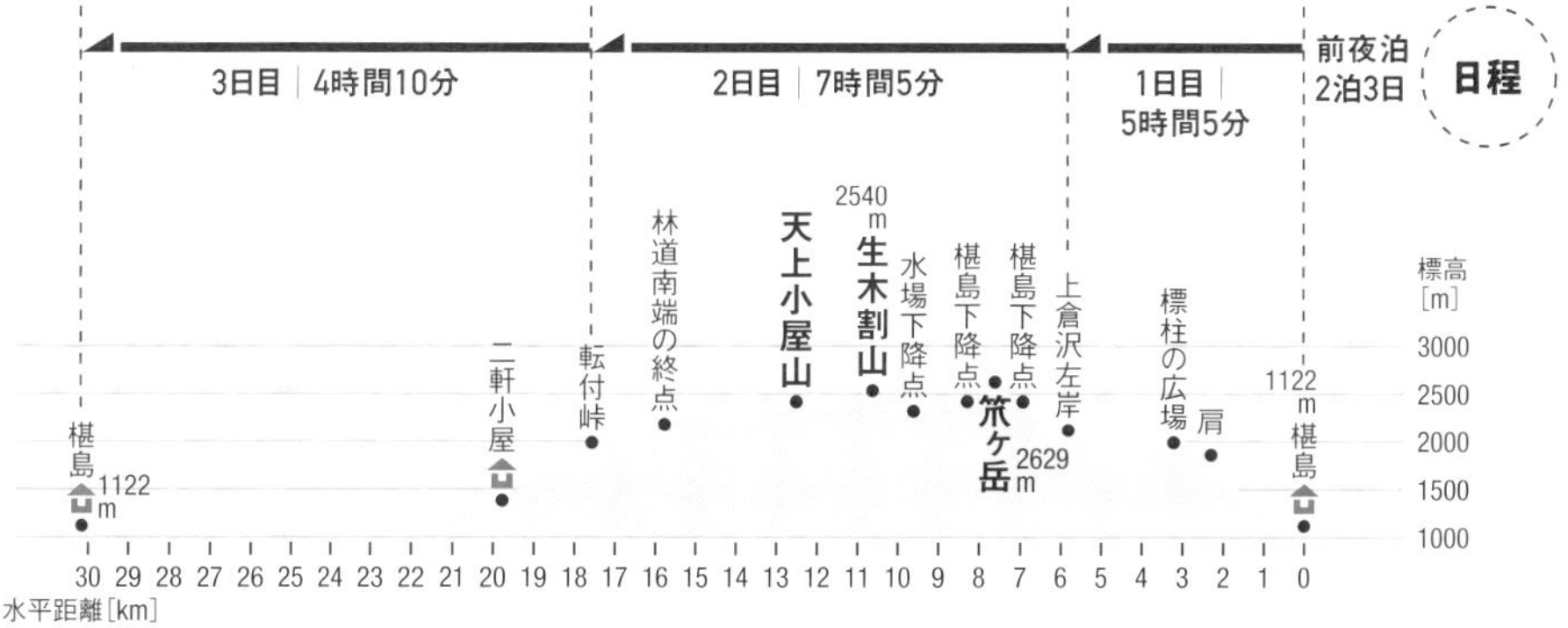

サブコース

雨畑から布引山、笊ヶ岳へ

馬場↓広河原↓檜横手山↓布引山↓笊ヶ岳　9時間20分

Map 6-4B 馬場

Map 5-3D 笊ヶ岳

コースグレード	上級
技術度	★★★★☆ 4
体力度	★★★★☆ 4

笊《ざる》ヶ《が》岳《たけ》への静岡側からの登頂（Ｐ１３０）は、交通の便や宿泊の問題などで日数がかかる。それを嫌って山梨の早川《はやかわ》側から登る登山者もいるが、このコースは静岡側以上に厳しい。その理由として、富士《ふじ》川は大井《おおい》川より登山口の標高が低く、登山口の馬場《ばんば》から笊ヶ岳山頂まで標高差２１００ｍ以上の、日本の山でも屈指の厳しい登りだからだ。日帰りは通常コースタイムで17時間近くかかりほぼ無理で、檜横《ひのきよこ》手《て》山《やま》で一泊するのが賢明だ。ただし幕営時は自然保護には充分に配慮する。なお、椹島《さわらじま》から登り本ルートで下るコースは一般的だが、尾根を下りきった広河原《ひろがわら》の徒渉は大雨直後は困難で、停滞の可能性を織り込んでおく必要がある。その際は、河原上の段丘で幕営できる。

馬場バス停から林道を**老平**《おいだいら》まで歩く。老平はゲートの手前に駐車スペースがある。

整備された林道を歩き、標識にしたがい登山道へ。やや細い山腹の道を登るが、廃屋からは再び歩きやすい林道になる。吊橋や幅の広い水平道を行くと、広河原近くには上部からの土砂により道が崩落した箇所もあるので注意して通過する。**広河原**周辺は「やまなしの森林１００選」だけに樹木が豊かだ。

奥沢《おくさわ》谷を慎重に徒渉し、大らかな尾根筋にからむジグザグ道を登ると、シロヤシオの大木がある山《やま》の神《かみ》に着く。勾配がややゆるくなり、尾根筋をキープして登る。標高１５００ｍ近くでは、道が尾根筋の北側から南側に変わるので下山時は注意。**ワイヤー**やウィンチの散乱した場所や、カラマツ

広河原は水量が多く、慎重に徒渉点を探すこと

布引崩のガレ場。樹林帯に沿って踏み跡がある

東側から見る笊ヶ岳。左の布引山の肩を直登する

の急斜面をひたすら登ると勾配がややゆるくなる。樹木も太くまばらになれば**檜横手山**で、山頂標識周辺に幕営できる。

少し下った大木の茂るコルから、最も厳しい荒れた急登になる。標高差約150m登って傾斜がゆるくなった**小ピーク**でひと休みし、再び急登に挑む。灌木帯になり明瞭な尾根筋に出た先は左側の布《ぬの》引崩《びきくずれ》のガレ場を樹林帯沿いに登るが、崩壊が激しい箇所では樹林に逃げる。高山植物が徐々に現われ、南アルプスを象徴する高山植物のタカネビランジと会えればラッキーだ。

登りつつ左に回り込むと布引崩の上端で、笊ヶ岳山頂に劣らない圧倒的な眺望だ。笊ヶ岳からは見られない青薙山《あおなぎやま》や安倍《あべ》奥《おく》の山々の展望に感動を覚えるだろう。

ゆるやかに登り、主脈縦走路に合流すると**布引山**《ぬのびきやま》山頂で、数張り幕営可能。

樹木の美しい長い布引山の山頂部を行くと、右に富士山《ふじさん》が垣間見える箇所がある。少し下った鞍部からは笊と小笊《こざる》が並んで見える。明瞭な尾根筋を行き、勾配がややゆるくなった幕営可能な段を過ぎる。やせ尾根にからみ、ハイマツにつかまりながら登れば待望の**笊ヶ岳**山頂だ。

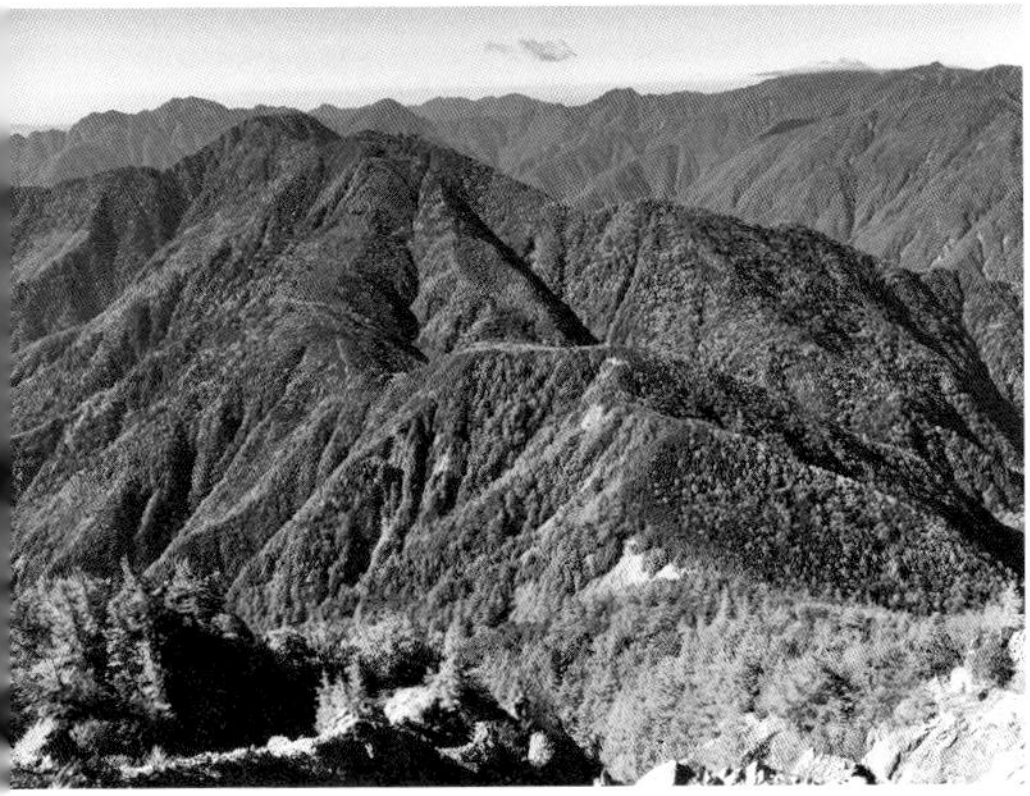

布引崩上部からの青薙山（左）。
背後は大無間山と深南部

プランニング&アドバイス

本コースを日帰りで計画し、あまりの難ルートゆえの敗退者が続発している。オーソドックスに一泊で臨みたい。白峰南嶺の山梨側入下山で縦走を計画する場合、転付峠ルートが台風被害により全く失われてしまった現在、笹山（P140）まで足をのばす必要がある。小笊は踏んでみたくなるピークだが、笊からの急降下と激しいやぶ漕ぎの登りで、残念ながら展望もない。

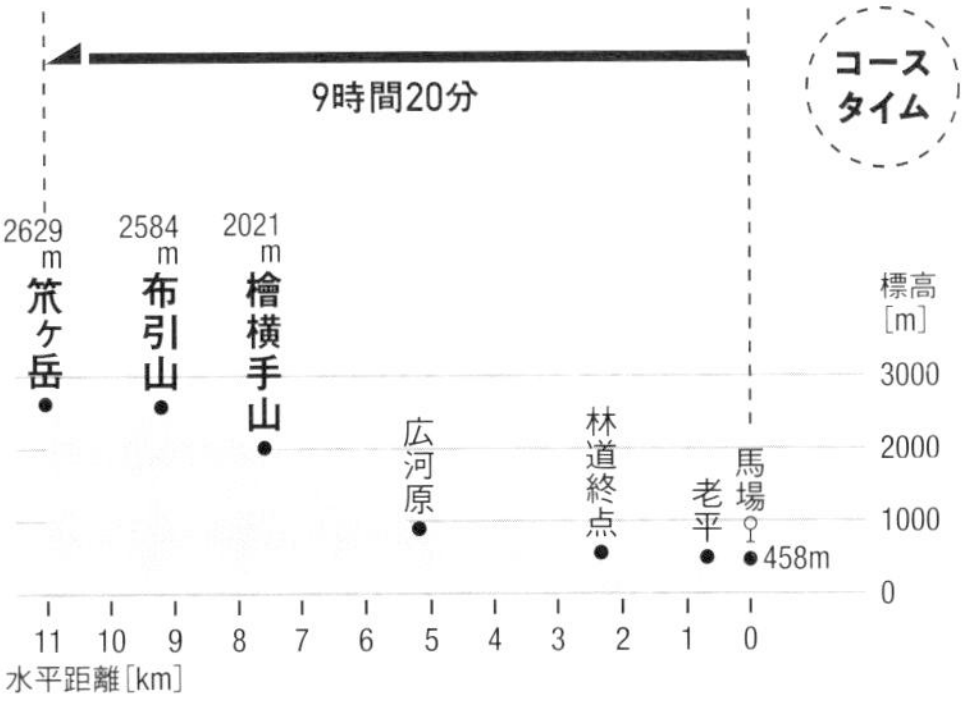

コラム9

椹島と二軒小屋散策

南アルプス南部の入山者は、登山基地である椹島《さわらじま》や二軒小屋《にけんごや》への到着時、気持ちは3000m稜線に向かっているので、その足もと、椹島であれば鳥森山《とりもりやま》があることに、二軒小屋であれば転付《でんつく》峠の存在は知っていても、ひとつの目的場所として意識することは少ないのではないだろうか。しかしこの2カ所はそれをめざして入山しても、充分に満足が得られる場所だ。鳥森山は登山道の大木、山頂からの赤石岳《あかいしだけ》、聖岳《ひじりだけ》と上《かみ》河内岳《ごうちだけ》の展望がすばらしく、また椹島への早着時、翌日からの縦走に備えた足慣らしとしても、登る価値がある。二軒小屋も針葉樹林の森、カラマツの林の雰囲気、そして展望所からのビッグ3（聖、赤石、荒川《あらかわ》岳《だけ》）の展望は雄大そのものだ。

■椹島から鳥森山

椹島のふれあいセンター前の駐車場から森に入る。ゆるい右カーブの牛首《うしくび》峠への登り道を行き、標識にしたがい左へ。しばらくは急斜面のジグザグの登りだ。尾根筋を見ながら左に行き、再びジグザグをくり返すが、一部崩壊した箇所がある。右に折り返せば、大木の下に赤石岳が顔を覗かせる。不安定な登りを過ぎると勾配はゆるくなり、ベンチのある肩に着く。ここまでは広い場所はないので、苦しいが頑張って登ろう。その先には「三種の針樹」の看板があり、ウラジロモミ、ツガとヒメコマツが珍しく一緒に生えている。左にきれいな森を見て尾根筋を右方向にゆるく登り、最後は明るい場所をめざしてシャクナゲの中を登れば鳥森山山頂だ。切り開かれていて、赤石岳とその右奥に東岳《ひがしだけ》が顔を覗かせる。

下りは往路を戻るが、途中の分岐を直進すれば鉄塔の脇を通って牛首峠の直前に降りられるので、赤石沢の奥にそびえる赤石岳を見に立ち寄って椹島に戻るのもよい。

■二軒小屋周辺散策と転付峠登山

二軒小屋とは、かつて森林開発がさかんだった時代に、2軒の宿があったことに由来する。現在は二軒小屋ロッジが登山者を迎えているが（2019年からしばらく休業）、それ以外に森林開発の飯場もある、

（上）鳥森山山頂からは聖岳が特異な形で見え、左に上河内岳と南岳が双耳峰のように並ぶ（下）転付峠の周囲は気持ちのよい混交林

写真・文／岸田明

静岡県で人が住んでいる最北端の場所だ。

ロッジのゲストハウス横から河原に降りれば、大井《おおい》川の洪水吐の勇壮な瀑布が眺められる。滝の上には千枚岳《せんまいだけ》登山道の吊橋があり、渡ってみるのもよい。林道を右に行くと田代《たしろ》ダムで、コバルトブルーの湖面が美しい。先のトンネルを抜けると、いよいよ深山の雰囲気になる。鉄橋を渡り、右の林道を進むと蝙蝠岳《こうもりだけ》登山口がある。周辺の黄葉はとてもきれいで、運がよければ一条の滝を見ることができるかもしれない。

一方の転付峠へは、二軒小屋ロッジに戻り、飯場を右に見て幅広い登山道に入る。すぐにオヒョウの大木が目に留まる。しばらくはダラダラとした登りで、1カ所ザレ場があるので注意。二軒小屋散策路の道を分けてジグザグに登っていく。やや大きな尾根筋を越えると上空が明るくなり、太いダケカンバのある場所がほぼ中間点。右の尾根筋を越えると、美しいカラマツの植林帯になる。眼下に林道を見ながら登っていけば、大木が茂り、苔むした幽玄の世界になる。ツガの美しい岩まじりの道を登り、ドウダンツツジをくぐってわずかに下ると転付峠への林道に出る。峠は左に5分ほど行ったところ。まずは林道を右に行き、先の分岐を稜線側に歩けばガレの上端に出て、徳右衛門岳《とくえもんだけ》と背後に頭を覗かせる蝙蝠岳や塩見岳《しおみだけ》、白峰南嶺《しらねなんれい》の山々がよく見える。また、峠から北に5分ほど行くと、東に富士《ふじ》山《さん》を遠望できる原っぱと、西に大きな東岳や赤石岳を含む以南の山々を見られる広場の2カ所の展望所がある。

転付峠から白峰南嶺を北上すれば、人ひとりにも会わない静かな山旅を楽しめる。峠から奈良田越《ならだごえ》までは展望と森の美しい林道を行く。1カ所林道が激しく崩落した地点は、法面上端の縁を歩いて登山道に戻る。奈良田越でUターンして尾根筋に戻り、以降は稜線を歩くが、白剥山《しらはぎやま》から北は難路になる。シャクナゲに逆らいながら漕いで登り、密生林や倒木帯を通過する。森林限界付近の灌木帯でルートを尾根筋東側から西側に変える地点はとくに難しい。小さな露地に抜けた先は背丈こそ低いが、ハイマツ帯の道が全くわからない箇所もある。ほぼ稜線の西側沿いに進み、やがて東側に尾根筋を横断すれば、笹山《ささやま》の懐の露地に出る(笹山はP140コース18を参照)。

(上)転付峠付近から見る徳右衛門岳と白河内岳 (下)転付峠の北にある広場の展望所。残雪の東岳(悪沢岳)や赤石岳が見えている

蝙蝠尾根から見る間ノ岳〜笹山の白峰南嶺

鯨の背のような岩稜尾根を行く唯我独尊の世界

コースグレード｜上級+

技術度｜★★★★★ 5

体力度｜★★★★☆ 4

1日目	奈良田→水場入口→窪地　計4時間50分
2日目	窪地→笹山→広河内岳→大門沢下降点→大門沢小屋　計9時間
3日目	大門沢小屋→大門沢登山道入口→奈良田　計3時間30分

写真・文／岸田 明

白《しら》峰南嶺《ねなんれい》とは間《あい》ノ岳《だけ》を北の頂点として、南アルプス主脈と東側に対峙し、青《あお》薙山《なぎやま》を終端とする長大な尾根で、青薙山からは東に尾根を分岐し安倍奥《あべおく》の山へ続く。主脈と異なり笊ヶ岳《ざるがたけ》を除いて登山の目標となる顕著なピークがないうえ山小屋もなく、道標も完備しておらず、登山者は極端に少ない。しかし白河内岳《しろごうちだけ》からの天地の境目の岩稜帯を360度の展望を楽しみながら行く充実感、孤独感は他の稜線縦走にはないこの尾根独特の味わいだ。踏み跡は全くないところもあり、ガス発生時は方向がわからず救助要請が多発している。

1日目　奈良田からダイレクト尾根窪地へ

奈良田《ならだ》のバス停から奈良田湖沿いに戻り、吊橋で右岸に渡る。白河内を横断して正面の尾根の裾を奥に入る。登山口からはジグザグの巡視道、**発電送水管**の落下点からは細い登山道に変わる。アセビの美しいトンネルを通り、1回目の急登が終わったとこ

ダイレクト尾根の標高1050m地点は大木が林立する美しい森になっている

深いハイマツ帯がある白河内岳への道

ろが肩で、ブナの大木を過ぎれば**水場入口**（水場は往復25分）だ。

急登から、やがて明瞭な尾根歩きになる。1932mの肩は幕営可能。再び急登で、標高2120m地点からは手を使っての登りになる。ようやく展望のきくガレ場上の肩に出ると、北岳《きただけ》がピョコンと山頂を覗かせて見える。ゆるいトラバースの登りで**窪地**へ。自然保護に気をつけて幕営する。

2日目 笹山から白峰南嶺を北上する

窪地からは密生した樹林帯の中を蛇行する道なので、周囲の見通しがきくようになってから出発する。標高2400mからは、倒木が行く手をふさぐ急登になる。小さな肩に出ると、立派なダケカンバや、左に笊ヶ岳や東岳《ひがしだけ》が見える。ようやくゆるくなった登りを行けば**笹山南峰**《ささやまなんぽう》山頂だ。ハイマツ帯から一度樹林帯を抜け、岩場を登ると笹山北峰《ほっぽう》で、南アルプス主脈はもちろん、富《ふ》士山《じさん》や櫛形山《くしがたやま》、そして甲府《こうふ》盆地の展望が印象的だ。これから歩く白河内岳への稜線もよくわかる。

岩稜の尾根筋から、左へ樹林帯に下る。幼木の密生帯を抜けた露岩帯は基本的に東方向に稜線部をめざして進み、ピークは岩づたいに西側を巻く。砂地へ下った先が猛烈なハイマツ帯の通過。再び樹林帯を抜けて登ると、森林限界の白河内岳南の平地に出る。ここで左折して西行しゴーロ帯に入る。歩きやすそうな踏み跡をたどり、北の白河内岳の山頂部に登る。**白河内岳**山頂は野球場のように広く、独特の雰囲気がある。

ここからが核心部。最初は頼りにする尾根筋もなく、右前方に見える小高い丘をめざし、薄い踏み跡をたどる。2776mピークを通過した先から大籠岳までが、このルートで最も難しい部分。ルートが複数あり、小高い赤岩の丘の山腹をトラバースす

白峰南嶺はつねに塩見岳と蝙蝠岳と対話しながらの縦走

白河内岳周辺ではシャクナゲやコバノコゴメグサ類が見られる

るが、道を失った場合は稜線部をたどる。

一度鞍部に下り、**大籠岳**《おおこもりだけ》に登り返す。ここから県境は蛇行しているが、2772mピークに向け、ほぼ直線的にピークをつないで進む。鞍部に下りてルートがわからない場合、ハイマツ帯の境に戻って北上する。ルートは全体として県境よりも大井《おおい》川側に離れてあり、部分的にハイマツ帯を横断する箇所もあるが、距離は短い。

2772m地点手前の丘は山頂部を巻くようにして右に曲がる。2772mピークからは尾根が明瞭になり、広河内岳《ひろごうちだけ》を見上げつつ左折して尾根筋沿いに進む。登り着いた好展望の**広河内岳**山頂からはルートがさらに明瞭になる。

大門沢《だいもんざわ》**下降点～大門沢小屋**間はP28コース[3]を参照のこと。

鯨の背のように見える白河内岳方向（2772mピーク付近）

3日目 大門沢小屋から奈良田へ下山

小屋で朝焼けを楽しんだら、**奈良田**をめざして下ろう（P28コース[3]参照）。

プランニング&アドバイス

コースどりは北上、南下とも一長一短。南下は稜線部でルートを見下ろせるのでルートファインディングが相対的に容易、かつ体力的に楽。ただしダイレクト尾根の下りで道迷いのおそれがある。北上は体力を消耗するがダイレクト尾根を登りに使え、さらに大門沢小屋泊なら食料・水を日程前半で消費でき、下りは道が明瞭な大門沢ルートをとれる。大門沢に下らず、北上して農鳥岳～間ノ岳～北岳を経て広河原に下りバスで奈良田に戻れば、より充実した縦走になる。また、間ノ岳から仙塩尾根経由で塩見岳を登頂し三伏峠へ下るのは、数少ない南アルプスの東西横断コースだ。

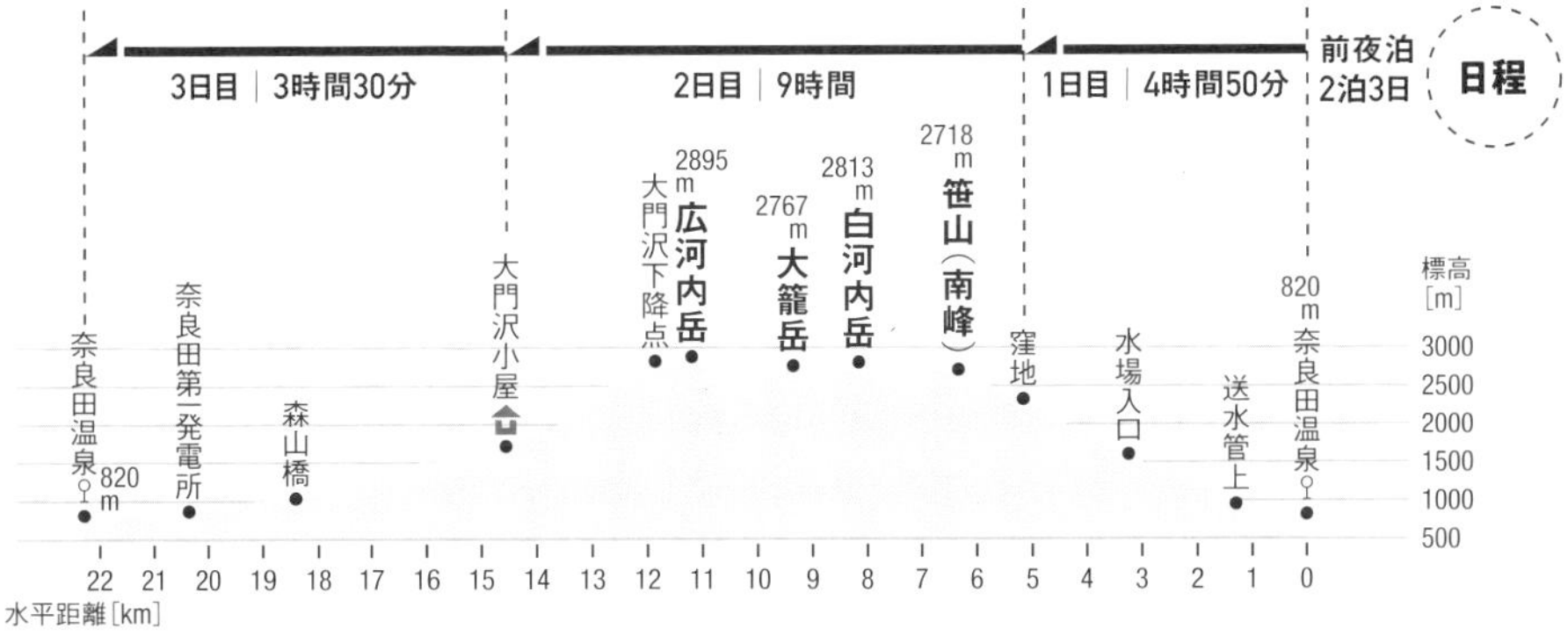

1泊2日

青薙山

白峰南嶺の南端で地球の鼓動を感じる

沼平↓池ノ平↓青薙山（往復）　10時間30分

青薙山《あおなぎやま》は山腹西側に赤崩《あかくずれ》とボッチ薙《なぎ》の大崩壊地を抱え、コース上からも赤崩や大井《おおい》川の蛇行を俯瞰でき、さらに南アルプスでは珍しい池や多彩な森、線状凹地などを手軽に自然体験ができる山だ。通年、登山口近くまで車で入れるので、茶臼岳《ちゃうすだけ》とともに季節や日程を選ばすにマイカー登山ができる。ただしルート上に危険箇所もあり、中・上級向けの山であることには変わりない。

1日目　**沼平《ぬまだいら》**から**畑薙《はたなぎ》大吊橋**を過ぎ、**青薙山登山口**のあるサイレンつきの番号１６６の電柱の右から山に入る。土砂で埋まった沢を登り、すぐに左折しとアカマツの茂る急な尾根筋を登る。標高１３００ｍ周辺は核心部のガレ場。黄色の補助ワイヤーがあるが足もとは崩れやすい小石で、また沢筋のトラバースは土砂で埋まり、細心の注意が必要だ。

岩場を巻いて少し登ると小さな広場があり、ようやく緊張感から解放される。再びジグザグに登って標高１５５０ｍまで来ると勾配がゆるくなって、道はトラバースする。勾配がさらにゆるくなり、落ち葉でおおわれたゴーロ帯を行くと、**池《いけ》ノ平《だいら》**に着く。こんこんと水の湧く池の側にはイチイの大木があり、また黄葉がすばらしい。自然保護に留意して幕営する。

2日目　池ノ平から幅広い窪地を登っていくと、赤崩の脇に出る。縁から見下ろす赤崩は恐ろしく、思わず後ずさりをしてしま

Map 3-4B　沼平

Map 3-2D　青薙山

コースグレード	中級
技術度	★★★★☆　4
体力度	★★★☆☆　3

スッパリ切れ落ちる赤崩の大崩壊地

山頂近くの気持ちのよいササや、
サルオガセのからむ樹林

安倍奥の山伏の北面・青笹山付近から望む青薙山

うほど。なお赤崩は西斜面なので、早朝には日が差し込まない。道は崩壊地の縁に沿っているが、登山道が崩落している箇所では右に逃げる。一度赤崩から右に離れてジグザグに林を登って平になったところが赤崩《あかくずれ》ノ頭《あたま》のある段で、上端からは大井川や南アルプス主脈が迫力をもって迫ってくる。

樹木が豊かな草地の中を進み、やや下り坂になる地点で崩壊地の縁から離れる。ゆるやかな谷筋を大きく回り込み、うっそうとした森を踏み跡にしたがい、ほぼ直線的に北東方向へ歩く。何段か越えると、しだいに谷幅が狭くなる。やや勾配が増した中を登ると、尾根筋に出る。右折して稜線に忠実に歩き、**肩**に登る。この先は小さな肩がいくつかあり、下山時に方向の確認が必要だが、基本的に道はボッチ薙側にある。

舟窪（二重山稜などにはさまれた地形）を2つ通りさらに高度を上げると、左の樹間に聖岳《ひじりだけ》の姿がしだいに見えるようになる。シラビソ林の視界がきかない尾根筋を登り、平らになると山頂は近い。最後はゴーロ帯の密林で道が蛇行しており、下山時は暗いと全く歩けない。小さな草原を抜けた先が**青薙山**の山頂だ。西の窪地の先からは、聖岳を主役としたビッグ3（聖岳・赤石岳《あかいしだけ》・荒川《あらかわ》岳）をかすかに見ることができる。

下山は往路を慎重に引き返す。

湧水がある池ノ平に立つ大きなイチイの木

プランニング&アドバイス

幕営適所は、池ノ平と山頂付近の2カ所。稲又山はピストンの目標としては食い足りないが、笊ヶ岳への縦走は挑み甲斐のあるプランで、その場合池ノ平で取水し青薙山山頂幕営がよい。ただし稲又山から先は白峰南嶺最難ルートで、高度な地形判断能力をもった達人しか踏み込めない。基本的にルートは山梨県側にある。所ノ沢越から大井川への道は通行不能。

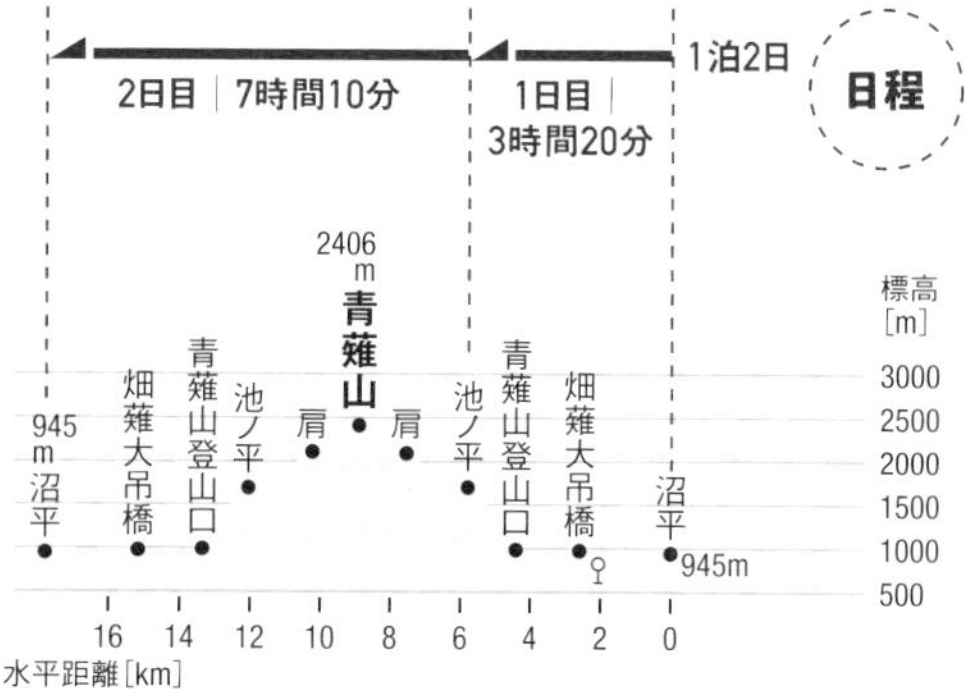

前夜泊1泊2日

池口岳

双耳峰の美しい遠山郷の秀峰へ

池口岳登山口↓ザラ薙平↓池口岳（往復） 10時間35分

Map 2-4A 池口岳登山口

Map 2-4C 池口岳

コースグレード｜中級

技術度｜★★★☆☆ 3

体力度｜★★★★☆ 4

日本二百名山の池口岳《いけぐちだけ》は、里からはほとんど見ることができない不遇の秀峰だ。だが光岳《てかりだけ》の頂に立ったとき、右下にあるひじように形の整った三角形の山頂をもつ双耳峰が気になるはずだ。光岳・池口岳間の稜線の寸又《すまた》川側山腹は本州唯一の原生自然環境保全地域に指定され手つかずで、樹木の垂直変化が観察できる領域といわれている。

1日目 **池口岳登山口**から樹林帯をジグザグに登り、雑木林と美しいアカマツ林の境目の森を歩く。短い急登ののち、山《やま》の神《かみ》がある大岩に着く。**面切平**《めんきりだいら》を経て勾配が増した尾根筋を歩き、水平になった先が牛首《うしくび》とよばれる場所。左に段を見ながら明瞭な尾根筋を下って再び登り返し、ササとカラマツの美しい斜面を登りきると**黒薙展望所**《くろなぎ》だ。ガレ場の先に明瞭に双耳峰と確認できる池口岳がそびえ、振り返れば大きな熊伏山《くまぶしやま》が存在を主張する。

苔の生える美しい森の稜線を行き、久しぶりの急登で利剣沢《りけんざわ》ノ頭《あたま》に着く。その先の小さな崩壊地の上端は、聖岳《ひじりだけ》方向の展望を得られる唯一の場所。イワカガミが群生する気持ちのよい尾根を歩き、登り返した平坦な１９７１ｍ峰を下ると右側の視界が開け、池口岳が眼前に迫ってくる。**ザラ薙平**《なぎだいら》は大樹に囲まれた笹原の幕営適地である。自然保護に留意して幕営する。

2日目 しばらくはアップダウンの少ない明瞭な尾根筋を歩くが、標高２０５０ｍあ

ジャンクション付近からの加加森山と光岳（右）

テント場となるザラ薙平は笹原が広がっている

写真・文／岸田 明

光岳南方のハイマツ南限から望む光石と池口岳（左が南峰）

たりから勾配が増してくる。2156mピークは山頂部分を北側に巻き、登り返した先で急登になり、回り込むと岩場だ。岩はしっかりしておりロープのサポートもあるので、深呼吸して足もとを確認しながらゆっくり下る。その先の大岩のあいだを抜けると、**ジャンクション**の標識のある主稜線に着く。急なやせ尾根を登り少し下ると小さなキレット（急峻な稜線が深く切れ落ちた地形）で、西方の山々と登ってきた長い尾根筋が明瞭に見える。高山植物群生の南限は光岳といわれているが、このキレット右の岩場には、幸運であれば数株のタカネビランジが見られる。

尾根筋を歩き一度肩に出て、明瞭な踏み跡をたどれば**池口岳**北峰《はっぽう》山頂だ。視界はないが、南へ少し行ったガレの上端からは、池口岳南峰《なんほう》を含む中《なか》ノ尾根《おね》山《やま》を中心とした深南部の眺望が広がる。時間があれば、激しいアップダウンだが、気持ちよい山頂の池口岳南峰に行くのもよい。またジャンクションから尾根筋を少し下ると、中華饅頭のようなホックリした加加《かが》森山《もりやま》が眺められる。

下山は来た道を忠実にたどるが、各ピーク、とくに1971m峰、利剣沢ノ頭、**黒薙展望所**、その南西の1760mの肩、牛首では進行方向の確認が必要だ。

コース中の難所、2156mピーク先の岩場

プランニング&アドバイス

光岳までの縦走は、ザラ薙平に幕営すれば可能だ。縦走では、点在する気持ちのよい草原や樹林がすばらしい。ただし加加森山手前の倒木帯の通過、2312mポイント通過時の方向確認、2381m峰下でのトラバースからの稜線復帰、最低鞍部からの登り返しのルートファインディングと標高差300mの激しい登りなど、熟達者のみ足を踏み入れられるルートだ。

日程

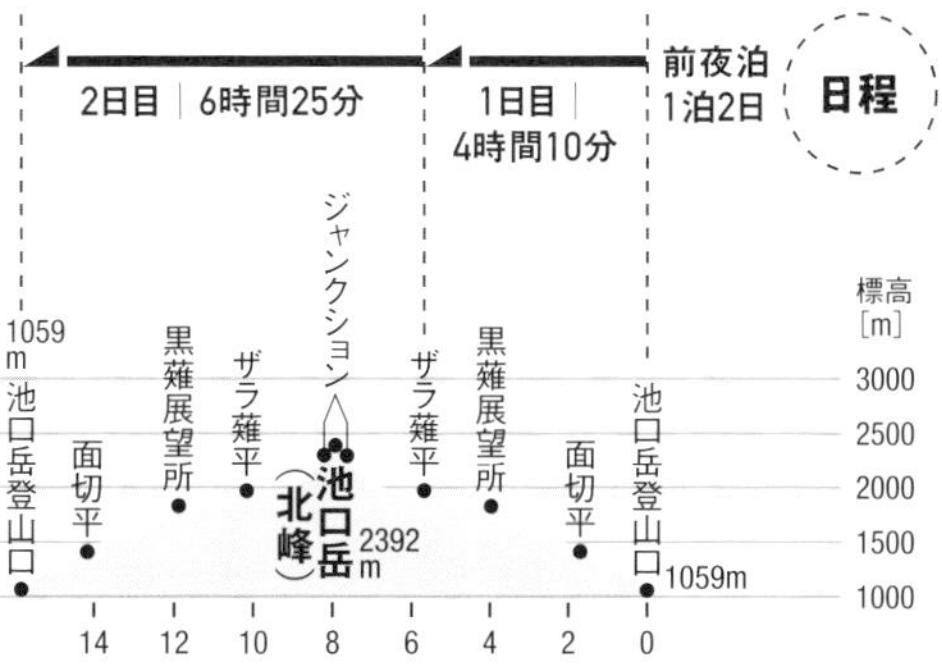

静岡県道60号の富士見峠から見る大無間山

深い森をまとう深南部の雄に
バリエーションコースで立つ

前夜泊1泊2日

大無間山

小無間山

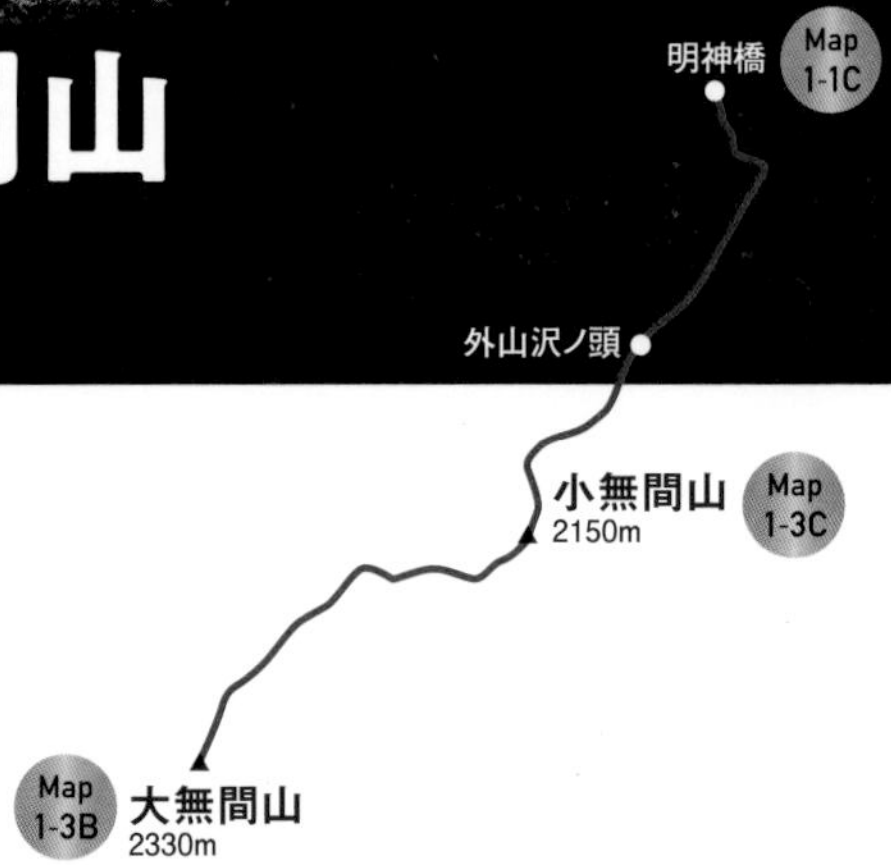

コースグレード	上級+
技術度	★★★★★ 5
体力度	★★★★☆ 4

1日目	明神橋→明神沢下降点→小無間山　計5時間5分
2日目	小無間山→大無間山→小無間山→明神沢下降点→明神橋　計8時間10分

写真・文／岸田 明

大《だい》無間山《むげんさん》は展望もなく標高も２５００ｍに満たないが、これほど岳人をひきつける山はほかにはないのではないか。まず名前が強烈だ、無間地獄に由来するとされ、その黒々とした森を身にまとった姿を見れば納得できる。第二に山体が途轍もなく大きく、また山容も見る角度により七変化するが、どこからでもひと目見れば同定できる存在感。第三は登山道が長く、山頂部でも縦走に3時間を要する厳しさゆえ、挑み甲斐のある山ということだろう。しかし、あまり知られていないが、地獄の呼び名とは裏腹に日本の山でも有数のイワカガミの群生があり、標高２０００ｍ以上はイワカガミの花園で、まさに天国だ。

登頂は、以前は井川《いかわ》湖の北端、田代《たしろ》から小《しょう》無間《むげん》尾根往復が一般的だったが、２０１３年に核心部の鋸歯《のこぎりば》で山体崩壊を起こし、鞍部が崩れやすいナイフリッジ状になり、通行不能となった。ここではバリエーションルートで標識もなく時間もかかるが、比較的安全に登れる北東尾根を紹介する。

No・9標識への登りはロープのある急斜面

イワカガミの花期は5月下旬〜6月上旬

1日目　明神沢から小無間山に登る

　県道60号の**明神**《みょうじん》**橋**の右岸で取水し、「禁漁区」看板そばのコンクリート法面にある巡視道のハシゴを登り入山する。右にトラバースし、ジグザグに登ると荒れた沢になる。安全な場所を探し、対岸の朽ちたハシゴあたりをめざして沢を横断し、斜面に取り付く。ここから一部簡単な土留めのある階段状になるが、ほとんど埋まっており、またザレていてひじょうに危険だ。

　急斜面を滑落に注意し、ジグザグに登る。場所によってはロープもあるが、古くて頼りにならない。標高差200mほどの急登をしのぎ、標高1050m地点のコンクリート構造物に着けば核心部はようやく終わる。木立のあいだから畑薙《はたなぎ》ダムが見え、休憩に最適だ。ここから勾配はややゆるくなるが、足もとが不安定な点に変わりはない。

　鉄塔の脇を抜けなおも斜面を登ると、No・9鉄塔を示す標識がある。ルートは直登だが、荷物をデポして水平道を行き、数少ない展望ポイントの防火帯に出てみよう。畑薙第二、第一ダムと並び、その奥に上《かみ》河内岳《こうちだけ》から仁田岳《にっただけ》への稜線が見える。

　ルートに戻り、踏み跡が薄いなか、大らかな谷筋を苔のついた岩のあいだを、尾根（**明神沢下降点**）へ向けて登る。稜線上は視界がないが、尾根を少し下った送電鉄塔からは大根沢山《おおねさわやま》の尾根が、さらに先に下ると青薙山《あおなぎやま》が望める。以降、一部尾根幅が狭くなる地点こそあるが、大らかな稜線を、上をめざし森林浴をしながら登っていく。途中にはオオイタヤメイゲツ（カエデの一種）の大木が点在する中を歩き、バイケイソウの群生地になると、**外山沢**《そとやまざわ》**ノ頭**《あたま》は近い。

　外山沢ノ頭から鞍部に向かって尾根幅がしだいに狭まる中を下り、尾根の南筋沿いに登り返す。左に小無間《しょうむげん》尾根や鋸歯《のこぎりば》が垣間見れる。ここからが急登で、ルートファインディングの難しい箇所となる。最初は苔むすゴーロ帯を標高差100mほど登り、

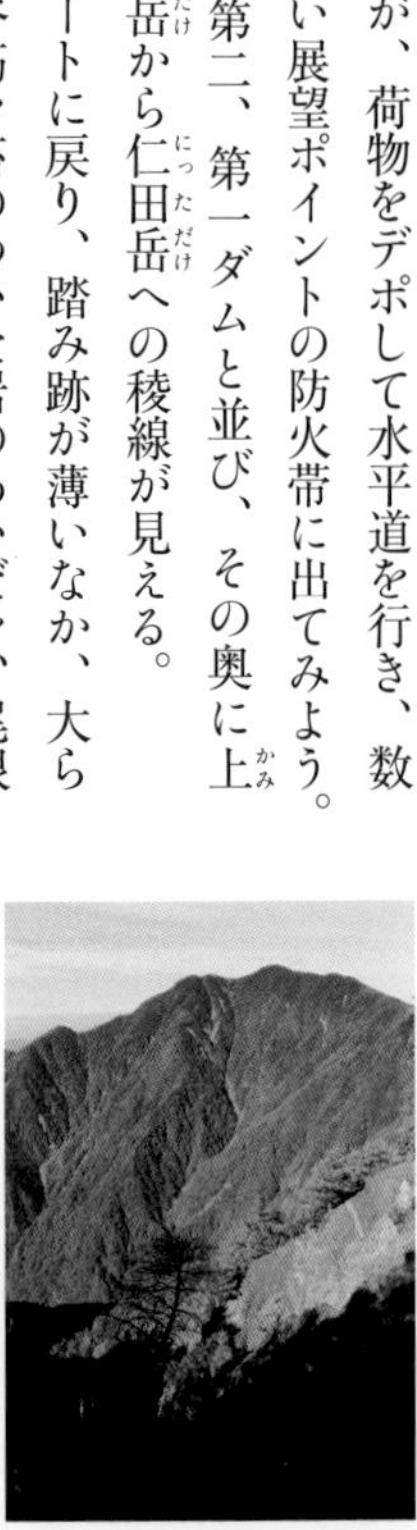
唐松谷ノ頭からはめざす大無間山が大きい

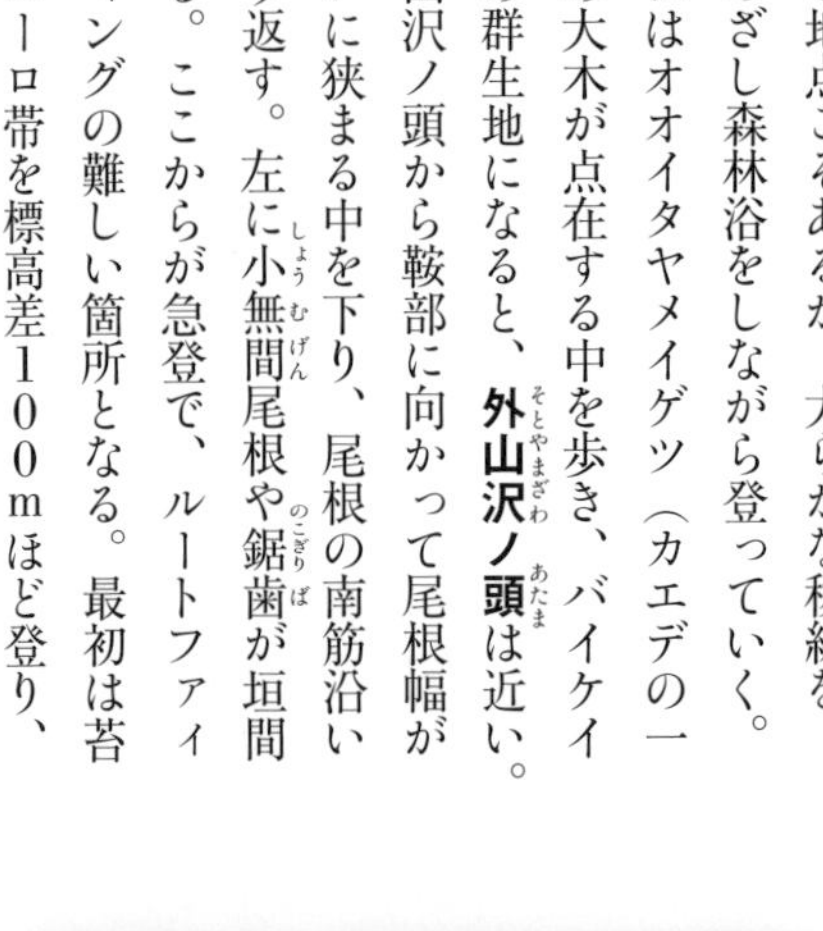
樹林に囲まれた静かな大無間山の山頂

次にほのかな谷筋の底を、地形図で示す四角形の段の角をめざして登る。最近は登山者が増えているので、踏み跡やリボンがあるかもしれない。ルートは何本かあるが、上をめざして登れば問題はない。

　肩からは、直線的で明瞭な水平尾根を南下する。周囲にはイワカガミがちらほら見えはじめる。眼前に小無間山《しょうむげんさん》への急登が確認でき、ここからが最後の踏ん張りどころ。標高差150mほどのやせた小石まじりの急登をこなせば、待望の**小無間山**山頂だ。山頂は2～3張であれば幕営できる。幕営の際は自然保護に留意すること。もし早く着ければ、大無間山山頂をめざすべきだ。

2日目

大無間山を登頂し下山

　小無間山から大無間山間は、まさにイワカガミの花園を行く天空の公園だ。唐松谷《からまつだに》ノ頭《あたま》ではじめて、大無間山の山頂部が見える。稜線から少し離れて歩き、一度崩壊地の縁に出たあと再びイワカガミの街道を進む。少し登り返すと**関《せき》ノ沢《さわ》の頭《あたま》**で、やや左に回り込み、南西に下ると大木の林立する幅広いコルになる。ここで大無間山への登り返しの尾根筋を乗り換えるので、要注意。

　再び現われるイワカガミの遊歩道を登ると小さなガレの上端に着く。この窓は前無間山《まえむげんやま》の左に、七ッ峰《ななみね》を中心とした安倍奥《あべおく》西山稜の山々を確認できる。イワカ

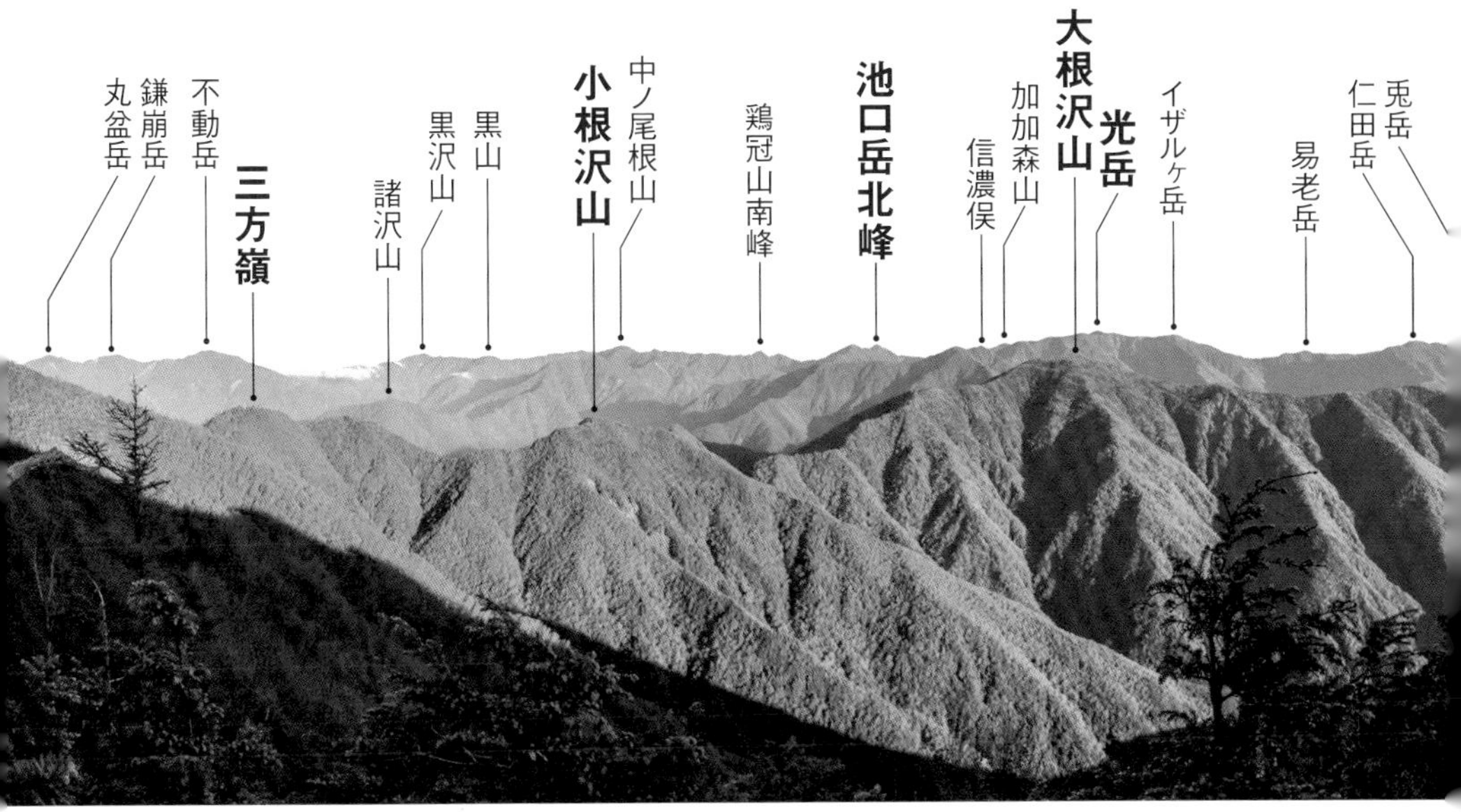

大無間山頂手前の展望台から北〜西にかけての雄大な景観

田代からのコースは鋸歯の崩壊により実質通行禁止だ

ガミの中を歩き久しぶりの岩場を登る。振り返ると小無間山と遠くに富士山《ふじさん》の展望が得られる。この先が待望の大無間山の大展望所だ。

最初の展望所は、左は大根沢山の奥に光岳、右へ視線を移せば上河内岳や聖岳《ひじりだけ》、東《ひがし》岳《だけ》の展望が広がる。その先が本命の展望所で、ここは左は丸盆岳《まるぼんだけ》からはじまる深南部の山々や南部主脈、そして間ノ岳《あいのだけ》、鳳凰《ほうおう》三山、右端は笊ヶ岳《ざるがたけ》までの180度の大パノラマが得られ、長い登りの疲れを癒やして、ゆっくり休みたい場所だ。

森に戻り、凹地を抜けてゆるやかに登り、右に寸又《すまた》峡への下山路を分けた先が**大無間山**山頂だ。展望はないが、静かな雰囲気はそれを補って余りある。山頂は広く幕営に最適。なお山頂幕営の場合、下山は暗いと山頂部凹地を通過できないので、足もとが確認できる明るさになってから行動を開始する。展望所からの朝日を浴びた南アルプスのパノラマはさらに魅力的だ。

下山は往路を忠実にたどるが、四角形の段、**外山沢ノ頭**およびその肩、標高1452m地点、**明神沢下降点**での方向確認と、鉄塔から下の急降下は充分に注意したい。

プランニング&アドバイス

田代からのルートは前述のように鋸歯が崩壊してひじょうに危険だが、ここの大きな問題は、崩壊が進行中なので、昨日通れても、極端にいえば登りで通れても下りで通れる保証がない点。他のルートは寸又峡からが危険箇所が少なく最も安全だが、一般登山者だと2泊、さらに右岸林道から水を担ぎ上げる必要がある。また主稜線に出たあと、こっぱ沢の頭から三方窪、さらに三方嶺まではルートファインディングがとくに難しい。ただ鹿の土俵場からの深南部西山稜の展望、オオイタヤメイゲツの大木、うっそうとした森、三方嶺からの光岳と池口岳の展望など、深南部の真髄ともいえる好ルートだ。

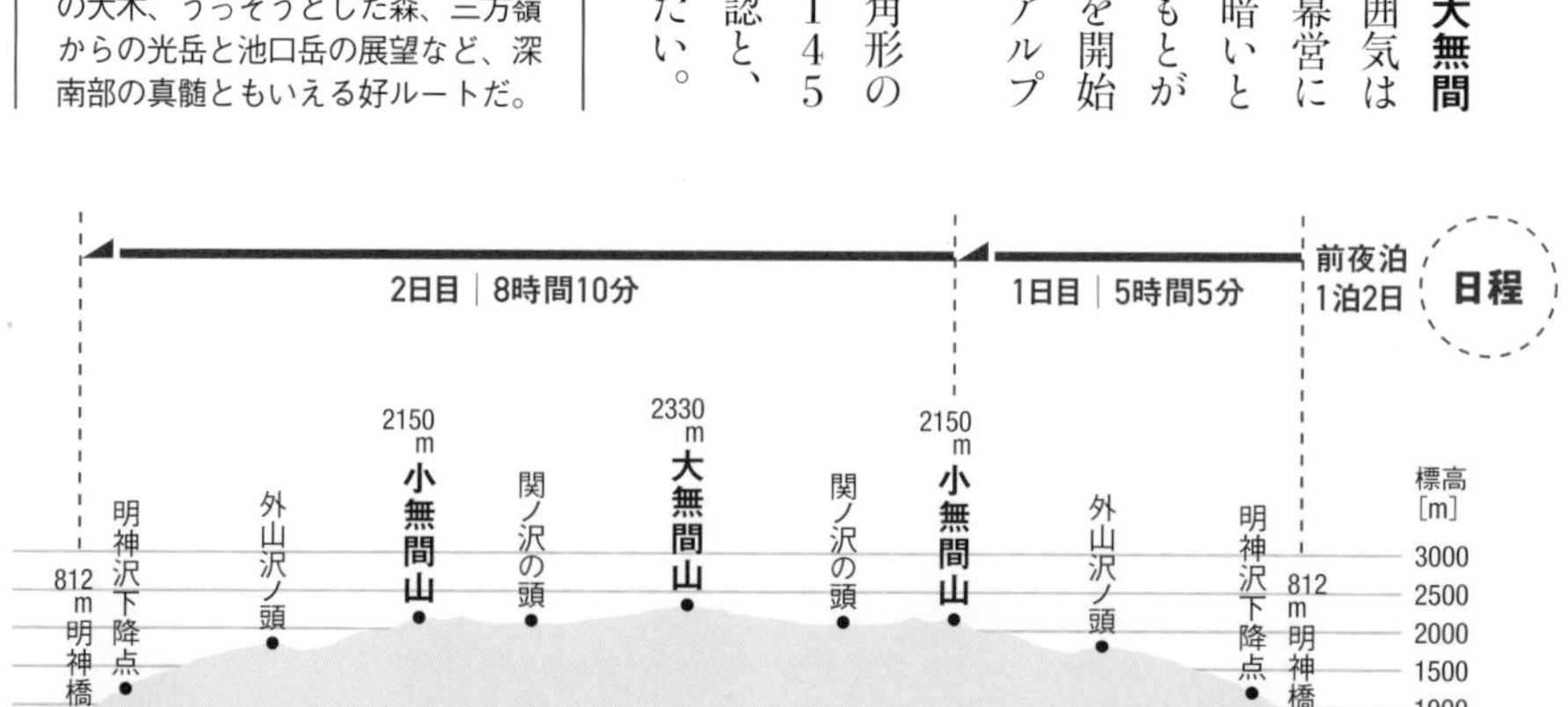

コラム10

深南部と安倍奥の山に登る

深南部《しんなんぶ》とは言い得て妙な名前だ。太平洋側に住む人々にとっては、南に行けば海に向かって高度は低くなり山は浅くなる感覚だが、深南部とは真逆の表現。しかしそこに足を踏み入れた登山者は、その命名を実感をもって納得できるだろう。深南部は標識がほとんどなく、登山道の踏み跡も薄い（あるいは全くない）、獣道のほうがよほど明瞭な稜線もある、登山者が極端に少ない山深い山域なのだ。河川でいうと寸又《すまた》川と支流の大間《おおま》川を取り囲む山々で、南アルプス主脈の最南端・光岳《てかりだけ》がその盟主である。なお、コースガイドで説明している大無間《だいむげん》山《さん》と池口岳《いけぐちだけ》も深南部の山だ。

安倍奥《あべおく》は、静岡市を流れる安倍川を取り囲むように馬蹄形に連なる山々で、白峰南《しらねなん》嶺《れい》の青薙山《あおなぎやま》からの枝尾根の先に位置し、日本三百名山の山伏《やんぶし》（標高２０１３ｍ）が盟主。市街から45㎞、ほんの１時間で最奥の登山口・梅ヶ島《うめがしま》温泉まで入ることができる静岡市民の裏庭だ。突出したピークはなく縦走を楽しむ山域で、山容は安倍川へ下る内側が途中に段（平らな場所）こそあるものの急峻で、馬蹄形外側は緩斜面の尾根筋が続く。また安倍奥は糸魚川《いといがわ》静岡構造線（フォッサマグナの西縁）の真上に位置し、各所に激しい崩壊地をもつのも特徴だ。

■深南部の山々

主な登山基地は、寸又峡《すまたきょう》温泉（川根本町《かわねほん》）とJR飯田《いいだ》線が通る山間の町・水窪《みさくぼ》（浜松《はままつ》市）。寸又峡温泉からは寸又三山とよばれる、沢口山《さわぐちやま》（１４２５ｍ）、朝日岳《あさひだけ》（１８２７ｍ）、前黒法師岳《まえくろほうしだけ》（１９４４ｍ）に、水窪からは黒法師岳《くろほうしだけ》（２０６８ｍ）や中《なか》ノ尾根《おね》山《やま》（２２９７ｍ）に登れる。

寸又三山とひとくくりにされるが、沢口山と他の2座は大きな違いがある。寸又峡温泉の背後にある沢口山は道標も完備し危険箇所も少なく、比較的手軽に登れる。しかし山は多様性に富み、やや岩っぽい尾根にツガやトウヒの大木が林立し、ヤシオツツジ類やイワカガミなどの可憐な花も随所に見られる。展望も三山随一で、真正面にガレを伴った朝日岳、右には大無間山、左には光岳を含む深南部の山々の眺望が得られる。歩き方としては、反時計回りが足の負担からしておすすめだ。

沢口山の西方にある蕎麦粒山《そばつぶやま》（１６２７ｍ）への稜線の鞍部が山犬段《やまいぬのだん》（１４０４ｍ）で、ここをベースにした高塚山《たかつかやま》（１６２１ｍ）へのハイキングは、家族連れでも深南部のエッセンスを楽しめるルートだ。とくに5月下旬には、清楚なシロヤシオとオオイタヤメイゲツの深い緑が目に焼き付く。山犬段への林道途中にある大札山《おおふだやま》（１３７４ｍ）はさらに手軽で、多種の樹木を観察でき、また希少なアカヤシオツツジの群生も楽しめる。

沢口山山頂直下にはこの山の主・ミズナラの大木があるが、2019年現在枯死の瀬戸際にある

写真・文／岸田 明

前黒法師岳は深い樹木におおわれた深南部的な雰囲気の山で、栗《くり》ノ木《き》段《だん》周辺の樹木、白《しろ》ガレの頭《あたま》周辺のイワカガミの群生、山頂部では苔むした森を楽しめる。朝日岳は三山の中で最も厳しく、山頂直前の急登は深南部でもトップクラスだろう。途中、大間ダムや深南部の稜線の展望が得られる。

水窪からは、日本三百名山の黒法師岳を含む深南部西山稜の山々へのアクセスが可能だ。黒法師岳はその中でも随一の山で、直登ルートである等高《とうこう》尾根の下降点〜山頂間のシロヤシオの密生は、日本有数だろう。入山口は戸《と》中山《ちゅうざん》林道ゲート。長い林道を歩き、登山口からは一本調子の登りになる。

（上）朝日岳は寸又三山の一峰。山頂へは厳しい登り （下）山伏山頂手前からの裾野を広げる富士の姿

高塚山への登路に咲くあざやかなシロヤシオ

ヤレヤレ平でひと息つけるが、山頂直前で再び急登になる。崖縁に群生するシロヤシオを楽しんで肩に出て、最後ガレに沿って登れば黒法師岳の山頂部だ。山頂の三角点標石が通常の＋印に対して×印なので、三角点マニアの中では有名な山となっている。時間があれば、笹原を前にした黒法師岳の美しい姿を眺められる丸盆岳《まるぼんだけ》（2066m）、また黒法師岳、丸盆岳と鎌崩《かまなぎ》ノ頭《あたま》の3座が

バラ谷ノ頭からは黒法師岳と丸盆岳、鎌崩ノ頭が並ぶ圧倒的な眺望が広がる

連なる眺望の広がるバラ谷《たに》ノ頭《あたま》（2010m）にも足をのばしたい。

中ノ尾根山は浜松市の最高峰で、これも長い林道歩きがあるが、山頂部の雰囲気は独特のものがある。すべての林道は頻繁に通行止めになるので、入山前の確認が必要。

■安倍奥の山々

安倍奥は標高の高い地点まで林道が通じ、苦労少なく展望や稜線の雰囲気が味わえる山域だ。入山口は、東山稜ではワサビ栽培発祥の地といわれる静岡市有東木《うとうぎ》の真先峠《まさき》、中央部では梅ヶ島と身延《みのぶ》を結ぶ安倍峠、西山稜は富士見峠《ふじみ》から県民の森を抜けた先の百畳峠《ひゃくじょう》だ。だが、安倍奥の多様性を楽しむにはやはり麓からの登山がおすすめで、その最右翼は日影沢《ひかげさわ》登山口からの山伏だろう。

山伏へは新田《しんでん》または赤水《あかみず》バス停が起点。西日影沢の登山口から徒渉や悪場を経て蓬峠まで登る。尾根筋にからみながら登り、稜線の道と合流して山伏山頂へ。山頂手前では裾野を広げる美しい富士山《ふじさん》が、山頂からは南アルプス南部の山々が遠望できる。山頂から新窪乗越《しんくぼのっこし》を経て大谷崩《おおやくずれ》のガレ場を下る。扇《おおぎ》の要《かなめ》を過ぎガレた沢を横断し、幸田文記念碑のある登山口に出て、あとは林道を歩く。時間に余裕があれば、新窪乗越から大谷嶺《おおやれい》（2000m）に登るのもよい。

林道の各登山口からの稜線歩きでは、西山稜では県民の森の散策、井川峠《いかわ》から安倍奥随一のブナがすばらしい深沢山《ふかさわやま》への下り。中央部では安倍峠から八紘嶺《はっこうれい》（1918m）、南にバラの段を通って奥大光山《おくおおびっかりやま》へのブナやシロヤシオを楽しみながらの縦走、あるいはオオイタヤメイゲツの茂るサカサ川のせせらぎの散策も楽しい。東山稜では真先峠から地蔵峠《じぞう》まで登り、下十枚山《しもじゅうまいさん》と十枚山（1726m）へ往復すれば、展望と豊かな樹木を楽しむことができる。

なお、安倍奥の林道も崩壊が頻発している。また東山稜は2019年の台風で大きな被害を受け通行止めの登山道も多くあるので、事前確認が必要。

雰囲気のある蓬峠

❶十枚山
❷岩岳
❸青笹山
❹真富士山
❺竜爪山
❻見月山
❼二王山
❽突先山
❾勘行峰
❿七ツ峰
⓫笹山

大谷嶺からは日本三大崩れの大谷崩越しに安倍川の谷筋の全貌が見渡せる

南アルプスや富士山の展望を手軽に楽しむ入門エリア

レンゲツツジ咲く入笠山から八ヶ岳連峰を望む（写真／中西俊明）

南アルプス前衛の山

日帰り

入笠山

スズランとアルプスの眺望が魅力のハイキングコース

山頂駅↓入笠湿原↓入笠山↓大阿原湿原↓入笠湿原↓山頂駅　3時間20分

入笠山《にゅうがさやま》は南アルプスの北端に位置し、甲《か》斐《い》駒ヶ岳《こまがたけ》や八ヶ岳《やつがたけ》連峰、中央アルプス、北アルプスの眺望がすばらしい。花の名山としても親しまれ、スズランをはじめ、レンゲツツジ、クリンソウ、ヤナギラン、サワギキョウなど初夏から初秋にかけて可憐な花が咲き乱れる。入笠山周辺には整然と並んだカラマツの美林が多く、新緑と紅葉の季節はみごとな光景が楽しめる。夏には入笠湿原のキャンプ場には若者やファミリーの姿を多い。また、紅葉の季節には入笠山周辺のカラマツがいっせいに金色に染まり、青空に映える光景が美しい。そして冬は、スキーや雪山の散策が楽しめるフィールドである。このように入笠山は新緑から冬にかけて、幅広い人々に親しまれている。ここでは、初夏から秋に運行される富《ふ》士見《じみ》パノラマリゾートのゴンドラ利用で入笠山に登るコースを紹介する。

JR富士見駅前から富士見パノラマリゾートの無料送迎バスに乗り、富士見パノラマリゾートへ。背後に八ヶ岳を見ながらゴンドラ**山頂駅**まで空中散歩を楽しもう。山頂駅から道標に導かれて、入笠湿原をめざす。カラマツの樹林帯は歩きやすく夏でも涼しい。10分ほどで**入笠湿原**の東端に出る。

入笠湿原は湿原保護のため、遊歩道が整備されている。6月が花の最盛期で、スズランやクリンソウ、ズミなどが観察できる。初秋にはマツムシソウ、サワギキョウなど

Map 16-2A　山頂駅

Map 16-4A　大阿原湿原

コースグレード	初級
技術度 ★☆☆☆☆	1
体力度 ★★☆☆☆	2

山頂への道は樹林に囲まれた急登

山頂で食べるお弁当は格別だ

入笠山山頂から夏雲湧く山麓を望む

が迎えてくれよう。正面の斜面がスズランの群生地である。

　山彦《やまびこ》荘の前から遊歩道を御所平《ごしょだいら》峠方面に向かう。道脇には色あざやかなクリンソウが咲いている。御所平峠手前の入笠花畑の斜面にも入笠山方面の道が整備されている。

御所平峠から駐車場を通り、カラマツやズミの灌木帯を登る。急坂の登山道を30分ほど登れば、さえぎるものがない**入笠山**に着く。展望盤が置かれた山頂からは八ヶ岳連峰や甲斐駒ヶ岳、中央アルプスが大パノラマである。

　展望を存分に楽しんだら、大阿原《おおあはら》湿原方面に向かう。カラマツ林を下れば大阿原湿原の林道（**首切**《くびきり》**登山口**）に出る。首切清水《しみず》の先が**大阿原湿原**で、40分で1周できる。

　大阿原湿原からは、八ヶ岳ビューポイントを経て林道を**入笠湿原**に向かう。

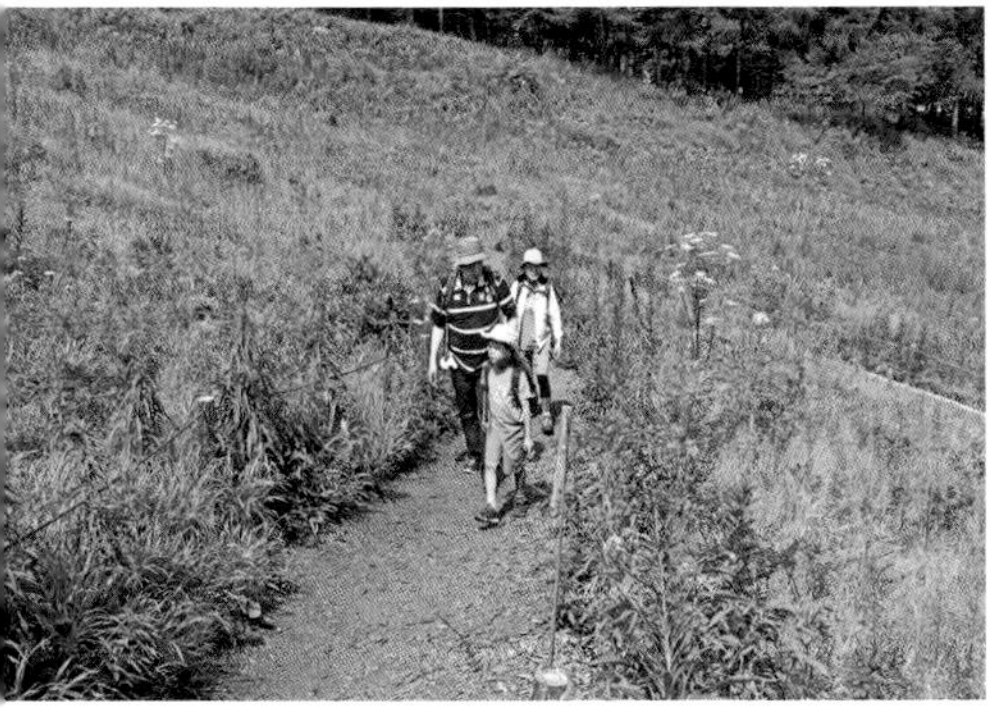

お花畑の斜面から入笠山をめざす

プランニング&アドバイス

富士見駅〜富士見パノラマリゾート間は無料送迎バス（4月下旬〜11月中旬運行、10時発の1便のみ。帰りは15時発）またはタクシーを利用する（ゴンドラを含めたアクセスの詳細はP181「登山口ガイド」参照）。ファミリーハイクは富士見パノラマリゾートから入笠山の往復だけで充分楽しめる。山頂へは御所平峠手前の入笠花畑からめざすコースもおすすめ。

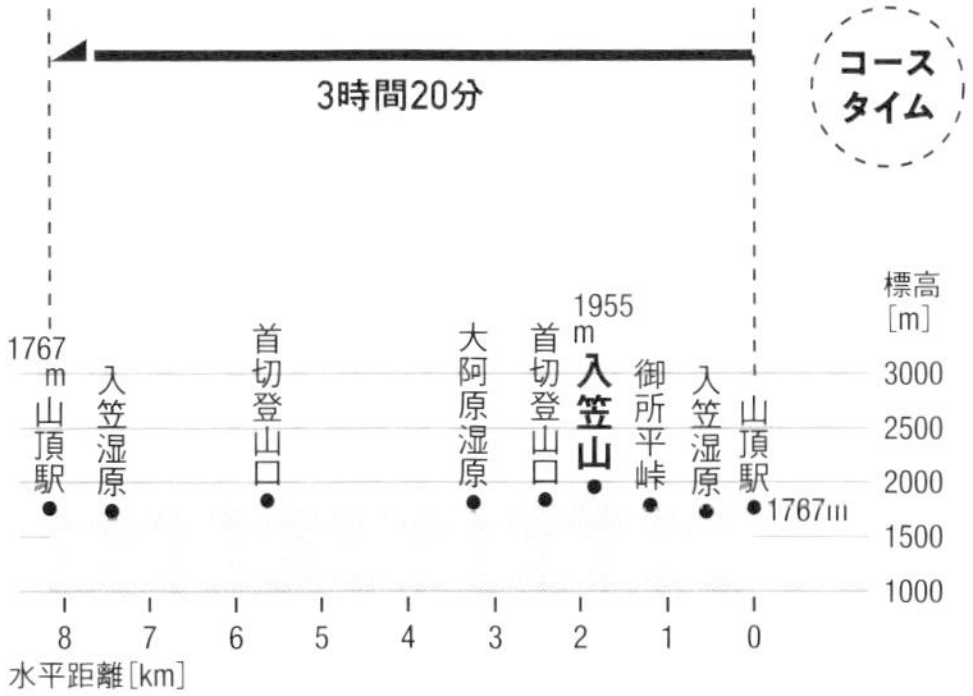

日帰り

日向山

陽光が降り注ぐ登山道を歩み、白い砂礫地と奇岩をめざす

尾白渓谷駐車場→矢立石→日向山→雁ヶ原（往復）　4時間20分

甲斐駒ヶ岳《かいこまがたけ》と同じく尾白《おじら》川の源流域にある日向山《ひなたやま》（標高1660m）は、登山初心者や家族連れでも楽しめる山梨百名山のひとつである。とくに山頂から5分ほど西側にある雁ヶ原《かりがはら》は、花崗《かこう》岩が風化した白い砂地と奇岩の風景が広がり、一見の価値がある。また天候がよければ、甲斐駒ヶ岳をはじめ南アルプス北部の峰々や八ヶ岳《やつがたけ》連峰の眺望を楽しむことができる。ここでは、尾白《おじろ(ら)》渓谷駐車場から矢立石登山口を経て日向山山頂に立ち、雁ヶ原を往復するコースを紹介しよう。

　尾白渓谷駐車場までのアクセスはマイカーがおすすめであり、公共交通機関の場合には、JR中央本線長坂《ながさか》駅などからタクシー（所要約20〜25分）を利用することになる。マイカーの場合は、中央自動車道須玉《すたま》ICから約30分で尾白渓谷駐車場へ。駐車場（約100台収容）は無料で、トイレもある。

尾白渓谷駐車場は、甲斐駒ヶ岳の黒戸《くろと》尾根コース（P42コース5参照）の登山口でもある。登山届を提出して、矢立石《やたていし》駐車場をめざそう。登山道の左側には、尾白キャンプ場があり、夏には、キャンプ者たちの楽しそうな声が聞こえてくる。

　標識を日向山方面に折れ、急坂を1時間ほど登ると**矢立石駐車場**に着く。矢立石駐車場には、10台ほどの駐車スペースがある（矢立石駐車場はスペースが狭いなどの理

Map 15-2A　尾白渓谷駐車場

Map 15-1A　雁ヶ原

コースグレード	初級
技術度 ★★☆☆☆	2
体力度 ★★☆☆☆	2

矢立石登山口。森林浴を楽しみながら山頂をめざそう

日向山山頂。展望はなく三角点が静かに佇んでいる

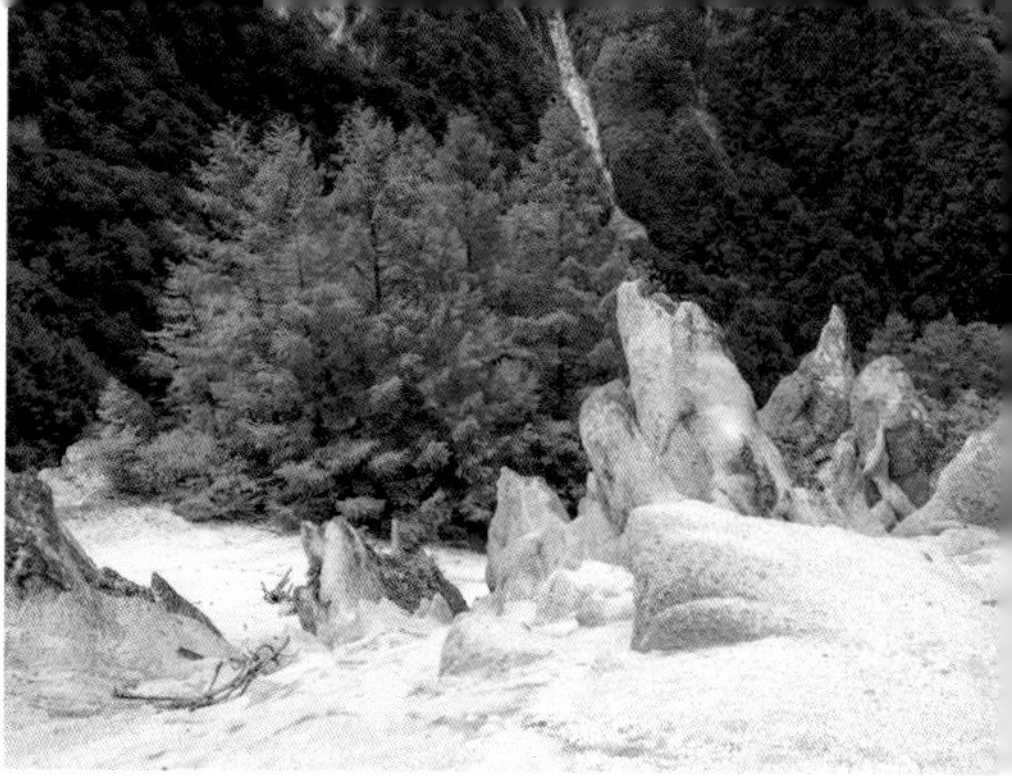

山肌にそびえ立つ奇岩群。自然の造形美を堪能しよう

由で、北杜市では尾白渓谷駐車場の利用をお願いしている）。

矢立石で小休止して、息を整えてから出発しよう。登山口から登りはじめると、炭焼き窯の跡に気づく。眺めのない登山道を、ハルゼミの合唱と小鳥たちの啼き声を聞きながら1時間半強登っていくと、**日向山**の三角点に着く。さらに5分ほど西に向かって歩くと突然視界が開け、**雁ヶ原**に到着する。周囲には白い砂地が広がっていて、まるで海岸にいるような気分になる。三角点まで展望もなくひたすら急坂を登っていたこともあって、雁ヶ原の展望はとても新鮮で、思わず歓声をあげたくなる。北東方面に名峰八ヶ岳、西側にも甲斐駒ヶ岳をはじめとする南アルプスの峰々を見ることができる。また、数多くの奇岩があり、南アルプスの薬師岳《やくしだけ》、地蔵岳《じぞうだけ》や甲斐駒ヶ岳の山頂を彷彿させる景色が広がっている。

奇岩と峰々の眺望を満喫したら、往路を戻り下山しよう。なお、本来なら雁ヶ原から錦《にしき》滝を経て矢立石に向かうことができたが、2020年4月現在崩落などにより通行止めとなっている。

雁ヶ原からの八ヶ岳。白砂と巨岩の台地に夏の日差しが当たるとまぶしい

プランニング&アドバイス

日向山のベストシーズンは、新緑と紅葉の季節である。矢立石駐車場が利用できれば、山頂まで1時間半程度で到着できる。また、尾白川渓谷では川遊びやキャンプもできる。マイカーなら時間に余裕があれば、竹宇駒ヶ岳神社や横手駒ヶ岳神社を訪れたり、尾白の森名水公園を散策するのもおすすめ。近くの温泉で登山の疲れを癒してから帰宅するのもよいだろう。

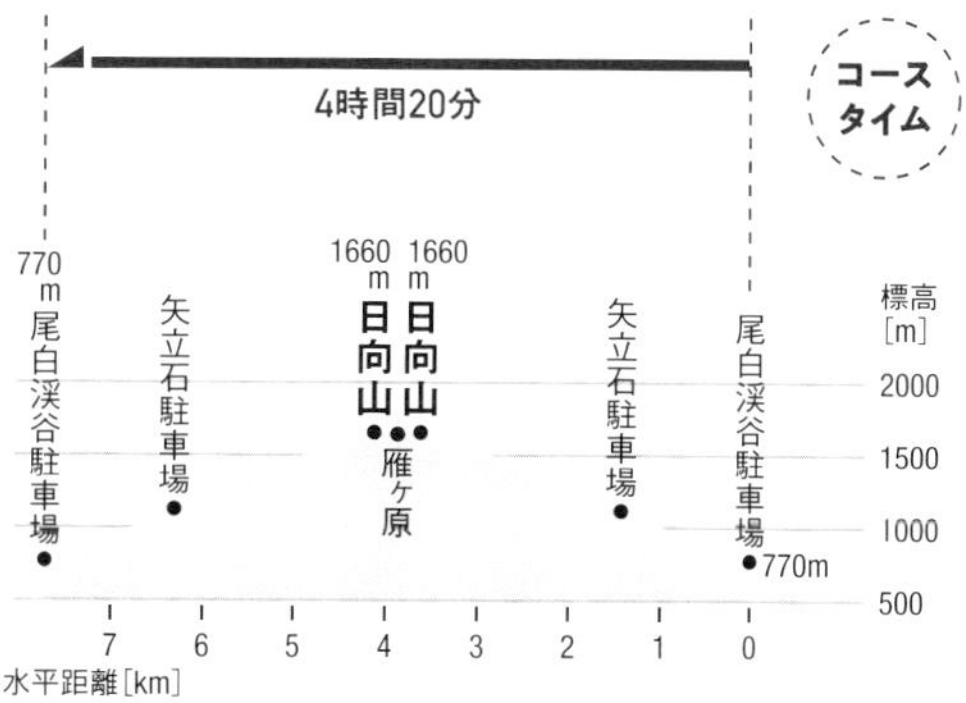

日帰り

甘利山・千頭星山

レンゲツツジと富士山の眺望を満喫するハイキングコース

広河原駐車場↓甘利山↓御所山・千頭星山分岐↓千頭星山（往復）　4時間20分

甲府《こうふ》盆地の北西側にある甘利山《あまりやま》は、鳳凰《ほうおう》三山の前衛の山で、山梨百名山に選ばれている。6月初旬から中旬にはレンゲツツジが満開になり、多くのハイカーやカメラマンでにぎわいを見せる。

ここでは、甘利山からさらに尾根づたいに進んだ千頭星山《せんとうぼしやま》まで、風薫る季節を満喫するコースを紹介しよう。起点となる**広河《ひろが》原《わら》駐車場**へはJR中央本線韮崎《にらさき》駅からタクシーでアクセスするが、マイカー利用のほうが便利だ。その際は、広河原の手前にある、近年ドラマやCM撮影のロケ地となっている椹《さわら》池に立ち寄るのもよいだろう。

駐車場（公衆トイレあり）から登山口にあるつつじ苑《えん》に向かう。つつじ苑を右に見て登山道を進む。数分でたどり着く分岐を左に折れると、あずまやが見えてくる。5月中〜下旬には、たくさんのコナシの白い花があずまやに彩りを添えてくれる。展望もよく、甲府盆地越しに富士山《ふじさん》が眺められる。

先ほどの分岐まで戻り、ダケカンバやカラマツの新緑や富士山の眺めを楽しみながら甘利山をめざす。山頂への道はアップダウンが少なく、木道も整備されて安心して歩くことができる。山頂付近では6月初旬から中旬になると、ダケカンバやカラマツの萌黄色と対照的なレンゲツツジの朱色が目立つようになり、ひときわ美しい光景が広がる。とくに山頂手前の木道では、レンゲツツジ越しに見る富士山が印象的だ。

Map 13-3D　広河原駐車場

Map 13-3C　千頭星山

コースグレード	初級
技術度 ★☆☆☆☆	1
体力度 ★★☆☆☆	2

静かな千頭星山の山頂で時間の許す限りゆっくりしていこう

5月のあずまやはコナシの甘い香りに包まれる

朝日を浴びるレンゲツツジが瑞々しい（甘利山山頂手前から）

最後に階段状の斜面を登ると**甘利山**山頂に到着する。広々とした山頂には標識が置かれ、東から奥秩父《おくちちぶ》、富士山、南アルプスや八ヶ岳《やつがたけ》の峰々が一望できる。

千頭星山方面へは、山頂から西方面に続く登山道を、白いコナシの花や新緑を愛でながら進む。やがて奥甘利山《おくあまりやま》分岐の標識が見えてくる。山頂へは数分で到着するが、展望はない。新緑と静けさ、時おり聴こえてくる小鳥たちのさえずりが魅力だろう。

登山道に戻り、先を進もう。踏み跡がしっかりついているので、迷うことはない。ハルゼミや小鳥たちの鳴き声にも耳を傾けよう。新緑に囲まれた登山道はハイカーも少なく、のんびりと散策することができる。

クマザサが生い茂る道をしばらく進むと**御所山《ごしょやま》方面と千頭星山の分岐**（大西峰《おおにしうら》）にたどり着く。この分岐を千頭星山へと向かう。クマザサ茂る道を見上げると、カラマツなどの巨木が点在していることがわかる。巨木が点在する森林の道をしばらく進み、最後に急坂をひと登りで**千頭星山**だ。山頂はカラマツの中の平坦地で、展望はない。

下山は往路を引き返す。

新緑の椹池。ここを起点に甘利山や南甘利山を周回できる

プランニング&アドバイス

甘利山のベストシーズンは、レンゲツツジが咲く6月。ただしこの時期はハイカーやアマチュアカメラマンで混雑する。避けたい場合は平日のハイキングを計画しよう。それ以外でも、新緑や紅葉の季節は、静寂な雰囲気の中、とても美しい景色を見ることができる。広河原手前の椹池にはキャンプ場があり、前泊や、ここを拠点に散策もできる。

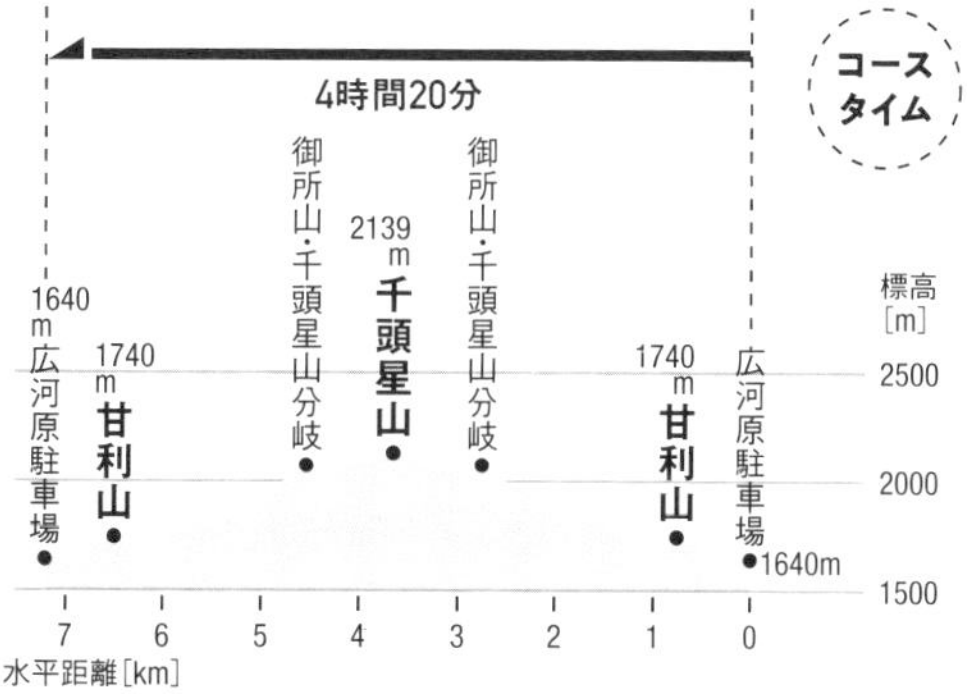

櫛形山

日帰り

和櫛のような大きな山体を甲府盆地に横たえる

池ノ茶屋林道終点↓奥仙重↓アヤメ平↓もみじ沢↓池ノ茶屋林道終点　4時間50分

櫛形山《くしがたやま》は甲府《こうふ》盆地の西に位置する、和櫛を伏せたような山容の大きな山だ。7月初旬ごろには裸山《はだかやま》やアヤメ平《だいら》に群生するアヤメが次々に咲く花の名山でもある。近年保護活動もあり、裸山の斜面にはさまざまな高山植物が咲き乱れ、訪れる者の目を楽しませてくれる。頂稜は霧に包まれることが多く、カラマツやコメツガにはサルオガセが寄生し、深山の雰囲気が漂っている。

ここでは、標高差が少ない池《いけ》ノ茶屋《ちゃや》林道終点から裸山山頂を散策し、アヤメ平から裸山のコルやもみじ沢《ざわ》、北岳《きただけ》展望デッキを散策する周回コースを紹介しよう。

登山口の池ノ茶屋の地名は、昔の峠道の池の端に茶屋があったことに由来する。**池ノ茶屋林道終点**まではマイカーを利用するか、JR甲府駅またはJR身延《みのぶ》線鰍沢《かじかざわ》口《ぐち》駅からタクシーで入る。林道終点には駐車場やトイレつきの休憩舎がある。アヤメの季節はマイカー利用の登山者が多く、週末の駐車場はいつも満車状態になる。

登山口の休憩所横から裸山をめざす。シカ除けの柵を抜けて、カラマツ林の登山道を進もう。巨木のダケカンバを見送り、櫛形山の南端に入り、傾斜がゆるくなると三角点はもうすぐだ。標高2052・2mの三角点が置かれた**奥仙重**《おくせんじゅう》（櫛形山）は、樹林に囲まれた狭い平坦地だ。三角点から少し進むと、**櫛形山山頂を示す標識**が立てられている。ここまでは小1時間の行程だ。

Map 11-4C　池ノ茶屋林道終点

Map 11-3C　裸山

コースグレード	初級	
技術度	★☆☆☆☆	1
体力度	★★☆☆☆	2

裸山に咲き乱れるアヤメ。初夏の裸山は花の宝庫

櫛形山山頂の標識。広々として小休止に適している

写真・文／伊藤哲哉

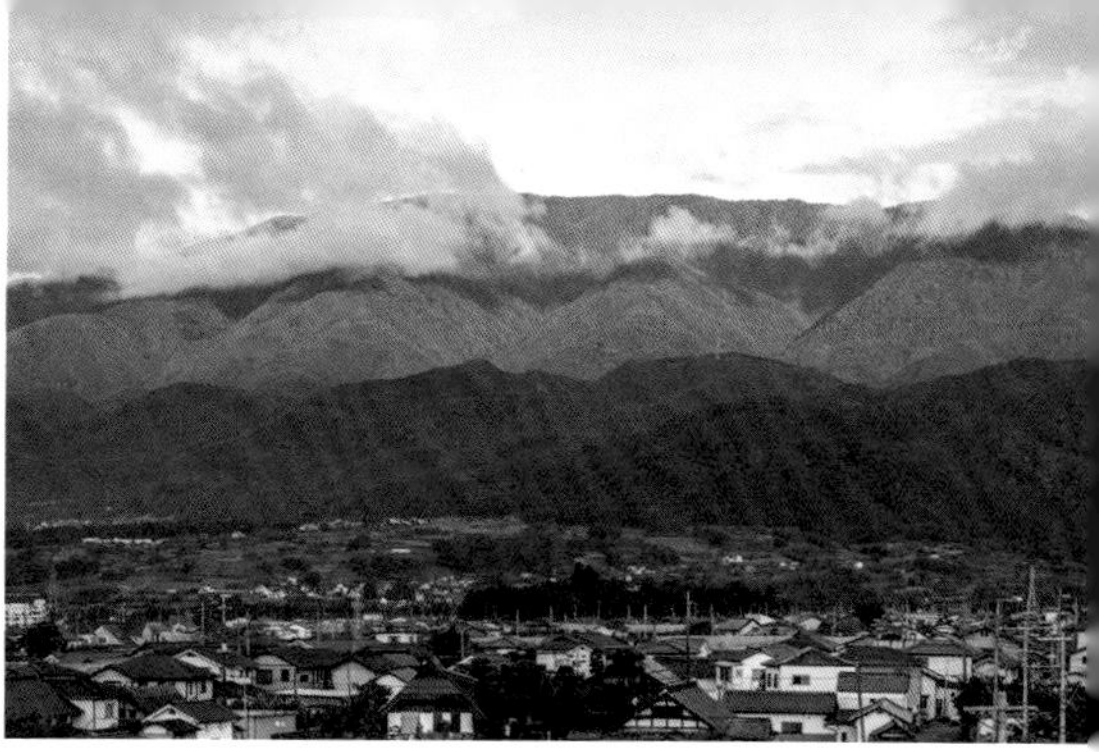

櫛形山全容。和櫛のような形をしているのがわかる

山頂で小休止後、アヤメ平へと向かう。黒木の樹林帯をゆるく下って、右にカーブすると、樹相がカラマツ林に変化する。周辺の光量が開けてくると**バラボタン平**《だいら》に着く。周辺のカラマツにはサルオガセが垂れ下がり、山深さが強く感じられる場所だ。

標識にしたがって裸山方面へと進む。バラボタン平から30分ほどで**裸山**に到着する。裸山ではその斜面に青紫色のアヤメが咲いている。7月上旬は、梅雨の最中でもあり、雨露が滴るアヤメはしっとりとしてとても美しい。裸山には、山頂を周回できるように登山道が整備され、天気がよければ白峰《しらね》三山を眺めることもできる。

裸山の斜面を下り、北に10分ほど歩けば、休憩所が建つ**アヤメ平**に着く。アヤメ平のアヤメは、近年数が少なくなってきている。

アヤメ平では、**裸山のコル**、**もみじ沢**方面に折れ、**北岳展望デッキ**まで向かおう。近年開設された道だけに、ここから**池ノ茶屋林道終点**まではバリアフリーとなっており、車イスで往来することもできる。北岳展望デッキから登山口までは30分ほど。

白峰三山や鳳凰三山の眺めが存分に楽しめる北岳展望デッキ

プランニング&アドバイス

櫛形山の登山コースは、北尾根、中尾根などいくつかあるが、本項で紹介する登山口から山頂まで標高差が最も少ない池ノ茶屋林道終点からのコースがおすすめ。行程が短く、朝に登山口を出発すれば日帰りできる。ただしアヤメのシーズンは、池ノ茶屋林道登山口の駐車場は満車になることがあり、朝の早い時間帯に駐車場に着くように計画しよう。

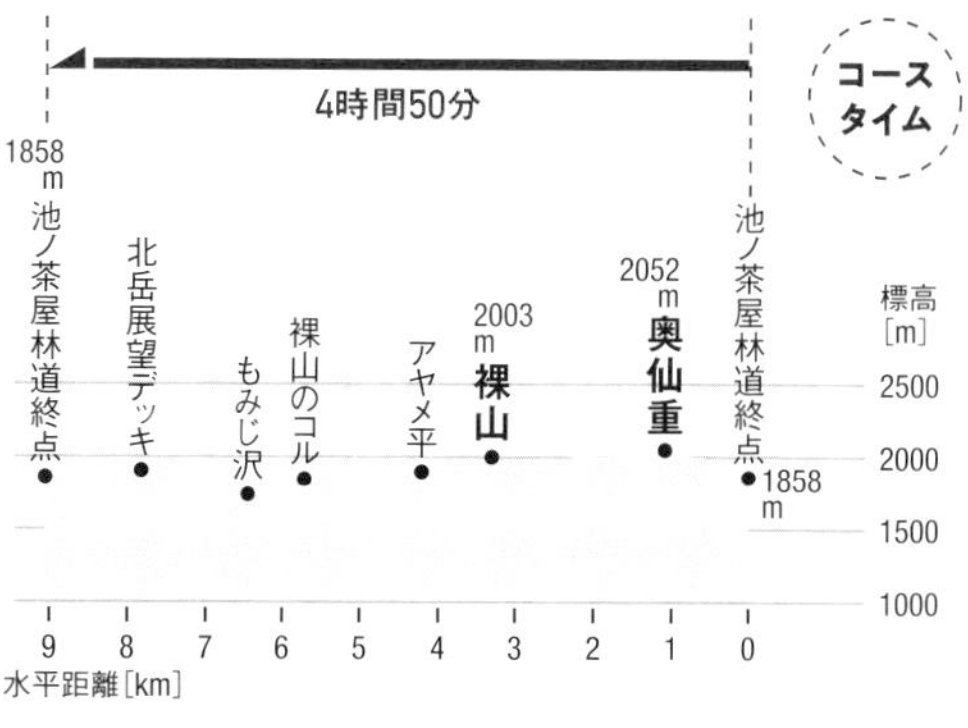

積雪期

観音岳付近から望む冬空に風吹く厳冬の北岳（写真／伊藤哲哉）

雪山の入門コース・鳳凰三山。年末年始やＧＷに開く山小屋泊で雄大な眺望を満喫する

積雪期モデルコース

鳳凰三山

夜叉神峠登山口↓南御室小屋↓観音岳↓赤抜沢ノ頭↓観音岳↓薬師岳小屋↓夜叉神峠登山口　19時間10分

積雪期の鳳凰《ほうおう》三山は、厳冬の荘厳な姿を見せる白峰《しらね》三山をはじめ、秀麗な富士山《ふじさん》など感動の光景が広がる。年末年始やゴールデンウィークには稜線の山小屋が営業しており、山小屋を利用した計画が立てられる。12月下旬から1月上旬までは比較的積雪が少なく、天候も安定しているので、短い日程で冬の鳳凰三山を存分に楽しむことができる。しかし、寒さは厳しく、とくに砂払《すなはらい》岳《だけ》から赤抜沢《あかぬけさわ》ノ頭《あたま》までの稜線では強風にさらされることもあるので、アイゼンやピッケル、防寒具など、完全な冬山装備を準備して臨むこと。

1日目 **夜叉神《やしゃじん》峠登山口**までは、マイカーの利用が便利だ。しかし、降雪状況によっては道路が封鎖されている場合もあるので、事前に調査しておく。

早朝に登山口に到着し、準備を整えて出発しよう。

うっすらと雪のついた樹林帯の登山道をジグザグに登る。降雪直後でない限り、無雪期と変わらない時間で**夜叉神峠**に着く。天気がよければ、夜叉神峠小屋前の広場から白峰三山の雪稜を眺めることができる。

小休止後、早々に出発しよう。夜叉神峠から鞍部まで下り、展望のない樹林帯を**杖《つえ》立《たて》峠**の先まで進む。山火事跡に着くと木々のあいだから白峰三山を眺めることができる。樹林帯に入り、**苺平《いちごだいら》**から南御室《みなみおむろ》小屋までの樹林帯では積雪量が増えてくる。積雪量によっては、苺平付近からラッセルを強いられることもあり、歩行時間に余裕をも

Map 11-1C 夜叉神峠登山口

Map 13-2A 赤抜沢ノ頭

●コースタイムは積雪状況により大きく変化するので、余裕ある行動を心がけたい（夏山のコースタイムの1.2〜2倍はみておく必要がある）。

コースグレード	上級
技術度	★★★★☆ 4
体力度	★★★★☆ 4

苺平で小休止をする登山者

南御室小屋では登山者を暖かく迎えてくれる

写真・文／伊藤哲哉

たせておくとよい。

苺平からの下りが終わると、**南御室小屋**が見えてくる。1日目は、スケジュールと体力に余裕をもたせ、南御室小屋に宿泊しよう。小屋の西側の平坦地はキャンプ指定地になっている。

神聖な雰囲気が漂う賽ノ河原は別世界のようだ（背後は地蔵岳・オベリスク）

2日目 朝食後、アイゼン、ピッケルや防寒具など万全の冬山装備で出発する。森林限界を超えた砂払岳からは、雄大な白峰三山と鋭い岩峰の薬師岳《やくしだけ》が望める。少し下った鞍部に**薬師岳小屋**がある。2日目はこの小屋に泊まるので、必要な荷物だけをもち、

真冬の陽光を浴びる鳳凰三山最高峰・観音岳

ご来光と霊峰富士山を眺める登山者（薬師岳山頂から）

薬師岳山頂から望む雪嶺輝く白峰三山

地蔵岳が望める赤抜沢ノ頭を往復しよう。

小屋を出て15分ほどで、平坦な薬師岳山頂に着く。西方面に斜光に輝く銀嶺の北岳《きただけ》、間《あい》ノ岳《だけ》や農鳥岳《のうとりだけ》を眺めることができ、天気がよければ、南アルプス連峰を一望できる。目を東南方面に転じれば、富士山の眺めもひときわすばらしい。

眺望を存分に楽しんだら、歩みを進めよう。この先の稜線は、烈風をまともに受ける。アイゼン、ピッケルを有効に使いながら、鳳凰三山最高峰の観音岳《かんのんだけ》をめざす。登り着いた**観音岳**山頂では、白峰三山、甲斐駒ヶ岳《かいこまがたけ》、八ヶ岳《やつがたけ》や富士山など、白銀輝く峰々の大パノラマを堪能できる。

観音岳からの眺望を充分に満喫したら、先を急ごう。観音岳

稜線のシュカブラが厳しい冬を想起させる（薬師岳付近）

ダケカンバの枝も輝き冬らしい薬師岳

からの下りは積雪量によってはアイスバーンや露岩帯をアイゼンで進むばかりか、烈風で姿勢を崩されることもあるので、歩行に注意しながら進む。また、赤抜沢ノ頭までアップダウンが続き、滑落しないように細心の注意を払いたい。**赤抜沢ノ頭**に立つと、地蔵岳《じぞうだけ》のオベリスクが正面に迫ってくる。時間があれば、賽《さい》ノ河原《かわら》に立ち寄るのもよいだろう。

　地蔵岳の眺めを楽しんだら、早めに**薬師岳小屋**に引き返す。小屋では、疲れを癒し、明日の下山に備えよう。2017年に改築された2階建ての薬師岳小屋は、部屋に陽光が差し込む設計となっており、明るく清潔感があって、一度は宿泊したい快適な山小屋だ。小屋のご主人やスタッフと、山談義をしながら時間を過ごすのも楽しい。

3日目 朝食後、薬師岳でご来光と富士山を眺めよう。西に目を転じれば、朝焼けに染まる白峰三山を眺めることができる。

　感動の眺めを存分に満喫し、早々に下山する。砂払岳を越えたら、樹林帯を**夜叉神峠**に向かう。下りでは、疲れや気のゆるみからスリップや転倒を起こしやすくなる。アイゼンを有効に使いながら、気を引き締めて**夜叉神峠登山口**へと歩みを進めよう。

観音岳山頂からの薬師岳と富士山の眺望

プランニング&アドバイス

冬の鳳凰三山は、冬山登山初心者向けコースであるが、天候によっては難所が現われる場合もある。天候と自分自身の技量・経験を充分確かめながら計画を立ててほしい。マイカーを利用しない場合、夜叉神峠登山口までタクシーで向かうことになる。例年、年末年始には夜叉神峠までの登山道の積雪量は少なく、無雪期同様のコースタイムで登ることができるが、積雪量が多いとコースタイムは大幅に異なるので、計画には余裕をもちたい。樹林帯では積雪量が多くなるが、降雪直後を除けばラッセルに苦しめられることはない。冬山の初心者は、無理せず観音岳までの往復とするのが無難だろう。

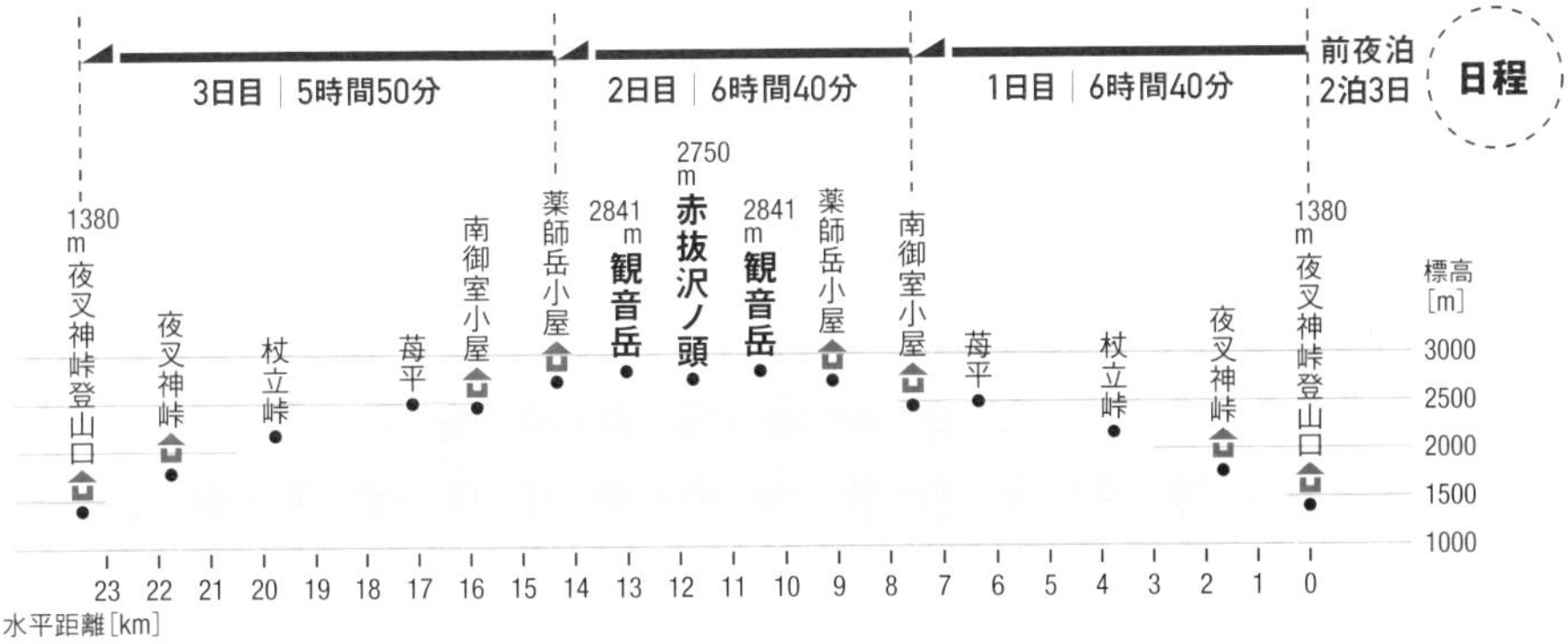

南アルプスへのアクセス

公共交通機関利用

【北部／前衛の山】 主に首都圏からの入山口となる山梨県側は、JR中央本線の甲府駅や韮崎駅、小淵沢駅、富士見駅、JR身延線の鰍沢口駅、身延駅または下部温泉駅が主な起点。JR中央本線の各駅へは新宿発の特急「あずさ」を利用するが（甲府駅へは特急「かいじ」も利用可）、甲府駅以外は通過する便もあるので注意。JR身延線の各駅へは甲府駅もしくはJR東海道本線富士駅から特急「（ワイドビュー）ふじかわ」を利用するほか、新宿からの高速バスも運行されている。名古屋・関西方面からの入山口となる長野県側はJR飯田線の伊那市駅、伊那大島駅が起点だが、新宿や名古屋からの高速バスを利用するほうが便利。また、本数こそ少ないが、大阪からの便もある。

【南部】 畑薙第一ダムや椹島、大無間山登山口など静岡県側がJR東海道新幹線静岡駅（「のぞみ」は停車しないので注意）や大井川鐵道千頭駅、奈良田や雨畑など山梨県側はJR身延線身延駅または下部温泉駅（アクセス方法は上記「北部／前衛の山」を参照のこと）、芝沢ゲートや池口岳登山口など長野県側はJR飯田線飯田駅または平岡駅（ともに東海道新幹線豊橋駅からの特急「（ワイドビュー）伊那路」が停車するほか、飯田へは新宿や名古屋、大阪からの高速バスも運行されている）が起点となる。

両エリアともに主要駅からの主な登山口への案内は、左ページの図とP176「登山口ガイド」を参照いただきたい。

アクセス図 凡例

↑鳳凰三山への青木鉱泉へはマイカーで直接アクセスできる
↓JR飯田線を走る特急「伊那路」。本数は少ないが利用価値は高い

マイカー利用

【北部／前衛の山】 山梨県側の各登山口へは、中央自動車道や中部横断自動車道を利用する。広河原方面へは中部横断道白根ICから県道20号で芦安市営駐車場へ。広河原や北沢峠への南アルプス林道はマイカー規制につき、路線バスやタクシーに乗り換える。奈良田へは中部横断道南部ICまたは同中富ICなどから県道37号経由で向かう。長野県側の各登山口へは中央自動車道でアクセスする。北沢峠へは伊那ICから国道361号などで仙流荘へ。山梨県側同様南アルプス林道のマイカー規制のため、路線バスに乗り換える。鳥倉登山口へは松川ICから鳥倉林道経由で向かう。

【南部】 静岡県側の各登山口へは新東名高速道路、山梨県側は中部横断自動車道、長野県側は中央自動車道や三遠南信自動車道を利用する。大無間山登山口や畑薙第一ダムへは新東名高速新静岡ICから県道27・60号経由、雨畑（老平）へは中部横断道南部ICまたは同中富ICなどから県道37・810号経由、芝沢ゲートや池口岳登山口へは東京方面からは中央道松川IC、名古屋・大阪方面からは中央道飯田ICから県道251号、国道474・152号などで向かう。

その他の各登山口へのアクセスはP176「登山口ガイド」を参照のこと。

走行の際は屈曲路の通過や林道での落石などに注意したい。また、山麓住民の生活道路を利用するだけに、駐車などのマナーを遵守する。

写真／伊藤哲哉（上写真）

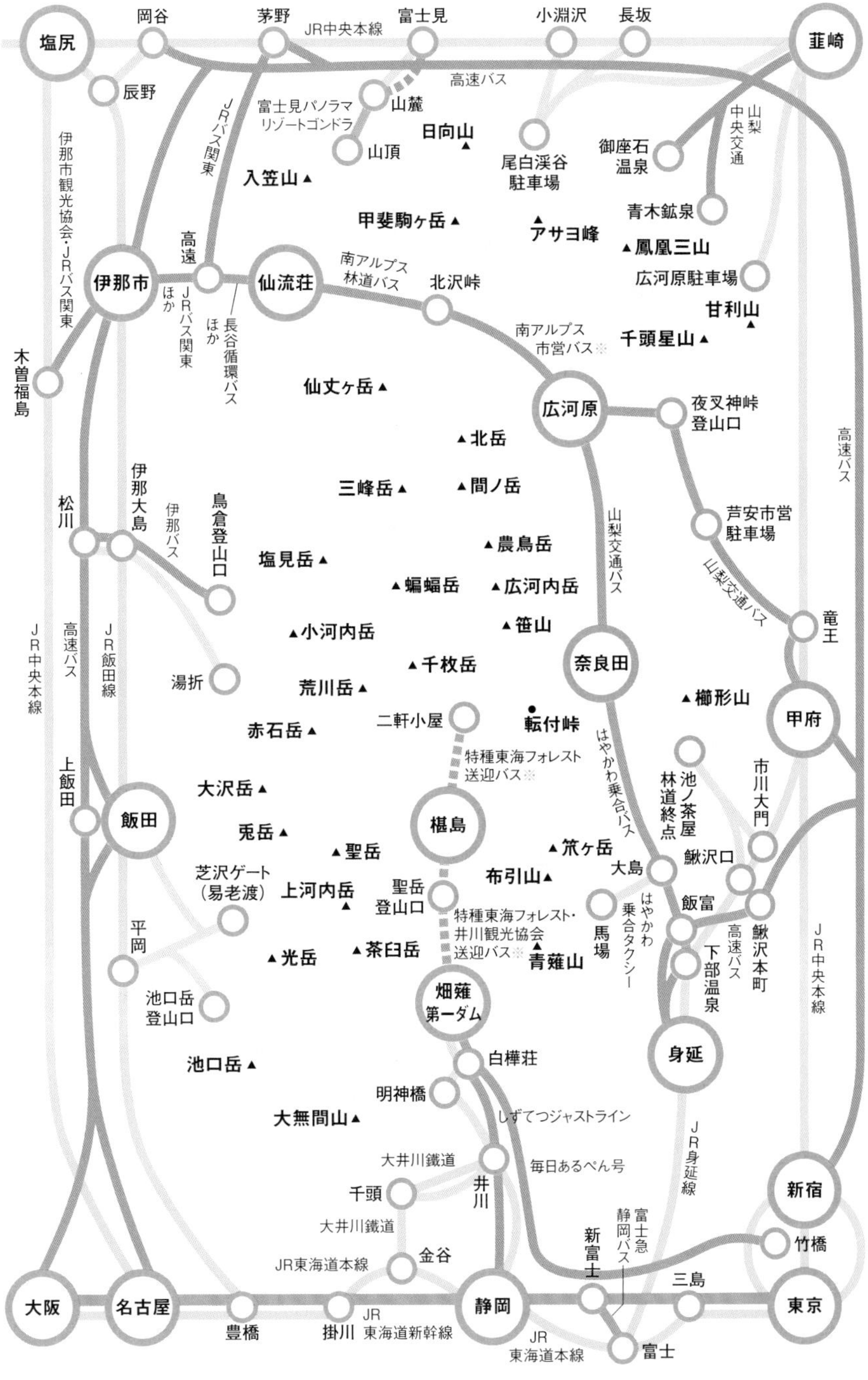

※＝2020年は運休。特種東海フォレストの畑薙第一ダム～椹島間以外は2021年以降の運行も未定。

南アルプス周辺図

辰野町
伊北IC
箕輪町
南箕輪村
木曽町
塩尻市
伊那IC
小黒川スマートIC
(小黒川PA)
宮田村
駒ヶ根IC
駒ヶ根市
伊那市
大桑村
駒ヶ岳スマートIC
(駒ヶ岳SA)
飯島町
中川村
松川IC
松川町
高森町
豊丘村
大鹿村
喬木村
飯田上久堅・喬木富田IC
飯田IC
龍江IC
原村
諏訪南IC
富士見町
小淵沢IC
南牧村
川上村
北杜市
長坂IC
須玉IC
韮崎IC
双葉JCT
双葉スマートIC
(双葉SA)
甲斐市
甲府市
山梨市
韮崎市
南アルプス市
白根IC
昭和IC
昭和町
南アルプスIC
中央市
甲府南IC
笛吹八代スマートIC
笛吹市
市川三郷町
増穂IC
富士川町
早川町
六郷IC
中富IC
富士河口湖町
入笠山
富士見パノラマ
仙流荘
甲斐駒ヶ岳
仙丈ヶ岳
アサヨ峰
鳳凰三山
北岳
間ノ岳
農鳥岳
広河内岳
塩見岳
笹山
荒川岳
赤石岳
鳥倉登山口
二軒小屋
湯折
奈良田
池ノ茶屋林道終点
夜叉神峠登山口
櫛形山
千頭星山
甘利山
広河原
青木鉱泉
御座石温泉
尾白渓谷
日向山
北沢峠

下條村
道の駅信濃路下條
泰阜村
阿南町
温田駅
池口岳登山口
道の駅遠山郷
遠山郷温泉かぐらの湯
龍泉の湯
平岡駅
熊伏山
兵越峠
天龍村
青崩峠
秋葉街道
信州街道
豊根村
大原トンネル
水窪駅
常光寺山
水窪ダム
佐久間川合IC
鳳来峡ICへ
中部天竜駅
竜頭山
下川合駅
豊橋方面
檜山
浜松市天竜区
秋葉山
秋葉ダム
光明山
浜松へ
森町
春埜山
大日山
川根温泉笹間渡駅
道の駅川根温泉
家山駅
大和田駅
島田金谷ICへ
金谷駅へ
小川路峠
御池山
芝沢ゲート
易老渡
飯田市
仁田岳
加加森山
光岳
池口岳
鶏冠山
千頭山
信濃俣
中ノ尾根山
黒沢山
諸沢山
奈良代山
不動岳
丸盆岳
前黒法師山
黒法師岳
前黒法師岳
寸又峡温泉美女づくりの湯
寸又峡温泉
沢口山
奥泉駅
長島ダム
蕎麦粒山
高塚山
京丸山
大札山
岩岳山
川根本町
道の駅奥大井音戯の郷
千頭駅
道の駅フォーレなかかわね茶茗館
無双連山
大井川鐵道
下泉駅
島田市
高根山
笹間峠
聖岳
登山口
上河内岳
茶臼岳
鳥森山
布引山
すず里の湯
馬場
青薙山
青笹山
沼平
畑薙第一ダム
赤石温泉白樺荘
明神橋
大根沢山
小無間山
大無間山
接岨峡温泉会館
朝日岳
尾盛駅
接岨峡温泉駅
井川駅
井川ダム
七ッ峰
智者山
田代温泉
笹山
山伏
大谷崩
梅ヶ島温泉
安倍峠
二王山
勘行峰
大日峠
口坂本温泉浴場
見月山
真富士山
突先山
大棚山
竜爪山
静岡市葵区
新静岡IC
静岡スマートIC（静岡SA）
藤枝市
道の駅玉露の里
藤枝岡部IC
浜松・名古屋方面
宇津ノ谷峠
道の駅宇津ノ谷
豊橋方面
新東名高速道路
東名高速道路
静岡IC
静岡駅
新静岡駅
静岡市駿河区
用宗駅
金谷方面
久能山
下部温泉早川IC
身延山
七面山
道の駅みのぶ富士川観光センター
身延町
身延駅
道の駅なんぶ
南部IC
思親山
内船駅
南部町
十枚山
篠井山
富沢IC
道の駅とみざわ
井出駅
芝川駅
道の駅富士川楽座
富士川スマートIC（富士川SA）
新清水IC
静岡市清水区
中部横断自動車道
新清水JCT
清水JCT
清水いはらIC
浜石岳
由比駅
蒲原駅
東海道本線
東海道新幹線
興津川
清水港
清水IC
清水駅
新清水駅
三保松原
駿河湾
毛無山
天子ヶ岳
道の駅朝霧高原
朝霧高原
塒塚
富士宮市
天母山
西富士宮駅
富士宮駅
新富士IC
東京方面
富士IC
富士市
富士駅
新富士駅
道の駅富士
沼津方面
片蓋山
N
0 2 10km
1:410,000

芦安《あしやす》／夜叉神峠《やしゃじんとうげ》登山口《とざんぐち》

Map 11-1 C

標高約890m（芦安市営駐車場） 約1380m（夜叉神峠登山口） 鳳凰三山方面

南アルプス市芦安地区は南ア北部の玄関口。北岳登山口の広河原（左ページ）への南アルプス林道はマイカー規制のため、ここでバスやタクシーに乗り換える。6.5km先の夜叉神峠登山口は鳳凰三山への入口で、バスが運行するほかマイカーもここまで入れる。バスは6〜11月の運行につき、積雪期登山の際はタクシーまたはマイカーでアクセスする。

↑夜叉神峠登山口バス停と駐車場

↓第4・5駐車場そばの金山沢温泉

公共交通

JR中央本線 **甲府駅**

↕ 山梨交通 1時間12分 1420円

夜叉神峠登山口 Ⓟ

マイカー

中部横断道 **白根IC**

↕ 約13km 39 107 20ほか

芦安市営駐車場 Ⓟ

↕ 約6.5km 南アルプス林道

夜叉神峠登山口 Ⓟ

●バスの運賃は別途利用者協力金200円が必要。バスは6月20日前後〜11月上旬の運行で、本数や運転日は月や曜日により異なるので山梨交通のホームページを参照のこと。芦安市営駐車場（無料）はバス停に近いところから第1〜8まであり、計600台が駐車できる。夜叉神峠登山口の駐車場は無料で約100台が停められる。芦安市営駐車場の周辺には宿泊施設の南アルプス温泉ロッジや立ち寄り入浴施設の白鳳会館と金山沢温泉、夜叉神峠登山口には宿泊施設の夜叉神ヒュッテ（旧夜叉神の森）などがある。

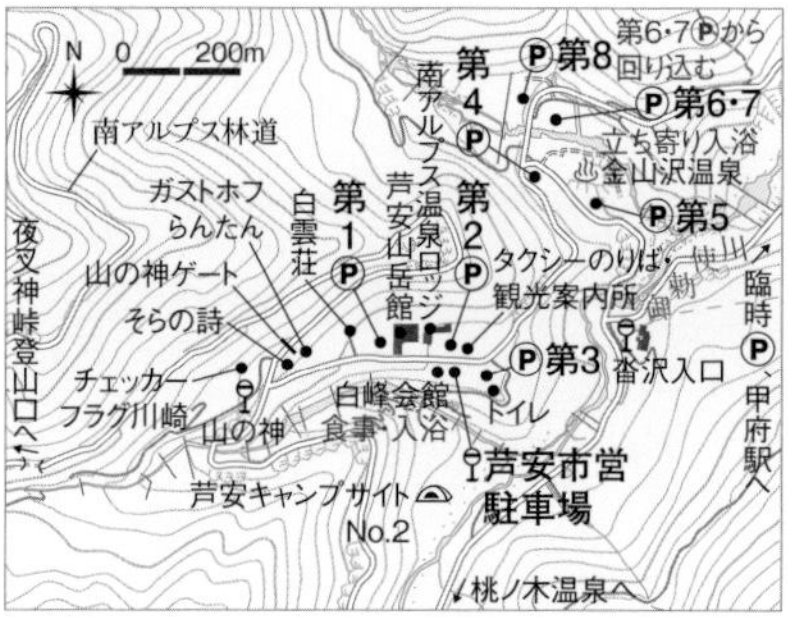

奈良田《ならだ》

標高約820m 農鳥岳、白峰南嶺方面

Map 11-4B

早川町最奥の集落・奈良田は農鳥岳や笹山、広河内岳をはじめとする白峰南嶺の登山拠点。身延からのバスが運行するほか、左ページの広河原へのバスも発着。宿泊施設もあるので前泊がベスト。

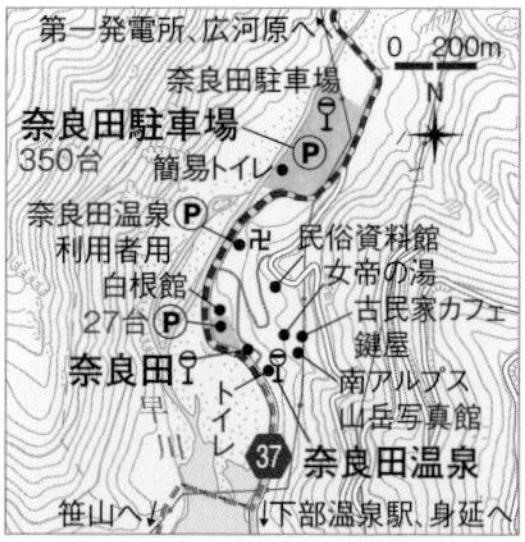

公共交通

JR身延線 **下部温泉**※1

↕ はやかわ乗合バス 1時間9分 800円

マイカー

中部横断道 **中富IC**

↕ 約40km 405 52 410 37

奈良田温泉（奈良田）※2 Ⓟ

※1 バスはJR身延線身延駅発着

※2 バス停名ははやかわ乗合バスが奈良田温泉、山梨交通バスは奈良田で、場所は隣接している

●運賃は別途手荷物料金200円が必要。バスは通年運行で1日4便（奈良田温泉発の最終便は15時55分）。タクシーは身延駅から約1時間10分・1万8000円。マイカーはバス停周辺の約380台分の無料駐車場を利用（駐車場内に広河原行きの奈良田駐車場バス停あり）。集落内にはユネスコエコパーク関係の展示を行なう古民家カフェや立ち寄り入浴施設、写真家・故白籏史朗氏の写真記念館などがある。

写真／伊藤哲哉、岸田明

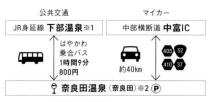

●広河原〜北沢峠間のバスは2019年の台風19号による林道の崩壊で、2020年4月現在運休中。被害が大きく、2021年以降の運行も未定。

広河原《ひろがわら》 標高約1510m　北岳、間ノ岳、鳳凰三山、早川尾根方面

Map 13-2A

広河原は北岳の登山口であり、北沢峠への南アルプス市営バスの起点である。マイカーが利用できるのは、途中の芦安と奈良田まで。以降はバスやタクシー利用となる。6〜11月には新宿からの登山者用バスが運行される（往路のみ・芦安乗り換え）。

●甲府駅からのバスの運行期間は右ページの「芦安／夜叉神峠登山口」、北沢峠からは下記「北沢峠」に準ずる。奈良田からのバスは6月20日前後〜11月上旬の運行。甲府駅と奈良田からのバスは別途利用者協力金200円が必要。

公共交通	公共交通	公共交通	マイカー
JR中央本線 **甲府駅**	**奈良田**※ Ⓟ	**北沢峠**※	**芦安市営駐車場**※ Ⓟ
山梨交通 1時間53分 1950円	山梨交通 45分 1030円	南アルプス市営 25分 1000円	山梨交通 58分 1030円
広河原			

※奈良田、芦安市営駐車場までは右ページ、北沢峠までは下記を参照

仙流荘《せんりゅうそう》 標高約865m　甲斐駒ヶ岳、仙丈ヶ岳方面

Map 14-1A

宿泊施設の仙流荘は長野県側からの甲斐駒ヶ岳や仙丈ヶ岳への登山拠点。JR伊那市駅へはJR中央本線岡谷駅で飯田線に乗り換える。

→早朝から混雑する仙流荘のバス乗り場

公共交通	マイカー
JR飯田線 **伊那市駅**	中央道 **諏訪IC**※
JRバス関東 23分 530円	約39km（20・152ほか）
高遠駅	
長谷循環バス 29分 310円	
仙流荘	**仙流荘** Ⓟ

※名古屋・関西方面からは中央道伊那ICが起点

●仙流荘へはJR中央本線茅野駅や木曽福島駅からのバスもある（いずれも7〜11月の土曜・休日と夏期の毎日運行）。また、7〜10月の特定日には東京からの登山者用バス「毎日あるぺん号」も運行（往路のみ）。マイカーの場合は仙流荘の無料駐車場（約400台）を利用する。仙流荘は宿泊のほか立ち寄り入浴や食事ができる。

北沢峠《きたざわとうげ》 標高約2030m　甲斐駒ヶ岳、仙丈ヶ岳、早川尾根方面

Map 14-4C

甲斐駒ヶ岳や仙丈ヶ岳への登山口で、山梨県側、長野県側それぞれから登山者用バスが運行。バス停前に山小屋の北沢峠こもれび山荘が建っているので、宿泊して甲斐駒と仙丈の両方を登ることも可能。

→登山者でにぎわいを見せるバス停前

●マイカー規制のため、バスのみでのアクセスとなる（タクシーも不可）。広河原からの南アルプス市営バスは6月中旬〜11月上旬、仙流荘からの南アルプス林道バスは6月中旬〜11月中旬の運行で、月や曜日によりダイヤが変わる。最終バスは広河原、仙流荘行きともに16時発（広河原行きの一部期間は15時30分発）。

公共交通	公共交通
広河原	**仙流荘**
南アルプス市営 25分 1000円※	南アルプス林道バス 55分 1370円※
北沢峠	

※運賃は手荷物料金を含んでいる

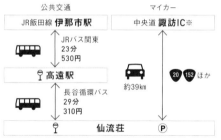

尾白渓谷駐車場《おじろ(ら)けいこくちゅうしゃじょう》 標高約770m 甲斐駒ヶ岳、日向山方面

Map 15-2A

甲斐駒ヶ岳・黒戸尾根や日向山への登山口。JR中央本線の長坂駅か小淵沢駅からタクシーを利用する。周辺はキャンプ場が多い。

公共交通
JR中央本線 **長坂駅**
TAXI タクシー 約20分 約3900円
尾白渓谷駐車場 Ⓟ

マイカー
中央道 **長坂IC**
32 606 20 614 ほか
約13km
尾白渓谷駐車場 Ⓟ

※日向山最寄りの矢立石駐車場（約10台）へは長坂駅からタクシー約30分・約4500円。長坂ICから尾白川林道経由約20km。ただし北杜市では尾白渓谷駐車場の利用をお願いしている

→尾白渓谷駐車場。約100台収容でトイレもある

●長坂駅には特急「あずさ」は停車しないので、特急利用の場合は小淵沢駅からタクシーを利用する（約25分・約4000円）。駐車場へは、6～10月の特定日に東京からの登山者用バス「毎日あるぺん号」が運行（往路のみ）され、早朝から登山に臨める。

青木鉱泉《あおきこうせん》 標高約1095m 鳳凰三山方面

Map 13-2C

鳳凰三山のドンドコ沢コース、中道への登山口。バスは右の御座石温泉を参照。駐車場(約100台)は有料(1日750円・宿泊者無料)。約3km先の中道登山口にも駐車スペースあり。

公共交通
JR中央本線 **韮崎駅**
山梨中央交通 **55分** **1800円**
青木鉱泉 Ⓟ

マイカー
中央道 **須玉IC**
141 611 20 小武川林道 ほか
約19km
青木鉱泉 Ⓟ

御座石温泉《ございしおんせん》 標高約1075m 鳳凰三山方面

Map 13-1C

燕頭山を経て鳳凰小屋へいたるコースの登山口。韮崎からのバスはGWや夏山シーズンの毎日、秋の土～月曜を中心に運行。駐車場（約50台）は無料でトイレもある。

公共交通
JR中央本線 **韮崎駅**
山梨中央交通 **40分** **1800円**
御座石温泉 Ⓟ

マイカー
中央道 **須玉IC**
141 611 20 小武川林道 ほか
約18km
御座石温泉 Ⓟ

鳥倉登山口《とりくらとざんぐち》 標高約1780m 塩見岳、小河内岳方面

Map 8-1A

塩見岳の鳥倉登山口へは夏山シーズンに限り、1日2便のバスが運行。マイカーは登山口約2.5km手前の駐車場（約40台）に停める。

公共交通
中央道 **松川インター※**
伊那バス **2時間** **2660円**（荷物料込み）
鳥倉登山口 Ⓟ

マイカー
中央道 **松川IC**
59 22 152 鳥倉林道 ほか
約36km
越路（**鳥倉林道ゲート**Ⓟ）
徒歩 **約50分**
鳥倉登山口 Ⓟ

※バスはJR飯田線伊那大島駅にも立ち寄る

→鳥倉林道ゲートの駐車場。休日は早朝から満車になる

●東京、名古屋方面からは高速バスで松川インターへ行くほうが便数が多い。登山口へのバスは7月中旬～8月下旬の運行。タクシーは伊那大島駅から約1時間10分・約1万2000円。ほかに東京から登山者用バス「毎日あるぺん号」が運行され（往路のみ）、直行便ではないが、伊那大島駅でタクシーとの接続プランあり。

芝沢《しばさわ》ゲート 標高約715m　光岳、聖岳方面

Map 2-1C

芝沢ゲートは、聖岳や光岳への長野県側の登山口。以前はその先の易老渡や便ヶ島まで車で入れたが、市道142号の崩壊により2020年4月現在徒歩でのアプローチとなる（易老渡へ1時間10分）。

→芝沢ゲート手前の駐車場。ここまでの運転に注意

●平岡駅は特急「伊那路」をはじめ全列車が停車する。タクシー利用の場合、下山時は前もって予約をしておきたい。マイカーの場合、芝沢ゲートには30台以上が停められる駐車場があるが、ハイシーズンは早朝から満車になる。その際は1.2km手前の北又渡の駐車スペース（約10台）を利用する（芝沢ゲートへ徒歩20分）。

公共交通：JR飯田線 **平岡駅**
TAXI　タクシー　約1時間10分　約1万4000円

マイカー：中央道 **松川IC※**
約58km　18・251・474・152 赤石林道・市道南信濃線ほか

芝沢ゲート Ⓟ

※名古屋・関西方面からは中央道飯田ICが起点

雨《あめ》畑《はた》馬《ばん》場《ば》 標高約460m　布引山、笊ヶ岳方面

Map 6-4B

早川町馬場集落は、布引山や笊ヶ岳への山梨県側の登山口。乗合タクシー利用すれば、静岡県側の椹島へ抜けるプランも楽しめる。

公共交通：JR身延線 **下部温泉駅※**
はやかわ乗合バス　29分　400円
大島
TAXI　乗合タクシー　10分　200円
馬場

マイカー：中部横断道 **中富IC**
約21km　405・52・410・37・810ほか
老平 Ⓟ

※バスはJR身延線身延駅発着

→馬場停留所。そばにトイレと宿泊施設のヴィラ雨畑がある

●乗合バスは別途荷物料200円が必要。身延へは新宿からの高速バスも運行（乗合バスに乗り換えるには飯富で下車）。大島から馬場への乗合タクシーは1日4便の運行で、乗車の際は前日の19時までに角瀬タクシー（P196参照）へ要予約。マイカーは馬場から約700m先の老平集落内に登山者用駐車場（約5台）がある。

池口岳《いけぐちだけ》登山口《とざんぐち》 標高約1060m　池口岳方面

Map 2-4A

池口岳の登山口へは、国道152号旧道・旧南信濃村大島集落から上がっていく。登山口の周辺に約5台分の駐車スペースのほか、トイレや登山届ポスト、避難小屋がある。

公共交通：JR飯田線 **平岡駅**
TAXI　タクシー　約40分　約7000円

マイカー：中央道 **松川IC※**
約51km　18・251・474・152 林道池口線ほか

池口岳登山口 Ⓟ

※名古屋・関西方面からは中央道飯田ICが起点

湯折《ゆおれ》 標高約1020m　赤石岳、荒川三山方面

Map 7-3D

バリエーションルートとなる小渋川遡行の拠点・湯折へはバスがないため、マイカー（ゲート前に約5台分の駐車スペースあり）もしくはタクシー利用となる。

公共交通：JR飯田線 **伊那大島駅**
TAXI　タクシー　約1時間　約1万円

マイカー：中央道 **松川IC**
約30km　59・22・152・253ほか

湯折 Ⓟ

畑薙第一《はたなぎだいいち》ダム・沼平《ぬまだいら》・聖岳《ひじりだけ》登山口《とざんぐち》・椹島《さわらじま》・二軒小屋《にけんごや》

Map 1·3·5·8

標高　約940m（畑薙第一ダム）　約945m（沼平）　約1140m（聖岳登山口）　約1120m（椹島）　約1380m（二軒小屋）
茶臼岳、上河内岳、光岳、聖岳、赤石岳、東岳（悪沢岳）、蝙蝠岳、青薙山、笊ヶ岳方面

南アルプス南部最大の登山基地・椹島へは、畑薙第一ダムが中継基地。静岡駅からのしずてつジャストラインは夏期のみの運行。マイカーの場合、畑薙第一ダム手前の夏期臨時駐車場、畑薙第一ダム、その先の沼平に駐車場がある。畑薙第一ダムから椹島方面へは登山者用の無料送迎バスが運行されているが、乗車には宿泊施設利用などの条件があるので注意。

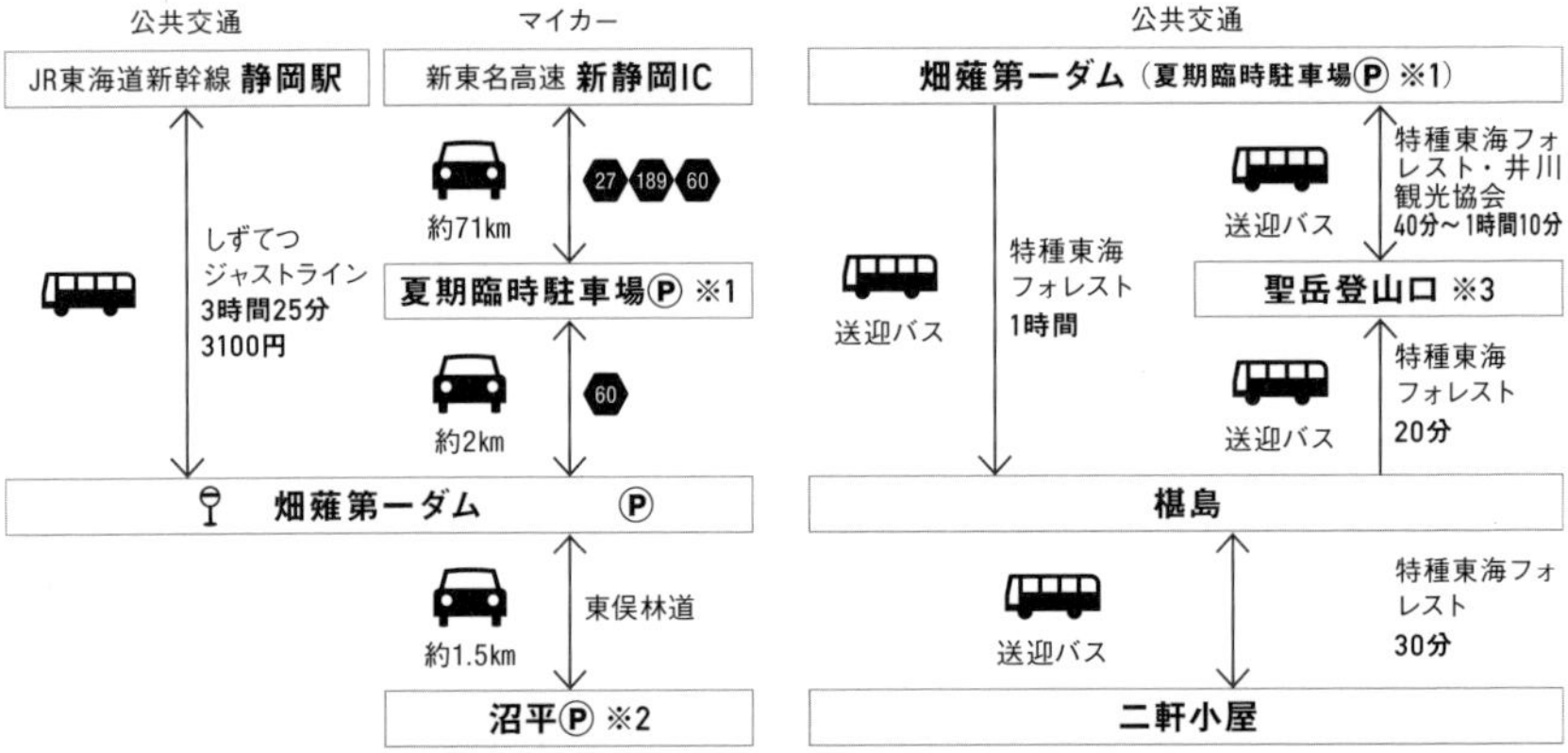

※1　7月中旬～10月中旬は特種東海フォレストの送迎バスはここから発着
※2　特種東海フォレスト、井川観光協会の送迎バスのいずれも通過
※3　特種東海フォレストの送迎バスは往路は通過。復路は条件つきで乗降可（井川観光協会の送迎バスは聖岳登山口発着）

●静岡駅～畑薙第一ダム間のバスは7月中旬～8月31日の運行（1往復・要予約）。畑薙第一ダムへは東京からの登山者用直行バス「毎日あるぺん号」も運行。畑薙第一ダムからは特種東海フォレストの無料送迎バス（5月～11月上旬運行）を利用する。利用条件は、同社運営の宿泊施設のいずれか1ヵ所以上に宿泊（素泊まり可）する場合のみで、テント泊のみの場合は利用不可。原則予約制だが、7月中旬～10月中旬の10人未満の場合は予約不要。入山時は宿泊の前金として、乗車の際に宿泊施設利用券（3000円）を購入。この券は同社の施設で宿泊代金の一部として利用できる。下山時は、宿泊施設の領収書が必要。受付で領収書を提示のうえ、整理券を受け取ってバスに乗車する。臨時駐車場~聖岳登山口間は、井川観光協会の無料送迎バスも運行（7月中旬～9月下旬運行・同観光協会管理の山小屋に宿泊するなど乗車条件あり）。

←夏期臨時駐車場横のバス停。登山届が提出できる

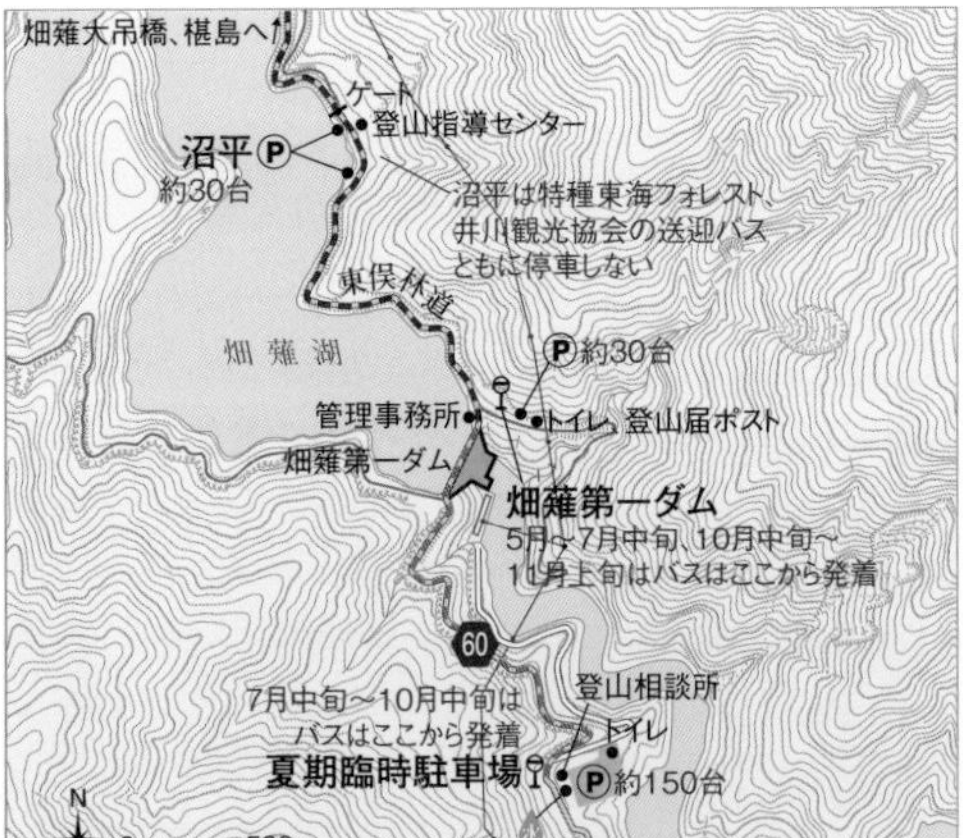

●特種東海フォレスト送迎バスの畑薙第一ダム～椹島～二軒小屋間と井川観光協会の送迎バスは、2020年は運行しない。また特種東海フォレストの畑薙第一ダム～椹島間以外は、翌年以降の運行も未定。

明神橋《みょうじんばし》 標高約810m 大無間山方面

Map 1-1C

県道60号上にある大無間山への登山口だが、バス停や駐車場はなく、約2km先にある宿泊施設の赤石温泉白樺荘が実質的な起点となる。前泊して、早朝から登山に臨むのがベストだ。

●井川地区自主運行バスは地元住民優先で定員9人超過の場合は乗車できない（大型ザックの持ち込みも不可）。また、午前中の便は白樺荘に11時台に着く便のみなので、登山には利用しづらい。白樺荘は東京からの登山者用直行バス「毎日あるぺん号」（運行日注意）も停車する。マイカーの場合は白樺荘の無料駐車場を利用する。

公共交通
- JR東海道新幹線 **静岡駅**
- ↕ しずてつジャストライン1時間16分 1170円
- **横沢**
- ↕ 井川地区自主運行バス 2時間6分 1220円
- **白樺荘** Ⓟ

マイカー
- 新東名高速 **新静岡IC**
- ↕ 27 189 60 約68km
- **白樺荘** Ⓟ

↕ 徒歩 約30分

明神橋

富士見《ふじみ》パノラマ山頂駅《さんちょうえき》 標高約1770m 入笠山方面

Map 16-2A

入笠山へは、富士見パノラマリゾートのゴンドラ（4月下旬〜11月中旬運行）を利用して登山口の山頂駅へ。日帰り登山者が大半だが、駅の周辺には宿泊施設もある（P190「山小屋ガイド」参照）。

●無料送迎バスは富士見駅10時、山麓駅発15時の1便ずつ。往路か復路のどちらかをタクシー利用（富士見駅から約10分・約1900円）すれば、山中での行動時間に余裕が持てる。マイカーの場合は、山麓駅前に約2000台収容の大駐車場がある。山頂部へは植生保護のため、マイカー規制が敷かれている（沢入登山口〜入笠花畑間約7km・4月下旬〜11月中旬の8〜15時の実施）。

→ゴンドラは8時30分〜16時30分運行（変動あり）

公共交通
- JR中央本線 **富士見駅**
- ↕ 送迎バス パノラマリゾート 10分 無料
- **山麓駅** Ⓟ

マイカー
- 中央道 **諏訪南IC**
- ↕ 90 20 ほか 約5km
- **山麓駅** Ⓟ

↕ パノラマリゾートゴンドラ 約10分 1100円

山頂駅

広河原駐車場《ひろがわらちゅうしゃじょう》 標高約1640m 甘利山方面

Map 13-3D

広河原駐車場は甘利山の登山口。広い駐車場があるが、レンゲツツジの季節には早朝から満車になる。その際は一段下の椹池畔の駐車場に車を停めて徒歩で広河原へ（約1時間）。

公共交通
- JR中央本線 **韮崎駅**
- ↕ TAXI タクシー 約35分 約6000円
- **広河原駐車場** Ⓟ

マイカー
- 中央道 **韮崎IC**
- ↕ 27 613 ほか 約18km
- **広河原駐車場** Ⓟ

池《いけ》ノ茶屋《ちゃや》林道終点《りんどうしゅうてん》 標高約1860m 櫛形山方面

Map 11-4C

櫛形山山頂へ最短時間で登れる登山口。約20台分の駐車場とトイレ、大きな案内図がある。タクシーでアクセスする場合は、JR身延線の市川大門駅か鰍沢口駅から乗車する。

公共交通
- JR身延線 **鰍沢口駅**
- ↕ TAXI タクシー 約1時間 約8000円
- **池ノ茶屋林道終点** Ⓟ

マイカー
- 中部横断道 **増穂IC**
- ↕ 413 丸山林道 池ノ茶屋林道 ほか 約21km
- **池ノ茶屋林道終点** Ⓟ

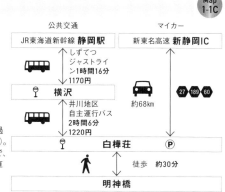

南アルプスの山小屋ガイド

＊山小屋の宿泊は基本的に予約が必要です。
＊掲載の営業期間や宿泊料金などの情報は、2020年4月時点のものです。発行後に変更になることがあります。予約時に各山小屋・宿泊施設へご確認ください。
＊宿泊料金等の消費税表示（税込み・税別）は、山小屋・宿泊施設によって異なります。予約時に併せてご確認ください。
＊キャンプ指定地の飲料水については各山小屋へお問合せください。指定地以外でのキャンプは禁止されています。

写真／伊藤哲哉・岸田 明

南《みなみ》アルプス市《し》広河原《ひろがわら》山荘《さんそう》

北岳　Map 13-2A

連絡先 TEL 055-283-2889（FAX兼）　**現地** TEL 090-2677-0828

野呂川右岸標高1530m、バス停から野呂川の吊橋を渡ったところにあり、北岳登山のベースとなる山小屋　①〒400-0303山梨県南アルプス市上今井1022-5　塩沢顯慈　②80人　③6月中旬～11月上旬　④9000円　素6000円　⑤100張　利用料1人800円　⑥あり　⑦現地電話へ要予約　期間外一部開放　2021年に野呂川広河原インフォメーションセンター横へ移築予定

南《みなみ》アルプス市《し》両俣《りょうまた》小屋《ごや》

北岳・仙塩尾根　Map 12-3C

連絡先 TEL 055-288-2146（FAX兼）
現地 TEL 090-4529-4947（北岳山荘）

野呂川上流左俣出合下流350m、標高2000m　①〒400-0241山梨県南アルプス市芦安芦倉988　星美知子　②30人　③6月中旬～10月末　④9000円　素5200円　⑤40張　利用料1人600円　⑥あり　⑦20人以上は1週間前に要予約、15時までに到着のこと　期間外閉鎖

南《みなみ》アルプス市《し》白根《しらね》御池《おいけ》小屋《ごや》

北岳　Map 12-3D

連絡先 TEL 090-3201-7683

北岳登山コース上の白根御池畔、標高2200m　①〒400-0241　山梨県南アルプス市芦安芦倉1578　②120人　③6月中旬～11月上旬　④9500円　素6500円　⑤40張　利用料1人800円　⑥なし　⑦要予約　期間外一部開放

北岳肩《きただけかた》の小屋《こや》

北岳　Map 12-3D

連絡先 TEL 055-288-2421　**現地** TEL 090-4606-0068

北岳山頂直下標高3000mの北岳に最も近い位置にある山小屋　①〒400-0241山梨県南アルプス市芦安芦倉643　森本茂　②150人　③6月下旬～11月上旬　④9500円　素6500円　⑤50張　利用料1人700円（2019年）　⑥あり　⑦要予約　期間外一部開放　FAX 055-288-2433

南《みなみ》アルプス市《し》山梨県《やまなしけん》北岳《きただけ》山荘《さんそう》

北岳 Map 12-4D

連絡先 TEL 055-282-6294　現地 TEL 090-4529-4947

北岳・中白峰鞍部、標高2900mに建つ鉄筋2階建ての山小屋　①〒400-0395山梨県南アルプス市小笠原376　南アルプス市役所観光商工課　②150人　③6月下旬～11月上旬　④9900円　素7000円　⑤50張　利用料1人1000円　⑥なし　⑦予約希望　期間外一部開放　7～9月は夏山診療所開設　FAX 055-282-6279

農鳥《のうとり》小屋《ごや》

白峰三山 Map 10-1D

連絡先 TEL 0556-48-2533　現地 TEL 090-7826-5663

間ノ岳・西農鳥岳鞍部、標高2800mに建つ　①〒409-2701山梨県南巨摩郡早川町奈良田335　深沢糾　②120人　③7月上旬～10月体育の日　④8000円～　素5500円　⑤50張　利用料1人1000円　⑥なし　⑦予約希望　期間外一部開放（積雪時使用不可）

大門沢《だいもんさわ》小屋《ごや》

白峰三山・白峰南嶺 Map 10-3D

連絡先 TEL 0556-48-2648（FAX兼）　**現地 TEL 090-7635-4244**

広河内沢上流大ヨモギ沢出合、標高1800m。右岸の高台にあり、正面に富士山を望む　①〒409-2701山梨県南巨摩郡早川町奈良田354　深沢文彦　②100人　③7月上旬～10月中旬　④8000円　素5000円　⑤50張　利用料1人500円　⑥あり　⑦予約希望　団体は要予約　期間外一部開放　温水シャワーあり（有料）

北沢峠《きたざわとうげ》こもれび山荘《さんそう》

甲斐駒ヶ岳・仙丈ヶ岳 Map 14-4C

連絡先 TEL 0265-94-6001
現地 TEL 080-8760-4367（8時30分～17時30分）

標高2036m、北沢峠のバス停前にある。旧長衛荘　①〒396-0214長野県伊那市高遠町勝間217　伊那市観光㈱　②110人　③4月下旬～11月初旬、年末年始　④9500円～　素6000円～　⑤なし　⑥あり　⑦現地電話へ要予約　期間外閉鎖　FAX 0265-94-5901

南《みなみ》アルプス市《し》長衛《ちょうえい》小屋《ごや》

甲斐駒ヶ岳・仙丈ヶ岳 Map 14-4C

連絡先 TEL 090-8485-2967　現地 TEL 090-2227-0360

北沢峠南方500m、北沢右岸、標高1980mにある。旧北沢駒仙小屋　②56人　③4月下旬～5月上旬、6月中旬～11月上旬、年末年始　④9200円　素6200円　⑤100張　利用料1人800円　⑥あり　⑦要予約　期間外一部開放（テント場は閉鎖期間中も利用可）　コインシャワーあり（有料）

凡例＝①連絡先住所　②収容人数　③営業期間　④宿泊料金（1泊2食、素は素泊まり料金）　⑤キャンプ指定地　⑥ホームページ　⑦備考

仙水《せんすい》小屋《ごや》

甲斐駒ヶ岳　Map 14-4D

連絡先 TEL **0551-28-8173**（FAX兼）　**現地** TEL **080-5076-5494**

北沢峠から40分、北沢源流の標高2130mに建つ。針葉樹林に囲まれた小さな山小屋　①〒400-0106山梨県甲斐市岩森1557-9　矢葺敬造　②30人　③6月中旬～11月上旬　④7000円（2019年）　素4500円（2019年）　⑤11張　利用料1人500円（2019年）　⑥なし　⑦要予約　管理人不在時は使用不可

甲《か》斐《い》駒《こま》ヶ《が》岳《たけ》七《しち》丈《じょう》小《ご》屋《や》

甲斐駒ヶ岳　Map 14-3D

現地 TEL **090-3226-2967**(7～20時)

甲斐駒ヶ岳黒戸尾根七合目の標高2400mに建つ通年営業の山小屋　①〒408-0117山梨県北杜市須玉町若神子新町1205-25 ㈱ファーストアッセント　②50人　③通年　④8300円　素4600円（北杜市民割引あり）　⑤30張　利用料1人600円　⑥あり　⑦要予約

大平山荘《おおだいらさんそう》

仙丈ヶ岳　Map 14-4C

連絡先 TEL **0265-78-3761**　**現地** TEL **090-5810-2314**（7～18時）

北沢峠直下標高1960m、信州側に徒歩10分の藪沢コース入口にある　①〒396-0111長野県伊那市美篶南割3305　竹澤信幸　②80人　③7月上旬～10月下旬　④9500円～　素6500円　⑤なし　⑥あり　⑦要予約　期間外閉鎖

馬《うま》の背《せ》ヒュッテ

仙丈ヶ岳　Map 12-1C

連絡先 TEL **0265-98-2523**（FAX兼・8～17時）

丹渓新道・藪沢コースの分岐点から3分ほど下った標高2640mに建つ。ダケカンバの林に囲まれて明るい雰囲気　①〒396-0403長野県伊那市長谷黒河内2681-ニ　上島今朝幸　②100人　③7月上旬～10月中旬　④9500円　素6000円　⑤なし　⑥あり　⑦要予約　期間外閉鎖

仙丈《せんじょう》小屋《ごや》

仙丈ヶ岳　Map 12-1B

連絡先 TEL **0265-94-6001**　**現地** TEL **090-1883-3033**(9～15時)

仙丈ヶ岳山頂の東150m、藪沢カール内の標高2900mに建つ　①〒396-0214長野県伊那市高遠町勝間217　伊那市観光(株)　②55人　③6月中旬～10月下旬　④9500円～　素6000円～　⑤なし　⑥あり　⑦現地電話へ要予約　期間外一部開放　FAX 0265-94-5901

御座石温泉《ございしおんせん》

鳳凰三山　Map 13-1C

連絡先 TEL 0551-27-2018

小武川支流の標高1117mにあり、鳳凰三山への登山口となる温泉宿。自噴の酸性明ばん泉　①〒407-0051山梨県韮崎市円野町上円井1833　細田都子　②150人　③通年　④11000円～13500円　素6000円　⑤100張　利用料1人800円　⑥なし　⑦要予約　入浴可（1000円）

青木鉱泉《あおきこうせん》

鳳凰三山　Map 13-2C

連絡先 TEL 0422-51-2313　**現地** TEL 070-4174-1425

ドンドコ沢登山口標高1150mにある。1881（明治14）年開湯で、源泉数1、泉温25℃以下、自噴の酸性泉　①〒180-0013東京都武蔵野市西久保2-30-2　堤宏　②50人　③4月下旬～11月中旬　④11000円　素7150円　⑤40張　利用料1人650円　⑥あり　⑦要予約　入浴可（1000円）　FAX 0422-43-2951

鳳凰小屋《ほうおうごや》

鳳凰三山　Map 13-2B

連絡先 TEL 0551-27-2018（8～19時・御座石温泉）

地蔵岳の東方、標高2400mにあり、小屋の前でドンドコ沢登山道と燕頭山登山道が分かれる　①〒407-0051山梨県韮崎市円野町上円井1833　細田倖市　②150人　③4月下旬～11月下旬（11月上旬～下旬は週末のみ）、年末年始　④8500円　素5500円　⑤40張　利用料1人1000円（トイレ代込み）　⑥あり　⑦要予約　期間外一部開放（要連絡）

薬師岳小屋《やくしだけごや》

鳳凰三山　Map 13-3B

連絡先 TEL 0551-22-6682　**現地** TEL 090-5561-1242（7～19時）

薬師岳直下標高2720m、砂払岳との鞍部にある。小屋の東側からは甲府盆地の夜景がきれい　①〒407-0044山梨県韮崎市旭町山口2006-1　小林賢　②40人　③4月下旬～11月下旬（5～6月と11月は要問合せ）、年末年始　④9500円　素6500円　⑤なし　⑥あり　⑦要予約　冬期小屋あり　FAX 0551-23-6652

南御室小屋《みなみおむろごや》

鳳凰三山　Map 13-3B

連絡先 TEL 0551-22-6682　**現地** TEL 090-3406-3404（7～19時）

辻山と薬師岳鞍部の標高2440mに建つ。周囲を森に囲まれているが、小屋の周囲だけは開けていて、心地よい場所　①〒407-0044山梨県韮崎市旭町山口2006-1　小林賢　②60人　③4月下旬～11月下旬（5～6月と11月は要問合せ）、年末年始　④9000円　素5500円　⑤50張　利用料1人500円　⑥あり　⑦要予約　冬期小屋あり　FAX 0551-23-6652

凡例＝①連絡先住所　②収容人数　③営業期間　④宿泊料金（1泊2食、素は素泊まり料金）　⑤キャンプ指定地　⑥ホームページ　⑦備考

夜叉神峠《やしゃじんとうげ》小屋《ごや》

夜叉神峠

Map 11-1B

連絡先 TEL 055-288-2402

夜叉神峠頂上標高1790m。白根三山展望の山として人気が高い　①〒400-0241山梨県南アルプス市芦安芦倉224　角田太郎　②20人　③4月下旬～11月中旬、年末年始（要問合せ）　④8500円　素5500円　⑤15張　利用料1人500円　⑥なし　⑦要予約　期間外閉鎖

夜叉神《やしゃじん》ヒュッテ

夜叉神峠登山口

Map 11-1C

現地 TEL 080-2182-2992

甲府駅からバス1時間10分、夜叉神峠登山口下車、標高1400mにある。旧夜叉神の森　①〒400-0241山梨県南アルプス市芦安芦倉1616　②30人　③4月下旬～11月中旬　④7800円　素4800円　⑤20張　利用料1人500円　⑥あり　⑦要予約　期間外閉鎖　入浴可（600円）

静岡《しずおか》市営《しえい》熊《くま》の平《だいら》小屋《ごや》

仙塩尾根

Map 10-2C

連絡先 TEL 0547-46-4717

北岳や仙丈ヶ岳と塩見岳を結ぶ長大な稜線、仙塩尾根の熊ノ平、標高2500mに建つ　①〒428-0013静岡県島田市金谷東1-753-1　㈱特種東海フォレストサービス事業開発部　②50人　③7月中旬～9月下旬　④9500円　素6000円　⑤25張　利用料1人1000円　⑥あり　⑦5人以上要予約　期間外一部開放

塩見《しおみ》小屋《ごや》

塩見岳

Map 10-4B

連絡先 TEL 0265-94-6001　現地 TEL 070-4231-3164（9～15時）

塩見岳北西、塩見岳・天狗岩より15分の標高2760mにある。2016年に改築された　①〒396-0214長野県伊那市高遠町勝間217　伊那市観光㈱　②40人　③7月上旬～10月中旬　④9000円　素6000円（予約がない場合は500～1000円増）　⑥あり　⑦要予約　期間外一部開放（積雪により使用できない場合あり）　FAX 0265-94-5901

三伏峠《さんぷくとうげ》小屋《ごや》

三伏峠

Map 8-1A

連絡先 TEL 0265-39-3110（7～17時・19～20時）

日本一高い峠といわれる三伏峠の標高2580mに建つ。塩見岳方面、荒川三山方面への起点となる　①〒399-3501長野県下伊那郡大鹿村鹿塩631　湯元山塩館内 三伏峠小屋連絡事務所　②150人　③7月上旬～9月下旬　④9000円　素5000～5500円　⑤30張　利用料1人1000円（トイレ代込み）　⑥あり　⑦要予約　期間外一部開放　FAX 0265-39-2937

静岡県営《しずおかけんえい》小河内岳《おごうちだけ》避難小屋《ひなんごや》

小河内岳　Map 8-2B

連絡先 ℡0547-46-4717

小河内岳山頂東側、標高2780mに建つ　①〒428-0013静岡県島田市金谷東1-753-1　㈱特種東海フォレストサービス事業開発部　②10人　③7月中旬〜8月下旬　④素6000円　⑤なし　⑥あり　⑦10人以上のグループは宿泊不可　期間外開放　軽食（即席めん・レトルトなど）・飲料の販売あり

静岡市営《しずおかしえい》高山裏《たかやまうら》避難小屋《ひなんごや》

高山裏　Map 8-3A

連絡先 ℡0547-46-4717

荒川中岳北西方の標高2450m地点に建つ　①〒428-0013静岡県島田市金谷東1-753-1　㈱特種東海フォレストサービス事業開発部　②15人　③7月中旬〜8月下旬　④素6000円　⑤20張　利用料1人1000円　⑥あり　⑦10人以上のグループは宿泊不可　期間外開放　軽食（即席めん・レトルトなど）・飲料の販売あり

静岡県営《しずおかけんえい》中岳《なかだけ》避難小屋《ひなんごや》

荒川三山　Map 8-4B

連絡先 ℡0547-46-4717

荒川中岳山頂東側、標高3080mの稜線上に建つ　①〒428-0013静岡県島田市金谷東1-753-1　㈱特種東海フォレストサービス事業開発部　②10人　③7月中旬〜9月下旬　④素6000円　⑤なし　⑥あり　⑦10人以上のグループは宿泊不可　期間外開放　軽食（即席めん・レトルトなど）・飲料の販売あり

二軒小屋《にけんごや》ロッヂ

二軒小屋　Map 8-4D

連絡先 ℡0547-46-4717

大井川の源流部、二軒小屋の標高1500m付近にあり、スイスのロッジ風の宿泊施設　①〒428-0013静岡県島田市金谷東1-753-1　㈱特種東海フォレストサービス事業開発部　②32人　③4月末〜11月上旬　④12000円〜13000円　素8000円（ドミトリールーム）　⑤20張　利用料1人1000円　⑥あり　⑦要予約　期間外閉鎖　登山小屋は2018年に閉鎖　2020年以降の営業は要問合せ（テント場は利用可）

静岡県営《しずおかけんえい》千枚小屋《せんまいごや》

荒川三山　Map 8-4C

連絡先 ℡0547-46-4717

千枚岳南側標高2610m、お花畑に囲まれた気持ちよいロケーションが自慢。展望もすばらしい　①〒428-0013静岡県島田市金谷東1-753-1　㈱特種東海フォレストサービス事業開発部　②100人　③7月中旬〜10月中旬　④9500円　素6500円　⑤30張　利用料1人1000円　⑥あり　⑦10人以上要予約　期間外一部開放

凡例＝①連絡先住所　②収容人数　③営業期間　④宿泊料金（1泊2食、素は素泊まり料金）　⑤キャンプ指定地　⑥ホームページ　⑦備考

静岡《しずおか》県営《けんえい》荒川《あらかわ》小《ご》屋《や》

荒川三山　Map 5-1B

連絡先 TEL 0547-46-4717

奥西河内沢源流、大聖寺平北方標高2615mに建つ。荒川三山、赤石岳の両方を目指すのに最適な山小屋　①〒428-0013静岡県島田市金谷東1-753-1　㈱特種東海フォレストサービス事業開発部　②100人　③7月中旬～10月上旬　④9500円　素6500円　⑤30張　利用料1人1000円　⑥あり　⑦10人以上要予約　期間外一部開放

静岡《しずおか》県営《けんえい》赤石岳《あかいしだけ》避《ひ》難《なん》小《ご》屋《や》

赤石岳　Map 5-2B

連絡先 TEL 0547-46-4717

赤石岳山頂南側直下、標高3100mに建つ。周囲の展望は抜群　①〒428-0013静岡県島田市金谷東1-753-1　㈱特種東海フォレストサービス事業開発部　②20人　③7月中旬～9月下旬　④素6000円　⑤なし　⑥あり　⑦10人以上のグループは宿泊不可　期間外一部開放　軽食（即席めん・レトルトなど）・飲料の販売あり

静岡《しずおか》県営《けんえい》赤石《あかいし》小《ご》屋《や》

赤石岳　Map 5-2B

連絡先 TEL 0547-46-4717

赤石岳東尾根の富士見平下標高2550m地点に建つ。小屋前の広場からは正面に赤石岳を望む　①〒428-0013静岡県島田市金谷東1-753-1　㈱特種東海フォレストサービス事業開発部　②100人　③7月中旬～10月中旬　④9500円　素6500円　⑤15張　利用料1人1000円　⑥あり　⑦10人以上要予約　期間外一部開放

椹島《さわらじま》ロッヂ

椹島　Map 5-3C

連絡先 TEL 0547-46-4717

大井川上流椹島標高1100mにある一大登山基地　①〒428-0013静岡県島田市金谷東1-753-1　㈱特種東海フォレストサービス事業開発部　②180人　③4月末～11月下旬　④9500円　素6500円　⑤50張　利用料1人1000円　⑥あり　⑦7月中旬～10月中旬の10人未満以外は要予約　期間外閉鎖　シャワーあり（有料）　登山小屋は2018年に閉鎖

静岡《しずおか》市《し》営《えい》百間洞《ひゃっけんぼら》山《やま》の家《いえ》

百間洞　Map 5-2A

連絡先 TEL 0547-46-4717

赤石沢源流のひとつ、百間洞の右岸標高2460mに建つ。小屋脇に源流の流れがあり、のんびり憩うことができる　①〒428-0013静岡県島田市金谷東1-753-1　㈱特種東海フォレストサービス事業開発部　②40人　③7月中旬～9月下旬　④9500円　素6500円　⑤20張　利用料1人1000円　⑥あり　⑦5人以上要予約　期間外一部開放

静岡県営《しずおかけんえい》聖平《ひじりだいら》小《ご》屋《や》

聖平　Map 5-4A

連絡先 TEL 080-1560-6309（9〜17時・火曜休）

聖岳南方の聖平、標高2265mに、周囲をシラビソの森に囲まれて建っている　①〒428-0504静岡県静岡市井川964　南アルプス井川観光会館内　井川観光協会　②120人　③7月中旬〜9月中旬　④9000円　素5000円　⑤90張　利用料1人700円　⑥あり　⑦5人以上の団体は要予約　期間外一部開放　寝具は寝袋　FAX054-260-1233　データは2019年のもの。2020年以降の営業形態は未定

聖光《せいこう》小《ご》屋《や》

便ヶ島　Map 2-1D

連絡先 TEL 0260-34-5111

平岡駅から芝沢ゲートへタクシー約1時間10分、芝沢ゲートから徒歩1時間40分、便ヶ島標高970m　①〒399-1311長野県飯田市南信濃和田2596-3　飯田市南信濃自治振興センター　⑦2020年現在休業中　キャンプ場の水は飲用不可

静岡県営《しずおかけんえい》光岳《てかりだけ》小《ご》屋《や》

光岳　Map 2-3D

連絡先 TEL 0547-58-7077

光岳東方センジガ原南側標高2510m　①〒428-0411静岡県榛原郡川根本町千頭1183-1 川根本町役場総合支所観光商工課　②40人　③7月中旬〜9月中旬　④素4000〜5000円（食事つきは未定）　⑤8張　利用料500円　⑥あり　⑦10人以上の団体は要予約　期間外開放　寝具は寝袋　管理人交代のため2020年以降の営業形態未定　FAX0547-59-3116

静岡県営《しずおかけんえい》茶臼《ちゃうす》小《ご》屋《や》

茶臼岳　Map 3-2A

連絡先 TEL 080-1560-6309（9〜17時・火曜休）

茶臼岳北東下方の標高2400m、森林限界付近に建つ　①〒428-0504静岡県静岡市井川964　南アルプス井川観光会館内　井川観光協会　②60人　③7月中旬〜9月中旬　④9000円　素5500円　⑤45張　利用料1人700円　⑥なし　⑦要予約　期間外一部開放　寝具は寝袋　FAX054-260-1233　データは2019年のもの。2020年以降の営業形態は未定

横窪沢《よこくぼざわ》小《ご》屋《や》

横窪沢　Map 3-2B

連絡先 TEL 080-1560-6309（9〜17時・火曜休）

上河内沢登山道の横窪沢左岸標高1600mに建っている　①〒428-0504静岡県静岡市井川964　南アルプス井川観光会館内　井川観光協会　②60人　③7月中旬〜8月下旬　④9000円　素5500円　⑤60張　利用料1人700円　⑥なし　⑦要予約　期間外一部開放　寝具は寝袋　FAX054-260-1233　データは2019年のもの。2020年以降の営業形態未定

凡例＝①連絡先住所　②収容人数　③営業期間　④宿泊料金（1泊2食、素は素泊まり料金）　⑤キャンプ指定地　⑥ホームページ　⑦備考

南《みなみ》アルプス赤石温泉《あかいしおんせん》 白樺荘《しらかばそう》　畑薙　Map 1-1C

連絡先 TEL054-260-2377　現地 TEL054-260-2021

畑薙第一ダム第二ダム中間、標高750mにある静岡市営の温泉施設。宿泊もできる　①〒428-0504静岡県静岡市葵区井川964　静岡市井川振興会事務局　②26人　③通年　④6990円　素4110円　⑤なし　⑥あり　⑦要予約　入浴可（月によって火曜休・510円）　FAX054-260-1233

山彦荘《やまびこそう》　入笠山　Map 16-2A

連絡先 TEL0266-62-2332

入笠湿原前、標高1760m　①〒399-0211長野県諏訪郡富士見町入笠山11404　伊藤高明　②100人　③通年（12～4月は予約のみ）　④8500円　素5500円　⑤50張　利用料1人800円（団体貸し切り専用）　⑥あり　⑦要予約　FAX0266-62-5528

マナスル山荘本館《さんそうほんかん》　入笠山　Map 16-2A

連絡先 TEL0266-62-2083（FAX兼）
現地 TEL090-7632-5292

入笠山御所平峠・標高1800m　①〒399-0211長野県諏訪郡富士見町入笠山11404-200　②50人　③通年（不定休）　④10450円　素7700円　⑤なし　⑥あり　⑦要予約　休憩無料

マナスル山荘天文館《さんそうてんもんかん》　入笠山　Map 16-2A

連絡先 TEL0266-78-7022

入笠山御所平峠・標高1800m　①〒399-0200長野県諏訪郡富士見町入笠山11404　②30人　③通年　④8800円　素6000円（コテージも同料金）　⑥あり　⑦要予約　コテージ・別館あり　天体観測ドームあり（観望会無料）

※三伏峠への塩川ルート起点となる
塩川小屋（Map10-4A）は長期休業中

甘利山《あまりやま》グリーンロッジ　甘利山　Map 13-3D

連絡先 TEL0551-22-1111
現地 TEL090-8595-6141

甘利山北面・標高1731m　①〒407-8501山梨県韮崎市水神1-3-1　韮崎市役所産業観光課　②51人　③5月1日～10月31日　④素1700円～素14000円　⑤なし　⑥あり　⑦予約希望　期間外閉鎖　FAX0551-23-1215

白鳳荘《はくほうそう》　甘利山　Map 13-3D

連絡先 TEL080-6542-1627

甘利山中腹・椹池畔標高1300m　①〒407-0024山梨県韮崎市水神1-3-1　韮崎市役所産業観光課　②20人　③4月下旬～11月30日　④7000円　素2000円　⑤20張　利用料1人500円　⑥なし　⑦要予約　入浴可（500円）　データは2019年のもの。2020年現在休業中

エコパ伊奈ヶ湖《いながこ》 グリーンロッジ　櫛形山　Map 11-3D

連絡先 TEL055-283-8700（9～17時）

櫛形山東面・南伊奈ヶ湖畔標高890mにあるキャンプ場　①〒400-0317山梨県南アルプス市上市之瀬1760　③月曜（祝日の場合翌日と年末年始）を除く通年　⑤テント20区画　利用料1人200円　オートキャンプ場6区画　1区画3600円　⑥あり

エコパ伊奈ヶ湖《いながこ》 ウッドビレッジ　櫛形山　Map 11-3D

連絡先 TEL055-283-8700（グリーンロッジ）

櫛形山東面・南伊奈ヶ湖畔標高890m。宿泊棟やコテージがある　①〒400-0317山梨県南アルプス市上市之瀬1760　②42人　③月曜（祝日の場合翌日と年末年始）を除く通年　④宿泊棟素2000円　コテージ素15000円～素25000円　⑥あり　⑦宿泊棟は冬期閉鎖　コテージは冬期要予約

広河原小屋《ひろがわらごや》　小渋川上流　Map 5-1A

連絡先TEL0265-39-2001

小渋川上流福川出合付近、標高1430m　①〒399-3502長野県下伊那郡大鹿村大河原354　大鹿村役場産業建設課　②30人　③通年（無人）　④無料（協力金箱あり）　⑦FAX0265-39-2269

長野県営兎岳避難小屋《ながのけんえいうさぎだけひなんごや》　兎岳　Map 5-3A

連絡先TEL0260-34-5111

兎岳山頂から聖岳方面へ50mほど下った標高2700m地点　①〒399-1311長野県飯田市南信濃和田2596　飯田市南信濃自治振興センター　②8人　③通年（無人）　④無料　⑦FAX0260-34-2138

ウソッコ沢小屋《さわごや》　上河内沢・ウソッコ沢出合　Map 3-3B

連絡先TEL080-1560-6309（9～17時・火曜休）

上河内沢・ウソッコ沢出合、標高1300m　①〒428-0504静岡県静岡市井川964　南アルプス井川観光会館内　井川観光協会　②30人　③通年（無人）　④無料　⑤7張　無料　⑦FAX054-260-1233

小無間小屋《しょうむげんごや》　小無間山　Map 1-3C

連絡先TEL080-1560-6309（9～17時・火曜休）

コース途中のP4、標高1796mにある　①〒428-0504静岡県静岡市井川964　南アルプス井川観光会館内　井川観光協会　②10人　③通年（無人）　④無料　⑦老朽化しており、利用は要注意　FAX054-260-1233

テントでにぎわう早川尾根小屋。トイレや水場もある

六合目小屋《ろくごうめごや》　甲斐駒ヶ岳　Map 14-3D

連絡先TEL0265-98-3130

甲斐駒ヶ岳・鋸岳三ツ頭鞍部付近、標高2420m　①〒396-0402長野県伊那市長谷溝口1394　伊那市役所山岳高原観光課　②10人　③通年（無人）　④無料　⑦FAX0265-98-2029

藪沢小屋《やぶさわごや》　仙丈ヶ岳　Map 12-1C

連絡先TEL0265-98-3130

小仙丈ヶ岳コースと藪沢コースの中間、標高2550m　①〒396-0402長野県伊那市長谷溝口1394　伊那市役所山岳高原観光課　②30人　③通年（無人、不定期で管理人駐在）　④協力金3000円　⑦FAX0265-98-2029

松峰小屋《まつみねごや》　仙丈ヶ岳　Map 12-1A

連絡先TEL0265-98-3130

仙丈ヶ岳地蔵尾根、地蔵岳北西の標高2020mに建つ　①〒396-0402長野県伊那市長谷溝口1394　伊那市役所山岳高原観光課　②10人　③通年（無人）　④無料　⑦FAX0265-98-2029

早川尾根小屋《はやかわおねごや》　早川尾根　Map 13-1A

連絡先TEL0551-28-8173（FAX兼・仙水小屋）

早川尾根ノ頭南直下の標高2400mに建つ早川尾根唯一の山小屋　①〒407-0106山梨県甲斐市岩森1557-9　矢葺敬造　②30人　③通年（無人）　④無料　⑤15張　無料

池山御池小屋《いけやまおいけごや》　池山吊尾根　Map 13-4A

連絡先TEL055-282-6294

吊尾根池山御池畔、標高2200m　①〒400-0395山梨県南アルプス市小笠原376　南アルプス市役所観光商工課　②30人　③通年（無人）　④無料　⑦FAX055-282-6279

凡例＝①連絡先住所　②収容人数　③営業期間　④宿泊料金（1泊2食、素は素泊まり料金）　⑤キャンプ指定地　⑥ホームページ　⑦備考

立ち寄り湯ガイド①（北部）

源泉かけ流しの湯が浴槽に満たされた奈良田の里温泉女帝の湯

尾白の湯

℡0551-35-2800

白州・尾白の森名水公園「べるが」にある入浴施設。男女別の2色の露天風呂や内風呂などがある。入浴料：820円、営業時間：10時～21時、定休日：水曜（祝日の場合は翌日。GWや夏休み期間、年末年始は営業）。小淵沢駅より車20分。山梨県北杜市白州町白須8056

奈良田の里温泉 女帝の湯

℡0556-48-2552

農鳥岳の登下山口である奈良田集落の高台に建ち、大きな窓からは南アルプスの山里の雰囲気が望める。入浴料：550円、営業時間：9時～19時（10～6月は～18時）、定休日：水曜（祝日の場合は翌日）、年末年始。奈良田温泉バス停より徒歩5分。山梨県南巨摩郡早川町奈良田486

仙流荘

℡0265-98-2312

北沢峠行きバスが発着する、長野県側の登山拠点。宿泊施設だが、立ち寄り入浴もできる。南アルプスの地下水に分杭峠・ゼロ磁場の石を入れた人工温泉。入浴料：500円、営業時間：10時～20時30分、定休日：主に冬期の火曜。仙流荘バス停すぐ。長野県伊那市長谷黒河内1847-2

ゆ～とろん水神の湯

℡0266-62-8080

入笠山への富士見ゴンドラ乗り場近くにあり、8種類の露天風呂が自慢。入浴料：900円、営業時間：10時～21時30分、定休日：木曜（GWと8月は無休）、4・11・12月の水・木曜。富士見駅より車10分。長野県諏訪郡富士見町富士見9547

武田乃郷 白山温泉

℡0551-22-5050

甘利山へのアクセス路となる県道613号の北側にある入浴施設。泉質は疲労回復に適するナトリウム-塩化物・炭酸水素塩泉。入浴料：600円、営業時間：10時～21時、定休日：水曜。韮崎駅より車10分。山梨県韮崎市神山町鍋山1809-1

＊入浴料、営業時間、定休日、交通などの情報は、抜粋して掲載しています。変更になることがありますので、利用の際は、各施設にご確認ください。

南アルプス温泉ロッジ・白峰会館

℡055-288-2321

南アルプス市営の宿泊・レジャー施設で、男女別の展望風呂があるほか食事もできる。入浴料：710円、営業時間：9時～16時30分、定休日：無休（11月中旬～6月上旬は休業）。芦安市営駐車場バス停すぐ。山梨県南アルプス市芦安芦倉1570

金山沢温泉

℡055-288-2244

金山沢こだま公園内の入浴施設。岩づくりの露天風呂は趣がある。入浴料：850円、営業時間：10時～18時（曜日・月により異なる）、定休日：9・10月の火曜（7・8月無休）と4月下旬～6月の平日、11月上旬～4月下旬休業。沓沢入口バス停より徒歩5分。山梨県南アルプス市芦安芦倉1525

青木鉱泉

℡070-4174-1425

鳳凰三山登山の拠点となる鉱泉宿で、立ち寄り入浴もできる。入浴料：1000円、営業時間：8時～19時、定休日：無休（11月下旬～4月下旬は休業）。青木鉱泉バス停より徒歩2分。山梨県韮崎市清哲町青木3350

御座石温泉

℡0551-27-2018

鳳凰三山への登山口にある温泉宿泊施設。通年の営業で、日帰り入浴も可。入浴料：1000円、営業時間：8時30分～20時30分、定休日：無休。御座石温泉バス停すぐ。山梨県韮崎市円野町上円井

写真／伊藤哲哉

立ち寄り湯ガイド②（南部）

口坂本温泉浴場

℡0054-297-2155

井川から静岡市街に向かう県道27号沿いにある静岡市営の入浴施設。内風呂と露天風呂があり、後者は源泉かけ流し。入浴料：300円、営業時間：9時30分～16時30分、定休日：水曜（祝日の場合は翌日）、年末年始。新静岡ICから車1時間。静岡県静岡市葵区口坂本652

寸又峡温泉 美女づくりの湯

℡0547-59-3985

寸又峡温泉唯一の公共浴場で、丸太に囲まれた岩づくりの露天風呂（男女別）がある。湯は美肌効果の高い硫黄泉で肌がすべすべと潤う。入浴料：400円、営業時間：9時30分～18時（変更あり）、定休日：木曜（変動あり）。寸又峡温泉バス停より徒歩3分。静岡県榛原郡川根本町千頭368-3

接阻峡温泉会館

℡0547-59-3764

皮膚の分泌を促進し老廃物を取り除いてくれることから、「若返りの湯」ともよばれる川根本町営の温泉施設。入浴料：500円、営業時間：10時～20時、定休日：木曜。接岨峡温泉駅より徒歩5分。静岡県榛原郡川根本町梅地175-2

すず里の湯

℡0556-45-2213

早川町雨畑地区の宿泊施設・ヴィラ雨畑内にある入浴施設。男性用の内風呂と女性用の内風呂、露天風呂がある。入浴料：550円、営業時間：11時～20時、定休日：木曜。乗合タクシー馬場停留所より徒歩1分。山梨県南巨摩郡早川町雨畑699

光源の里温泉 ヘルシー美里

℡0556-48-2621

廃校となった木造校舎を改修した早川町営の温泉施設。古代の湧水に由来する高濃度の温泉。入浴料：550円、営業時間：10時～19時（曜日・季節により変更あり）、定休日：火曜。ヘルシー美里バス停すぐ。山梨県南巨摩郡早川町大原野651

＊入浴料、営業時間、定休日、交通などの情報は、抜粋して掲載しています。変更になることがありますので、利用の際は、各施設にご確認ください。

接阻峡温泉会館。男女別の内風呂やレストラン、カフェがある

鹿塩温泉 湯元山塩館

℡0265-39-1010

標高750mの山中に海水と同じ塩分濃度の塩泉が湧く。鳥倉林道ゲートへの送迎がセットになった宿泊プランあり。入浴料：800円、営業時間：10時30分～13時、定休日：不定休（要連絡）。鹿塩バス停より徒歩10分。長野県下伊那郡大鹿村鹿塩631

龍泉の湯

℡0260-32-1088

光岳や池口岳への拠点・JR飯田線平岡駅に隣接するホテル「ふれあいステーション龍泉閣」内の入浴施設。入浴料：300円、営業時間：12時（平日15時）～22時、定休日：無休。平岡駅すぐ。長野県下伊那郡天龍村平岡1280-4

遠山郷温泉 かぐらの湯

℡0260-34-1085

道の駅遠山郷にある入浴施設。大浴場と大露天風呂に飲用もできる食塩泉が満たされている。入浴料：620円、営業時間：10時～21時、定休日：木曜(祝日の場合は翌日)。かぐらの湯バス停すぐ。長野県飯田市南信濃和田456
※2020年4月現在休業中（再開未定）

赤石温泉白樺荘

℡054-260-2021

静岡市が管理する温泉施設。泉質は単純硫黄泉で、大浴場のほか露天風呂、多目的浴室がある。入浴料：510円、営業時間：10時～18時（冬期は～17時）、定休日：火曜（祝日の場合は翌日、8月と11月は無休）白樺荘バス停すぐ。静岡県静岡市葵区田代1110-5

行政区界 地形図

1:25,000地形図(メッシュコード)＝❶信濃富士見(533861)　❷信濃溝口(533850)　❸甲斐駒ヶ岳(533851)　❹長坂上条(533852)　❺仙丈ヶ岳(533841)　❻鳳凰山(533842)　❼鹿塩(533830)　❽間ノ岳(533831)　❾夜叉神峠(533832)　❿小笠原(533833)　⓫信濃大河原(533820)　⓬塩見岳(533821)　⓭奈良田(533822)　⓮鰍沢(533823)　⓯大沢岳(533810)　⓰赤石岳(533811)　⓱新倉(533812)　⓲上町(533707)　⓳光岳(533800)　⓴上河内岳(533801)　㉑七面山(533802)　㉒伊那和田(523777)　㉓池口岳(523870)　㉔畑薙湖(523871)

登山計画書の提出

南アルプス登山にあたっては、事前に登山計画書（登山届・登山者カード）を作成、提出することが基本。登山計画書を作成することで、歩くコースの特徴やグレードを知り、充分な準備を整えて未然に遭難事故を防ぐ。また、万が一、登山者にアクシデントが生じたとき、迅速な捜索・救助活動にもつながる。

主要登山口には､用紙とともに登山届ポスト（提出箱）が設けられ、その場で記入・提出することもできるが、準備段階で作成することが望ましい。登山者名と連絡先、緊急連絡先、登山日程とコースなどが一般的な記入要件だ。

なお南アルプスでは長野・山梨各県の登山条例に基づき、登山計画書の提出が義務または努力義務となっている（長野県・山梨県のホームページ参照）。提出は登山口の提出箱のほか、日本山岳ガイド協会が運営するオンライン登山届システム「コンパス」など、インターネットからもできる。

問合せ先一覧

市町村役場

南アルプス市役所	〒400-0395	山梨県南アルプス市小笠原376	℡055-282-1111
韮崎市役所	〒407-8501	山梨県韮崎市水神1-3-1	℡0551-22-1111
北杜市役所	〒408-0188	山梨県北杜市須玉町大豆生田961-1	℡0551-42-1111
早川町役場	〒409-2732	山梨県南巨摩郡早川町高住758	℡0556-45-2511
富士川町役場	〒400-0592	山梨県南巨摩郡富士川町天神中條1134	℡0556-22-1111
富士見町役場	〒399-0292	長野県諏訪郡富士見町落合10777	℡0266-62-2250
伊那市役所	〒396-8617	長野県伊那市下新田3050	℡0265-78-4111
大鹿村役場	〒399-3502	長野県下伊那郡大鹿町大河原354	℡0265-39-2001
飯田市役所	〒395-8501	長野県飯田市大久保町2534	℡0265-22-4511
静岡市役所	〒420-8602	静岡県静岡市葵区追手町5-1	℡054-254-2111
静岡市役所井川支所	〒428-0504	静岡県静岡市葵区井川656-2	℡054-260-2111
川根本町役場	〒428-0313	静岡県榛原郡川根本町上長尾627	℡0547-56-1111

県庁・県警察本部

山梨県庁	〒400-8501	山梨県甲府市丸の内1-6-1	℡055-237-1111
長野県庁	〒380-8570	長野県長野市南長野幅下692-2	℡026-232-0111
静岡県庁	〒420-8601	静岡県静岡市葵区追手町9-6	℡054-221-2455
山梨県警察本部地域課	〒400-8586	山梨県甲府市丸の内1-6-1	℡055-221-0110
長野県警察本部地域部	〒380-8510	長野県長野市南長野幅下692-2	℡026-233-0110
静岡県警察本部地域課	〒420-8610	静岡県静岡市葵区追手町9-6	℡054-271-0110

主な観光協会

南アルプス市観光協会	℡055-284-4204
韮崎市観光協会	℡0551-22-1991
北杜市観光協会	℡0551-30-7866
早川町観光協会	℡0556-48-8633
富士川町観光物産協会	℡0556-22-7202
富士見町観光協会	℡0266-62-5757
伊那市観光協会	℡0265-78-4111
大鹿村観光協会	℡0265-39-2929
南信州観光公社（飯田市）	℡0265-28-1747
遠山郷観光協会（飯田市南信濃）	℡0260-34-1071
するが企画観光局（静岡市）	℡054-251-5880
井川観光協会（静岡市井川）	℡054-260-2377
川根本町まちづくり観光協会	℡0547-59-2746

交通機関（鉄道・バス・送迎バス・ゴンドラ）

■南アルプス北部（山梨県側）

山梨交通（甲府～芦安～広河原／奈良田～広河原）	℡055-223-0821
山梨中央交通（韮崎～御座石温泉・青木鉱泉）	℡055-262-0777
南アルプス市営バス（広河原～北沢峠）	℡055-282-2016
南アルプス登山者用バス（山梨交通トラベル事業部、新宿～芦安～広河原）	℡055-222-1300
毎日あるぺん号（竹橋～尾白川渓谷）	℡03-6265-6966
はやかわ乗合バス（俵屋観光タクシー、身延～大島～奈良田）	℡0556-45-2500

※P196へ続く

※P195からの続き

山梨交通（高速バス、新宿～鰍沢本町・身延）……TEL0556-62-0064

■南アルプス北部（長野県側）

ジェイアールバス関東（伊那市～高遠／「ジオライナー号」茅野駅～高遠～仙流荘）……TEL0265-73-7171

長谷循環バス（高遠～仙流荘～岩入）……TEL0265-98-2211

南アルプス林道バス（仙流荘～北沢峠）……TEL0265-98-2821

伊那市観光協会（「パノラマライナー号」木曽福島～伊那市～仙流荘）……TEL0265-78-4111

伊那バス（松川インター・伊那大島～鳥倉登山口）……TEL0265-36-2135

〃　（高速バス、新宿～伊那・駒ヶ根）……TEL0265-78-0007

毎日あるぺん号（竹橋～仙流荘・伊那大島）……TEL03-6265-6966

阪急バス（高速バス、大阪～飯田・松川・伊那）……TEL06-6866-3147

■南アルプス南部（静岡県側）

大井川鐵道（金谷～千頭～井川）……TEL0547-45-4112

しずてつジャストライン（静岡～畑薙第一ダム／静岡～横沢）……TEL0570-080-888

井川地区自主運行バス（横沢～井川～田代～白樺荘）……TEL054-260-1501

井川観光協会（井川～白樺荘～聖岳登山口、宿泊者のみ乗車可）……TEL080-1560-6309

特種東海フォレスト（畑薙第一ダム～椹島～二軒小屋、宿泊者のみ乗車可）……TEL0547-46-4717

毎日あるぺん号（竹橋～畑薙第一ダム）……TEL03-6265-6966

■南アルプス南部（山梨県側）

雨畑大島線乗合タクシー（角瀬タクシー、大島～馬場・雨畑）……TEL0556-45-2062

■南アルプス南部（長野県側）

信南交通（飯田～上島～和田～かぐらの湯）……TEL0265-24-0009

〃　（平岡駅～和田）……TEL0265-24-0009

乗合タクシー平岡線（遠山タクシー、平岡駅～和田～かぐらの湯）……TEL0260-32-2061

■前衛の山

富士見パノラマリゾート（無料送迎バス・ゴンドラ）……TEL0266-62-5666

交通機関（タクシー）

■甲府駅

YKタクシー……TEL055-237-2121

山梨第一交通……TEL055-224-1100

■韮崎駅

韮崎タクシー……TEL0551-22-2235

YKタクシー……TEL0551-22-2435

■長坂駅／小淵沢駅

北杜タクシー（長坂駅）……TEL0551-32-2055

小淵沢タクシー（小淵沢駅）……TEL0551-36-2525

■富士見駅／茅野駅

アルピコタクシー……TEL0266-71-1181

■南アルプス市芦安

芦安観光タクシー……TEL055-285-3555

■市川大門駅

市川タクシー……TEL055-272-1155

■鰍沢口駅

鰍沢タクシー……TEL0556-22-1122

■身延駅

YKタクシー……TEL0556-62-0082

■早川町

俵屋観光……TEL0556-45-2500

角瀬タクシー……TEL0556-45-2062

■伊那市駅

伊那・つばめタクシー……TEL0265-76-5111

■伊那市高遠

高遠観光タクシー……TEL0265-94-2143

■伊那大島駅

マルモタクシー……TEL0265-36-3333

■飯田駅

飯田タクシー……TEL0265-22-1111

■平岡駅／遠山郷

遠山タクシー（平岡駅）……TEL0260-32-2061

天竜観光タクシー（遠山郷）……TEL0260-36-2205

■静岡駅

静鉄タクシー……TEL054-281-5111

千代田タクシー……TEL054-261-0360

■千頭駅

大鉄タクシー……TEL0547-59-2355

主な山名・地名さくいん

※P198へ続く

あ

た

な

※P197からの続き

さ

ま

や・ら・わ

は

ヤマケイ アルペンガイド
南アルプス

2020年7月1日　初版第1刷発行

著者／中西俊明・伊藤哲哉・岸田 明
発行人／川崎深雪
発行所／株式会社 山と溪谷社
〒101-0051
東京都千代田区神田神保町1丁目105番地
https://www.yamakei.co.jp/

■乱丁・落丁のお問合せ先
山と溪谷社自動応答サービス
℡03-6837-5018
受付時間／10:00〜12:00、
13:00〜17:30（土日、祝日を除く）
■内容に関するお問合せ先
山と溪谷社　℡03-6744-1900（代表）
■書店・取次様からのお問合せ先
山と溪谷社受注センター
℡03-6744-1919　FAX03-6744-1927

印刷・製本／大日本印刷株式会社

装丁・ブックデザイン／吉田直人
写真協力／吉田祐介
編集／吉田祐介
DTP・地図製作／千秋社

ISBN 978-4-635-01295-9

＊本書に掲載した地図の作成にあたっては、国土地理院提供の数値地図（国土基本情報）電子国土基本図（地図情報）、数値地図（国土基本情報）電子国土基本図（地名情報）、数値地図（国土基本情報）基盤地図情報（数値標高モデル）及び数値地図（国土基本情報20万）を使用しました。

＊本書の取材・執筆にあたりましては、南アルプスの山小屋・宿泊施設、市町村、交通機関、ならびに登山者のみなさんにご協力いただきました。お礼申し上げます。＊本書に掲載したコース断面図の作成とGPSデータの編集にあたりましては、DAN杉本さん作成のフリーウェア「カシミール3D」を利用しました。お礼申し上げます。

Alpine Guide
南アルプス

写真・文

中西俊明《なかにしとしあき》

1945年、千葉県生まれ。芝浦工業大学卒業後、自然が豊富に残る山に目を向けて撮影をはじめる。房総の低山から白馬岳や北岳などの日本アルプスまで幅広い山域がフィールド。季節感や臨場感あふれる光景を的確に表現するのが得意。デジタル一眼レフの講師、EIZO ColorEdgeアンバサダー。クラブツーリズム写真講師、山岳誌およびカメラ誌の執筆などで活躍中。

著書に、写真集『上高地』（平凡社）、『山岳写真大全』、『山岳写真上達法』（いずれも山と溪谷社）、分県登山ガイド『千葉県の山』、アルペンガイド『白馬・後立山連峰』（共著・山と溪谷社）など多数。

伊藤哲哉《いとうてつや》

1969年、神奈川県生まれ。千葉県在住。北アルプス、南アルプスのほか、房総の低山を中心に山岳写真撮影を行っている。雄大な山稜の写真を印象的に撮影することを好み、ライブ感のある魅力的な山岳写真を撮影することに努めている。モットーは「Go Photo Trekking！　山に出かけ、自然を慈しみ、感じたままの写真を撮ること」。

著書に、分県登山ガイド『千葉県の山』（共著・山と溪谷社）があるほか、山岳雑誌に写真と記事を提供している。2018年12月に写真展「山岳情景 〜Colorful Memories〜」を開催した。日本山岳写真協会会員。

HP: https://tetsuyaito.jimdofree.com/

岸田 明《きしだあきら》

1949年、東京都生まれ。山と高原地図『塩見・赤石・聖岳』（昭文社）を2007年より担当。南アルプス南部専門家を自認し、今までに南アルプス南部山域に500日以上入山。中学時代からワンゲルで自然に親しんできた。山岳会・東京山恋会所属。山岳写真を斉藤誠氏に師事、日本山岳写真コンテスト・南アルプス賞などを受賞。

著書に、大きな地図で見やすいガイド『南アルプス・中央アルプス』（共著・山と溪谷社）のほか、雑誌『山と溪谷』に多数寄稿。モットーは「山はユックリ歩けば歩くほど、色々な物が見えてくるし、安全で疲れも少ない」。ブログ「南アルプス南部調査人」を発信中。

「アルペンガイド登山地図帳」の取り外し方

本を左右に大きく開く

＊「アルペンガイド登山地図帳」は背の部分が接着剤で本に留められています。無理に引きはがさず、本を大きく開くようにすると簡単に取り外せます。
＊接着剤がはがれる際に見返しの一部が破れることがあります。あらかじめご了承ください。

問合せ先一覧

山小屋

南アルプス市広河原山荘	TEL090-2677-0828
南アルプス市両俣小屋	TEL090-4529-4947
南アルプス市白根御池小屋	TEL090-3201-7683
北岳肩の小屋	TEL090-4606-0068
南アルプス市山梨県北岳山荘	TEL090-4529-4947
農鳥小屋	TEL090-7826-5663
大門沢小屋	TEL090-7635-4244
北沢峠こもれび山荘	TEL080-8760-4367
南アルプス市長衛小屋	TEL090-2227-0360
仙水小屋	TEL080-5076-5494
甲斐駒ヶ岳七丈小屋	TEL090-3226-2967
大平山荘	TEL090-5810-2314
馬の背ヒュッテ	TEL0265-98-2523
仙丈小屋	TEL090-1883-3033
御座石温泉	TEL0551-27-2018
青木鉱泉	TEL070-4174-1425
鳳凰小屋	TEL0551-27-2018
薬師岳小屋	TEL090-5561-1242
南御室小屋	TEL090-3406-3404
夜叉神峠小屋	TEL055-288-2402
夜叉神ヒュッテ	TEL080-2182-2992
静岡市営熊の平小屋	TEL0547-46-4717
塩見小屋	TEL070-4231-3164
三伏峠小屋	TEL0265-39-3110
静岡県営小河内岳避難小屋	TEL0547-46-4717
静岡市営高山裏避難小屋	TEL0547-46-4717
静岡県営中岳避難小屋	TEL0547-46-4717
二軒小屋ロッヂ	TEL0547-46-4717
静岡県営千枚小屋	TEL0547-46-4717
静岡県営荒川小屋	TEL0547-46-4717
静岡県営赤石岳避難小屋	TEL0547-46-4717
静岡県営赤石小屋	TEL0547-46-4717
椹島ロッヂ	TEL0547-46-4717
静岡市営百間洞山の家	TEL0547-46-4717
静岡県営聖平小屋	TEL080-1560-6309
静岡県営光岳小屋	TEL0547-58-7077
静岡県営茶臼小屋	TEL080-1560-6309
横窪沢小屋	TEL080-1560-6309

県庁・県警本部・市町村役場

山梨県庁	TEL055-237-1111
長野県庁	TEL026-232-0111
静岡県庁	TEL054-221-2455
山梨県警察本部地域課	TEL055-221-0110
長野県警察本部地域部	TEL026-233-0110
静岡県警察本部地域課	TEL054-271-0110
南アルプス市役所	TEL055-282-1111
韮崎市役所	TEL0551-22-1111
北杜市役所	TEL0551-42-1111
早川町役場	TEL0556-45-2511
富士川町役場	TEL0556-22-1111
富士見町役場	TEL0266-62-2250
伊那市役所	TEL0265-78-4111
大鹿村役場	TEL0265-39-2001
飯田市役所	TEL0265-22-4511
静岡市役所	TEL054-254-2111
静岡市役所井川支所	TEL054-260-2111
川根本町役場	TEL0547-56-1111

主な交通機関

山梨交通	TEL055-223-0821
山梨中央交通	TEL055-262-0777
南アルプス市営バス	TEL055-282-2016
はやかわ乗合バス	TEL0556-45-2500
ジェイアールバス関東	TEL0265-73-7171
長谷循環バス	TEL0265-98-2211
南アルプス林道バス	TEL0265-98-2821
伊那バス	TEL0265-36-2135
しずてつジャストライン	TEL0570-080-888
特種東海フォレスト	TEL0547-46-4717
雨畑大島線乗合タクシー	TEL0556-45-2062
乗合タクシー平岡線	TEL0260-32-2061
富士見パノラマリゾート	TEL0266-62-5666
YKタクシー(甲府駅)	TEL055-237-2121
韮崎タクシー(韮崎駅)	TEL0551-22-2235
北杜タクシー(長坂駅)	TEL0551-32-2055
小淵沢タクシー(小淵沢駅)	TEL0551-36-2525
アルピコタクシー(富士見駅/茅野駅)	TEL0266-71-1181
芦安観光タクシー(南アルプス市芦安)	TEL055-285-3555
鰍沢タクシー(鰍沢口駅)	TEL0556-22-1122
YKタクシー(身延駅)	TEL0556-62-0082
俵屋観光(早川町)	TEL0556-45-2500
伊那・つばめタクシー(伊那市駅)	TEL0265-76-5111
高遠観光タクシー(伊那市高遠)	TEL0265-94-2143
マルモタクシー(伊那大島駅)	TEL0265-36-3333
遠山タクシー(平岡駅)	TEL0260-32-2061
千代田タクシー(静岡駅)	TEL054-261-0360
大鉄タクシー(千頭駅)	TEL0547-59-2355

1:25,000
0
500m
N
C
D
1
2
3
4
甲斐駒ヶ岳
広々とした山頂で、360度の大パノラマ
2967
2965.5
八合目
七丈第一小屋へ
御来迎場
黒戸尾根
1:00
1:30
烏帽子岩
2本の刀剣
白ザレの斜面
摩利支天
六方石
2752
1:30
1:00
やせ尾根
駒津峰
2740
三角形の甲斐駒ヶ岳がみごと
2574
1:00
0:40
双児山
2649
展望よし
不動岩
2502
1:50
1:10
一合目
赤河原
1900
北沢峠こもれび山荘
樹林帯の急坂
北沢峠
WC
水
0:10
2536
急坂の連続
1:00
1:30
仙水峠
2264
摩利支天が大迫力
岩塊の斜面
2183
0:40
0:30
仙水小屋
0:30
0:20
2019年の台風により荒れた箇所がある
1:30
1:00
急坂の連続
大武川
1631
北杜市
2400
2300
2100
長衛小屋
WC
シラビソの樹林帯
2:00
1:30
栗沢山西尾根
2306
急坂
高度感あふれる甲斐駒ヶ岳の展望
栗沢山
2714
1:10
1:00
好展望の稜線
日本三百名山。正面に三角形の北岳が見える
2799.4
アサヨ峰
2:00
3:00
早川尾根
ミヨシノ頭
早川尾根小屋へ
1913
南アルプス林道
北沢
荒沢
2661
1860
広河原〜北沢峠間は2019年の台風により2020年4月現在通行止め
山梨県
南アルプス市
2242
2200
野呂川出合
北沢橋
両俣小屋へ
広河原へ
1800
1850

19 仙丈ヶ岳・甲斐駒ヶ岳詳細図

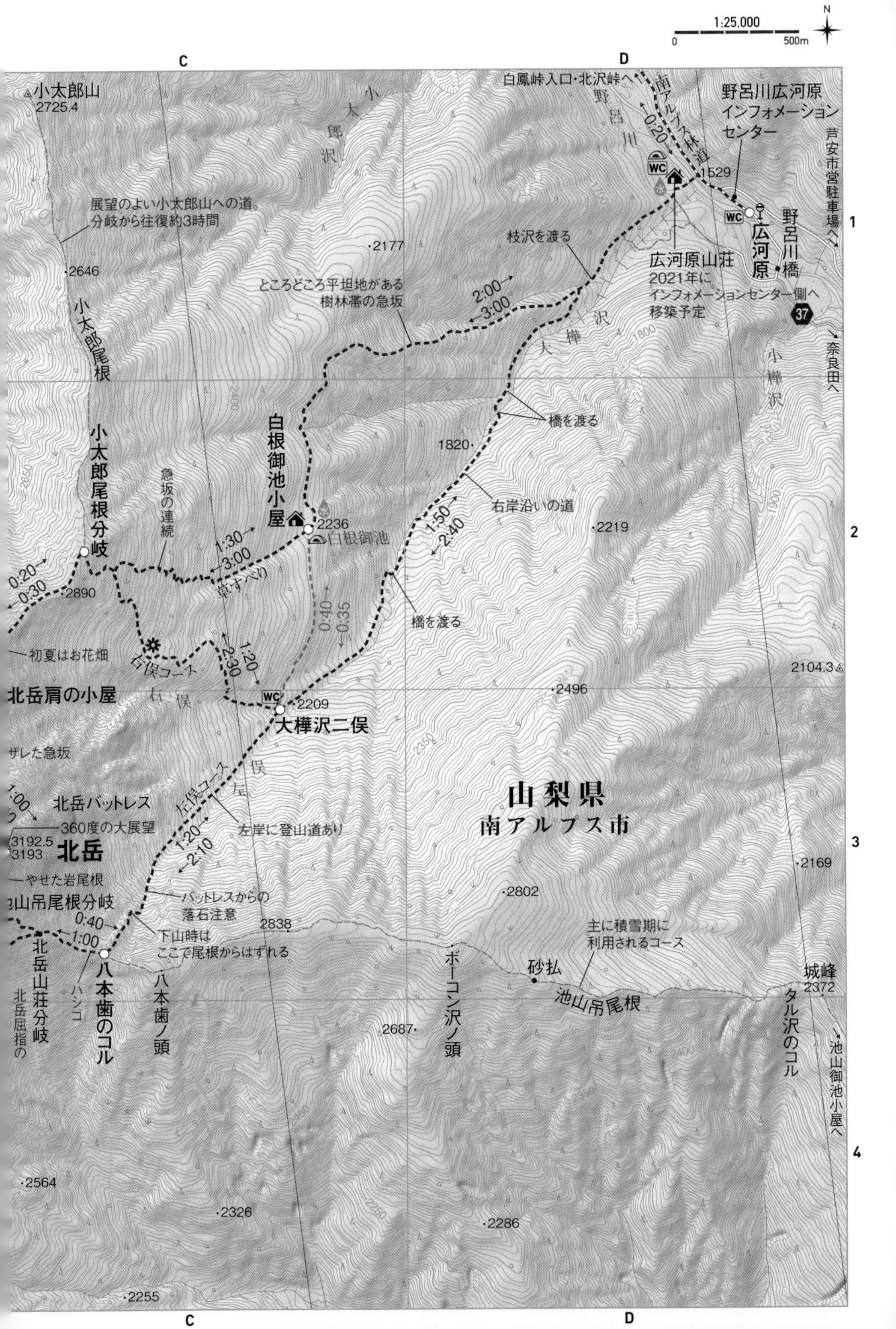
1:25,000
0
500m
N
C
D
小太郎山
2725.4
小太郎沢
白鳳峠入口・北沢峠へ
野呂川
南アルプス林道
0:20
野呂川広河原
インフォメーション
センター
芦安市営駐車場へ
1529
1700
広河原
野呂川橋
展望のよい小太郎山への道。
分岐から往復約3時間
・2177
枝沢を渡る
広河原山荘
2021年に
インフォメーションセンター側へ
移築予定
37
・2646
ところどころ平坦地がある
樹林帯の急坂
2:00
3:00
大樺沢
1800
奈良田へ
小樺沢
小太郎尾根
2400
白根御池小屋
橋を渡る
1820・
小太郎尾根分岐
急坂の連続
右岸沿いの道
2650
2236
白根御池
1:50
2:40
・2219
1900
0:20
0:30
1:30
3:00
草すべり
2890
0:40
0:35
橋を渡る
初夏はお花畑
右俣コース
2:30
1:20
2104.3
北岳肩の小屋
右俣
2209
大樺沢二俣
・2496
ザレた急坂
2350
1:00
北岳バットレス
左俣コース
左俣
山梨県
南アルプス市
360度の大展望
左岸に登山道あり
3192.5
3193
北岳
1:20
2:10
・2169
やせた岩尾根
・2802
池山吊尾根分岐
バットレスからの
落石注意
0:40
1:00
2838
主に積雪期に
利用されるコース
下山時は
ここで尾根からはずれる
北岳山荘分岐
八本歯のコル
ハシゴ
八本歯ノ頭
ボーコン沢ノ頭
砂払
池山吊尾根
城峰
2372
タル沢のコル
北岳屈指の
2687・
2400
池山御池小屋へ
・2564
・2326
2250
・2286
・2255
1
2
3
4

18 北岳詳細図

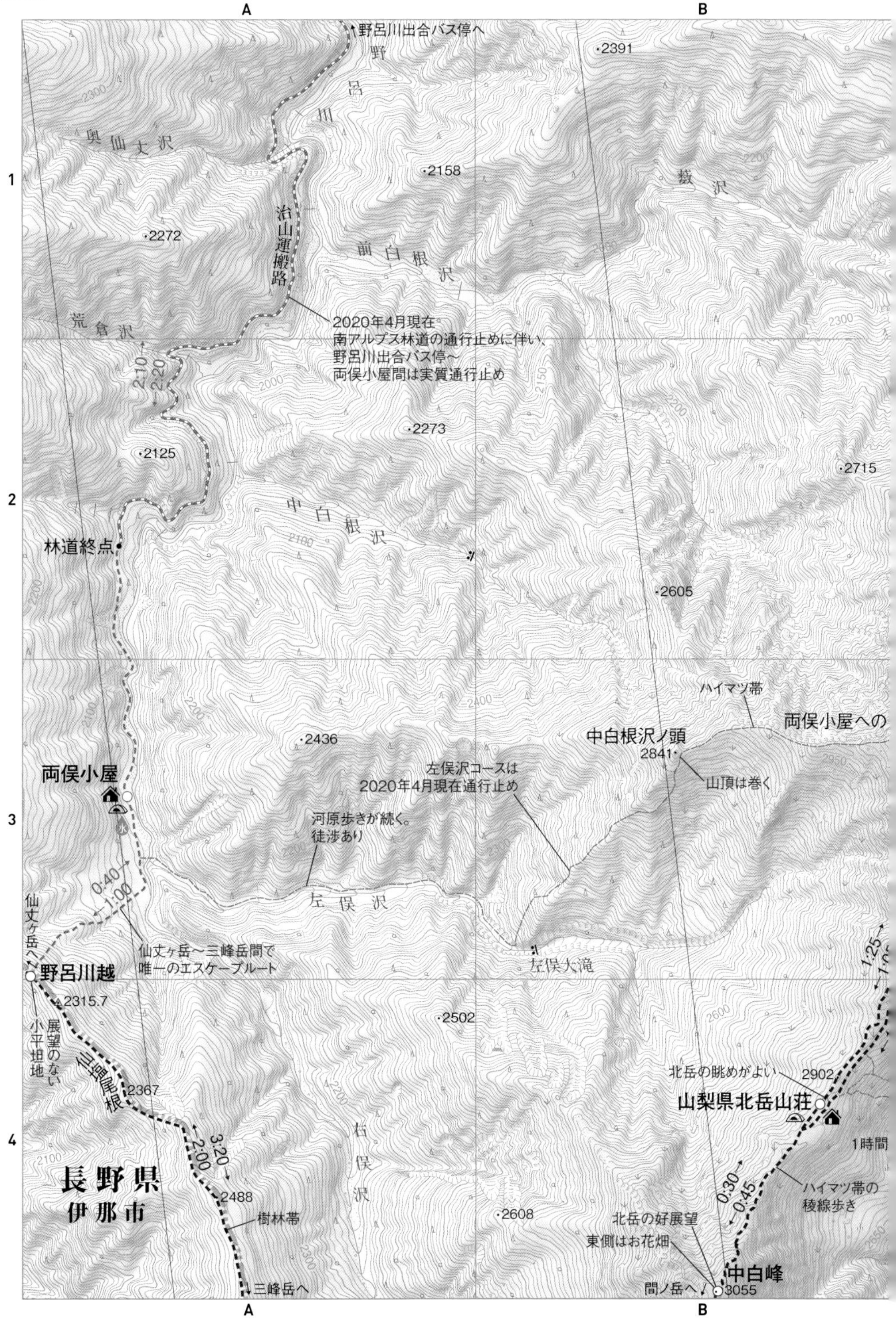

A
B
1
2
3
4
野呂川出合バス停へ
野呂川
2391
2300
奥仙丈沢
2158
藪沢
2200
治山運搬路
2272
前白根沢
荒倉沢
2020年4月現在
南アルプス林道の通行止めに伴い、
野呂川出合バス停～
両俣小屋間は実質通行止め
2:10
2:20
2000
2150
2273
2125
2715
中白根沢
2100
林道終点
2605
2400
ハイマツ帯
両俣小屋への
中白根沢ノ頭
2436
2841
左俣沢コースは
2020年4月現在通行止め
山頂は巻く
2950
両俣小屋
河原歩きが続く。
徒渉あり
0:40
1:00
左俣沢
仙丈ヶ岳へ
仙丈ヶ岳～三峰岳間で
唯一のエスケープルート
左俣大滝
野呂川越
1:25
2315.7
2502
2600
展望のない
小平坦地
仙塩尾根
北岳の眺めがよい
2902
2367
山梨県北岳山荘
3:20
2:00
右俣沢
1時間
長野県
伊那市
2488
ハイマツ帯の
稜線歩き
0:30
0:45
2608
北岳の好展望
樹林帯
東側はお花畑
中白峰
三峰岳へ
間ノ岳へ
3055
2200
2300
2350

甘利山詳細図

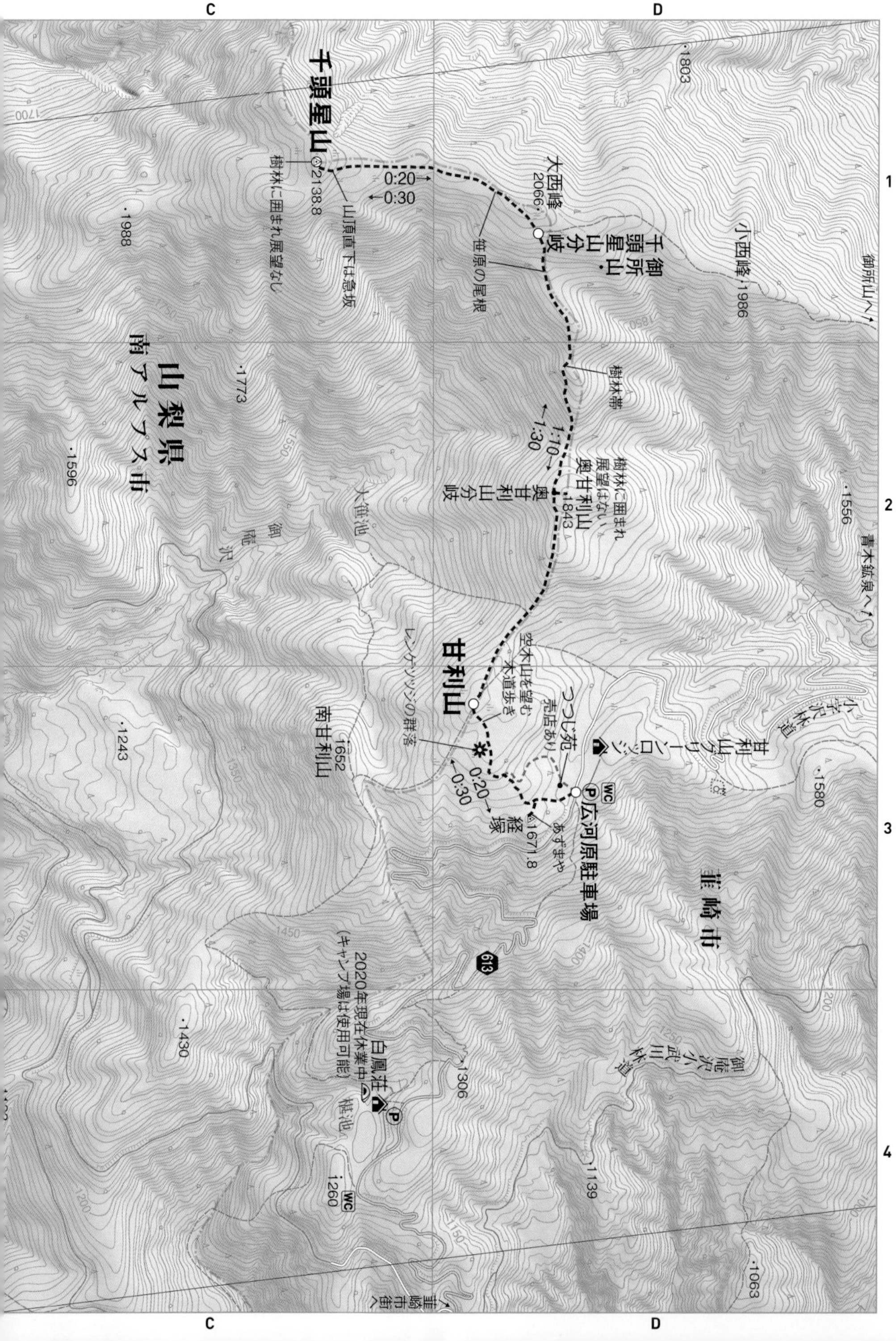

1:25,000
0
500m
N
C
D
1
2
3
4
千頭星山
2138.8
0:20→
←0:30
山頂直下は急坂
樹林に囲まれ展望なし
大西峰
2066
千頭星山・御所山分岐
笹原の尾根
1803
小西峰 1986
御所山へ
1988
1773
1596
1243
1430
山梨県
南アルプス市
大笹池
御庵沢
樹林帯
1:10→
←1:30
奥甘利山分岐
奥甘利山
1843
樹林に囲まれ展望はない
1556
青木鉱泉へ
甘利山
空木山を望む木道歩き
レンゲツツジの群落
つつじ苑
売店あり
甘利山グリーンロッジ
小室沢林道
1580
WC
広河原駐車場
あずまや
1671.8
経塚
0:20→
←0:30
南甘利山
1652
韮崎市
613
白鳳荘
2020年現在休業中
(キャンプ場は使用可能)
椹池
1306
1260
1139
御庵沢小武川林道
1063
韮崎市街へ

17 櫛形山詳細図

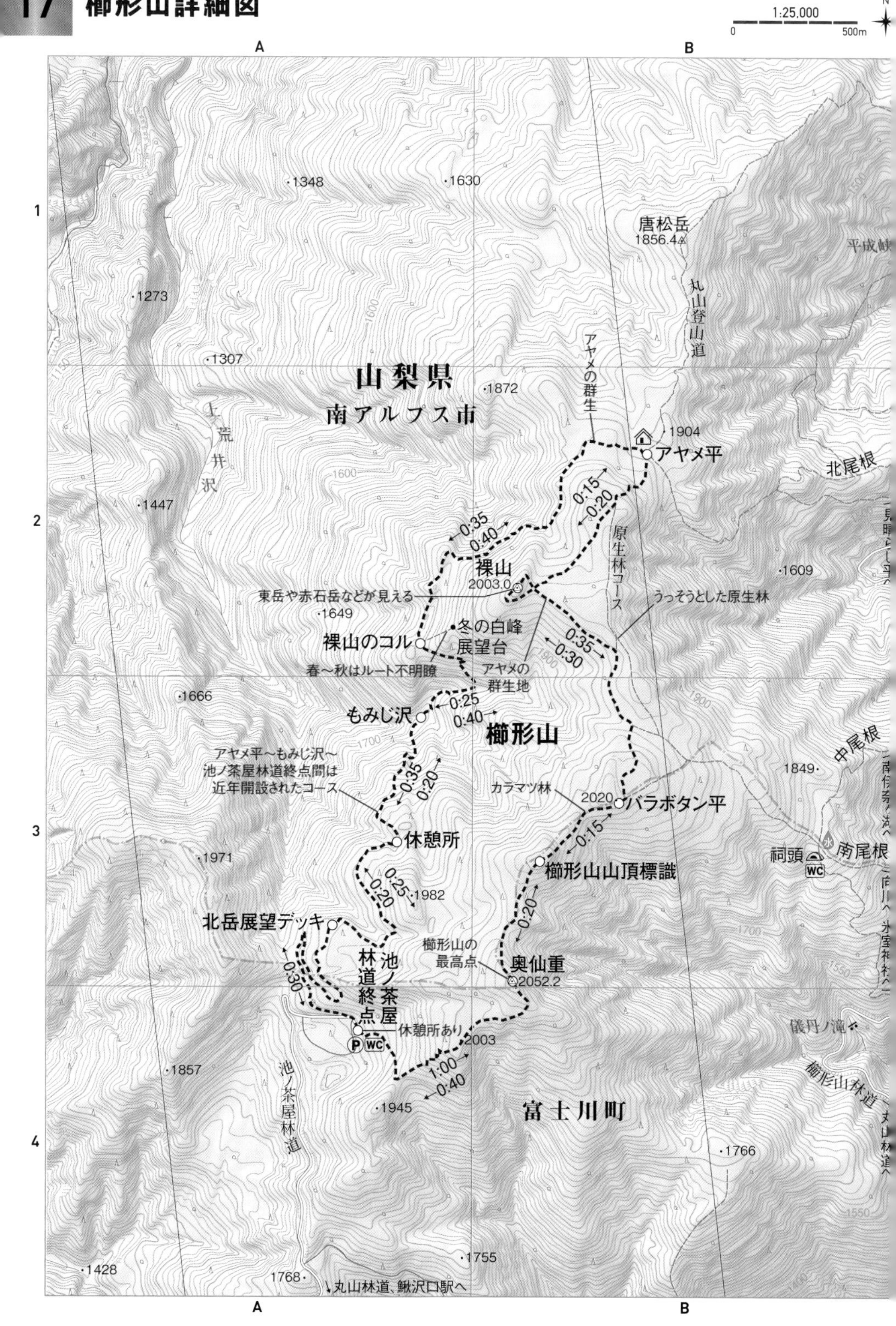
1:25,000
0
500m
N
A
B
1
2
3
4
1348
1630
1273
1307
1447
1649
1666
1971
1857
1945
1428
1768
1755
1766
1609
1849
1872
唐松岳
1856.4
平成峠
丸山登山道
アヤメの群生
山梨県
南アルプス市
上荒井沢
1904
アヤメ平
北尾根
0:15
0:20
0:35
0:40
原生林コース
裸山
2003.0
東岳や赤石岳などが見える
うっそうとした原生林
冬の白峰展望台
裸山のコル
0:35
0:30
春～秋はルート不明瞭
アヤメの群生地
もみじ沢
0:25
0:40
櫛形山
アヤメ平～もみじ沢～池ノ茶屋林道終点間は近年開設されたコース
0:35
0:20
中尾根
カラマツ林
2020
バラボタン平
0:15
休憩所
櫛形山山頂標識
祠頭
南尾根
WC
0:25
0:20
1982
北岳展望デッキ
0:20
櫛形山の最高点
奥仙重
2052.2
0:30
池ノ茶屋林道終点
休憩所あり
P
WC
2003
1:00
0:40
儀丹ノ滝
櫛形山林道
池ノ茶屋林道
富士川町
丸山林道、鰍沢口駅へ
丸山林道へ

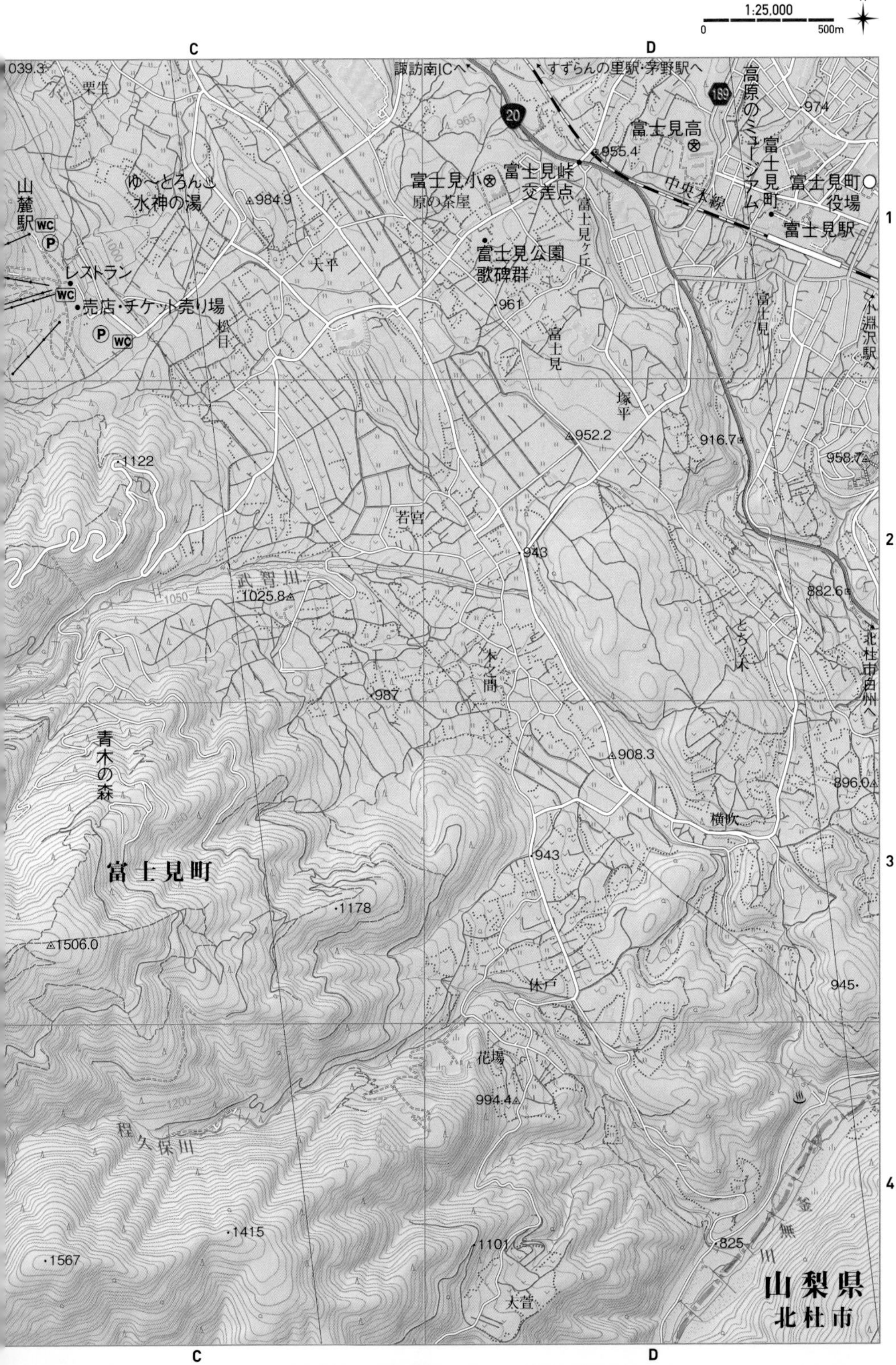

1:25,000
0
500m
N
C
D
1
2
3
4
039.3
栗生
諏訪南ICへ
すずらんの里駅・茅野駅へ
20
189
高原のミュージアム
974
富士見高
955.4
富士見小
富士見峠交差点
富士見町
富士見町役場
富士見駅
中央本線
原の茶屋
ゆ〜とろん水神の湯
984.9
山麓駅
WC
P
レストラン
売店・チケット売り場
大平
富士見ケ丘
富士見公園歌碑群
961
松目
富士見
塚平
952.2
916.7
958.7
小淵沢駅へ
1122
若宮
943
武智川
1025.8
1050
882.6
とちノ木
北杜市白州へ
木之間
987
908.3
青木の森
896.0
横吹
943
富士見町
1178
1506.0
休戸
945
花場
994.4
程久保川
1200
釜無川
1415
1101
825
1567
大萱
山梨県
北杜市

16 入笠山・富士見パノラマリゾート

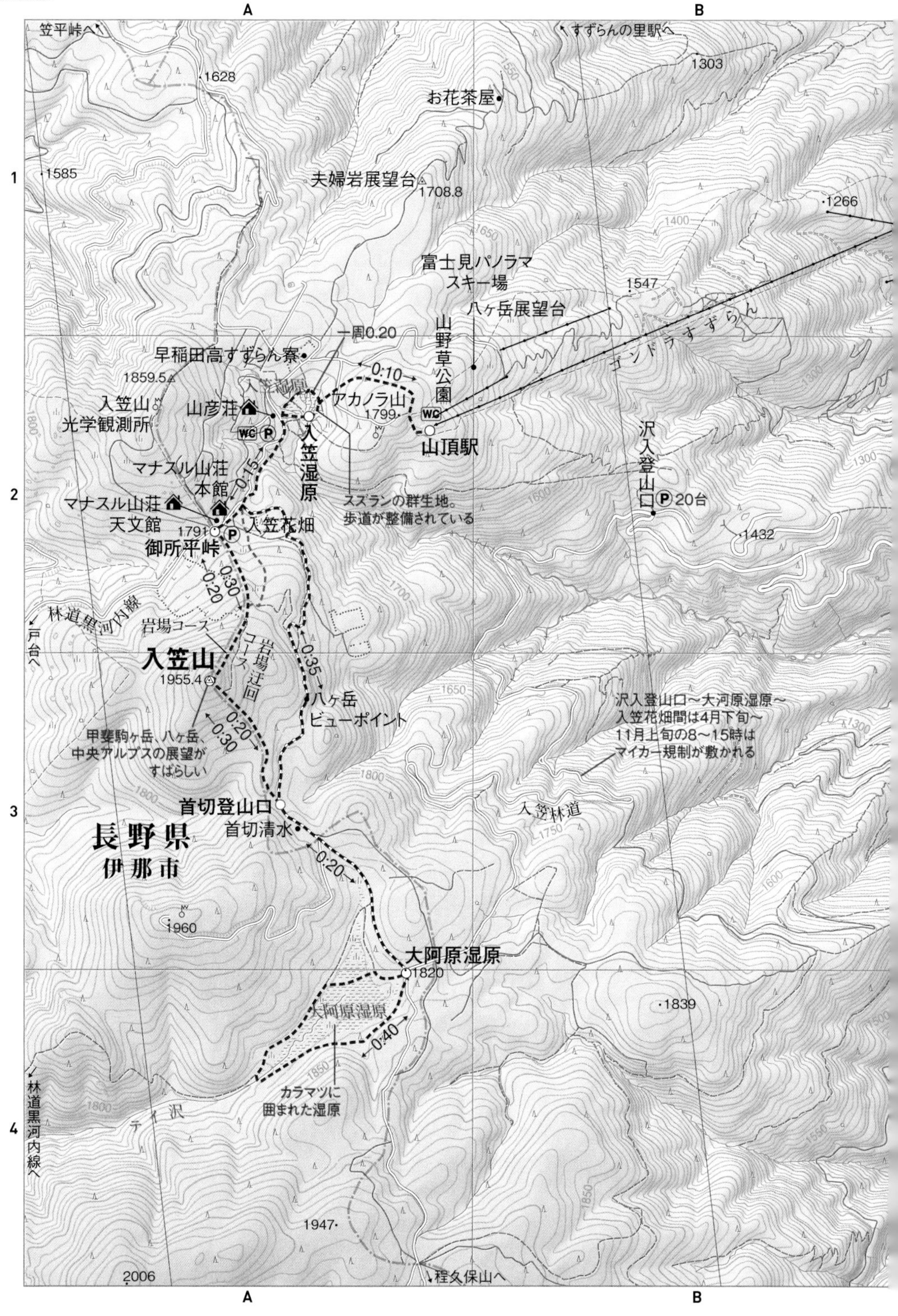

1:50,000
0
1km
N
C
D
長坂駅へ
739.4
長坂駅へ
705
703
夏秋
705.6
長坂ICへ
672.1
小池
小深沢川
698
606
大深沢川
上条
648
上黒澤
宮尾根
東尾根
657
611
678
花水
672.7
638
新田
679.8
台ヶ原宿
17
原町
前田
台ヶ原
668
640
659
570.6
576.1
長坂下条
上日野
日野
608.1
渋沢
塚川
28
中央自動車道
653.3
丸山
20
655
前村
627
594.1
下日野
617
甲川
志合
北杜高
オオムラサキ自然公園
中央本線
下黒澤
打越
鳩川
739
上三吹
524.7
622
乙坂
636
甲州街道
633.6
510
新屋敷
三吹
富岡
621
697.4
日野春駅
和田
須玉ICへ
大武川
605.9
612
613
572
下和田
611
釜無川橋
北杜市役所
武川総合支所
下三吹
612
柳沢
601
新開地
509.3
634
牧原
武川町
牧原交差点
須玉ICへ
山高
むかわの湯
600.6
柳澤
633
633.8
宇宙桜
神代桜
黒澤
592
黒沢川
528
七里岩
富脇
479.7
475.8
642
若神子新町
新奥
甲斐駒CC
506.9
643.6
515
釜無川
17
境之澤
498
オートキャンプ
牧場チロル
上円井
788
538
817.5
475.8
801
670
643.7
穴山橋
865
881.6
重久
591
443.5
962
794
610
宇波円井
1076.2
994
韮崎市
韮崎駅
755
972
645.7
下円井
12
791
穴山駅
入戸野橋
464
423.0
精進ヶ滝林道
1206
1128
934
戸沢
627
上来沢
小武川
784
小武川林道
入戸野
荒倉山
唐沢
1132
1258
680
1168
628
421
韮崎市街へ
座石温泉へ
御座石温泉へ
青木鉱泉へ
1
2
3
4

A
B
1
2
3
4
14
神宮川
小淵沢・茅野へ
前沢
田沢川
釜無川
白須
道の駅 はくしゅう
白州農協前 交差点
白州町
竹宇
白州中
尾白の湯
尾白川リゾート
614
白州・尾白 FLORA
尾白の森 名水公園 べるが
べるが尾白の森 キャンプ場
中山峠
西村
本村
横手
新居
原村
尾白川
白州観光尾白キャンプ場
竹宇駒ヶ岳 神社
横手駒ヶ岳神社
東村山市 白州山の家
大武川河川公園
新田
大坊
入大坊
滝道川
三景園 オートキャンプ場
ACNオート リゾートパーク
篠沢大滝キャンプ場
薮の湯
山梨県
北杜市
見返
精進ヶ滝へ
日向山
雁ヶ原
展望よい
雨量計
通行止め
錦滝
尾白川林道
百合ヶ淵
ゲート
旭滝
千ヶ淵
尾白川渓谷
神蛇滝
龍神平
十二曲り
不動滝
樹林帯
矢立石駐車場
尾白渓谷駐車場
スペース狭く なるべく尾白渓谷 駐車場を利用する
ザレ場
広葉樹林
急坂が連続する
粥餅石
笹ノ平 分岐
展望台
ササ原
針葉樹林帯の急坂
小平坦地
八丁坂
黒戸尾根
五合目小屋跡へ
前屏風ノ頭
刃渡り
刀利天狗
ナイフエッジの 一枚岩。 クサリあり
黒戸山
桑木沢
篠沢
宮ノ頭
大武川
ヒョングリ滝
赤薙ノ滝
田滝沢
赤薙沢
石空川
一ノ沢
1:00
1:30
0:05
0:40
1:40
2:30
1:20
2:00

1:50,000
0
1km
N
C
D
1
2
3
4
富士見町
山梨県
北杜市
釜無川
中島沢
門口沢
岳沢
黒川
清水谷
大平
△1625.1
1442
1224
1714
1797
1690
1601
1735
1329
1725
1386
1781
1615
1802
1787
2144
1719
1839
1534
2109
樅沢
前松尾沢
黒津沢
悪沢
本
中ノ川沢
荒
大岩山
△2319.6
2029
鞍掛山
2037
1798
鞍掛沢
編笠山
2514
1848
七ツ釜
八丁尾根
1622
2301
角兵衛沢ノ頭
三角点ピーク
2607.1
角兵衛のコル
大崩ノ頭
横岳
2142
横岳峠
第一高点
2685
鋸岳
日本二百名山の一峰だが
山頂一帯は鋭い岩稜が続く
バリエーションコースとなっている
2140
2080
1787
噴水滝
鹿窓(風穴)
2675
第二高点
中ノ川乗越
本谷
1733
黄蓮谷
刀利天狗へ
大岩下ノ岩小屋
寝木小屋沢
烏帽子岳
2594
坊主山
2365
針葉樹林帯の平坦な道
クサリ、ハシゴ連続
0:40
1:00
熊穴沢ノ頭
三ッ頭
2589
七丈第一小屋
七丈第二小屋
屏風岩
2254.0
黒戸山
角兵衛ノ大岩
角兵衛沢
熊穴沢
赤河原分岐
2645
広々とした山頂で、360度の大展望
1:00
1:30
甲斐駒ヶ岳
2262
五合目
嫦娥岳
△2047.1
ヤケノ滝尾根
六合目小屋
八合目
0:40
1:10
0:40
1:00
小屋跡の小平坦地
戸台川出合
七丈ノ滝
1719
1451
赤河原
二合目
丹渓山荘跡
三角形の甲斐駒ヶ岳がみごと
やせ尾根
六方石
2967
2965.5
鳥居
御来迎場
展望よし
2094
丹渓新道
丹渓新道登山口
2574
2752
白ガレの斜面
摩利支天
赤石沢
八丁坂
北沢峠こもれび山荘
樹林帯の急坂
駒津峰
2740
双児山
2649
1:00
0:40
1936
平右衛門谷
藪沢
不動岩
2536
急坂
1:00
1:30
1:30
1:00
0:15
0:10
2502
1:50
1:10
0:40
0:30
仙水峠
2264
大武川
2236
1854
2183
1631
針葉樹林帯
2036
北沢峠
岩塊の斜面
摩利支天が大迫力
大平山荘
0:30
0:25
仙水小屋
急坂
1:30
1:00
高度感あふれる甲斐駒ヶ岳の展望
1799
2:00
2:30
1:20
長衛小屋
栗沢山
2714
1:10
1:00
三角点
馬ノ背
2716.1
藪沢大滝
馬の背ヒュッテへ
二合目
2195
2:00
0:10
栗沢山西尾根
2306
1:30
2:00
アサヨ峰へ
五合目へ
広河原へ
WC

15
12

14 甲斐駒ヶ岳・栗沢山・北沢峠・戸台

12

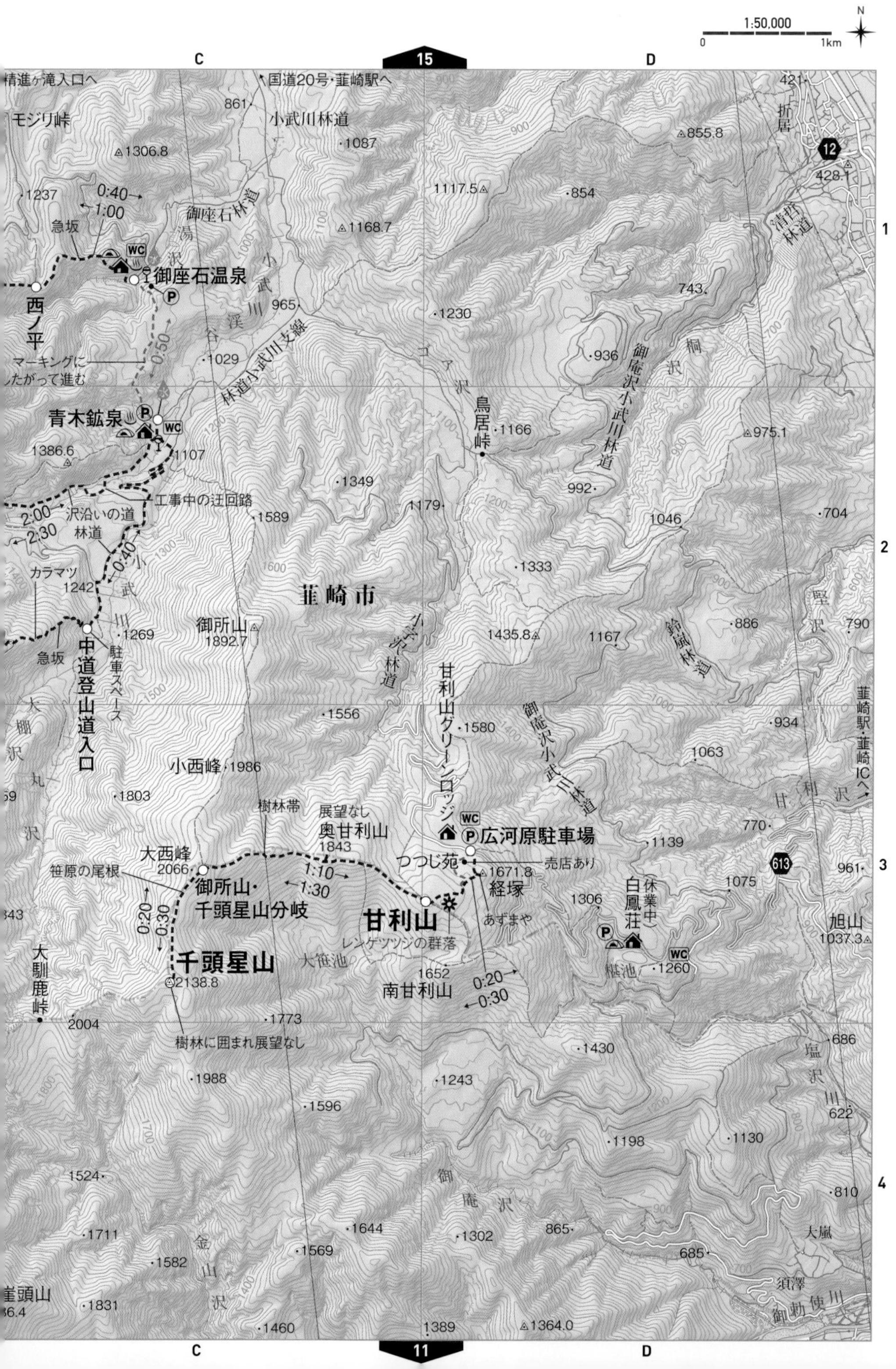
1:50,000
0
1km
N
C
15
D
精進ヶ滝入口へ
国道20号・韮崎駅へ
モジリ峠
861
小武川林道
1087
1306.8
855.8
421
折居
12
428.1
1237
0:40
1:00
急坂
御座石林道
1117.5
854
1168.7
清哲林道
湯沢
WC
御座石温泉
P
西ノ平
小武川
渓谷
965
1230
743
0:50
マーキングに
したがって進む
1029
林道小武川支線
ゴア沢
936
御庵沢小武川林道
桐沢
青木鉱泉
P
WC
1386.6
1107
鳥居峠
1166
975.1
1349
992
2:00
2:30
工事中の迂回路
沢沿いの道
林道
1589
1179
1046
704
0:40
カラマツ
1242
小武川
1333
韮崎市
中道登山道入口
1269
駐車スペース
御所山
1892.7
小室沢林道
1435.8
1167
鈴嵐林道
886
堅沢
790
急坂
甘利山グリーンロッジ
大棚沢
丸沢
1556
1580
御庵沢小武川林道
934
韮崎駅・韮崎IC へ
小西峰
1986
1063
1803
甘利沢
樹林帯
展望なし
奥甘利山
1843
WC
P
広河原駐車場
770
1139
大西峰
2066
笹原の尾根
つつじ苑
1:10
1:30
売店あり
1671.8
613
961
御所山・
千頭星山分岐
経塚
白鳳荘
(休業中)
1306
1075
0:20
0:30
甘利山
あずまや
旭山
1037.3
レンゲツツジの群落
P
大駒鹿峠
千頭星山
大笹池
WC
椹池
1260
2138.8
1652
南甘利山
0:20
0:30
2004
1773
樹林に囲まれ展望なし
1430
686
塩沢川
1988
1243
1596
622
1198
1130
1524
御庵沢
810
1711
1644
1302
865
金山沢
大嵐
1569
685
1582
須澤
韮頭山
1831
御勅使川
1460
1389
1364.0
C
11
D
1
2
3
4

13 鳳凰三山・甘利山・広河原

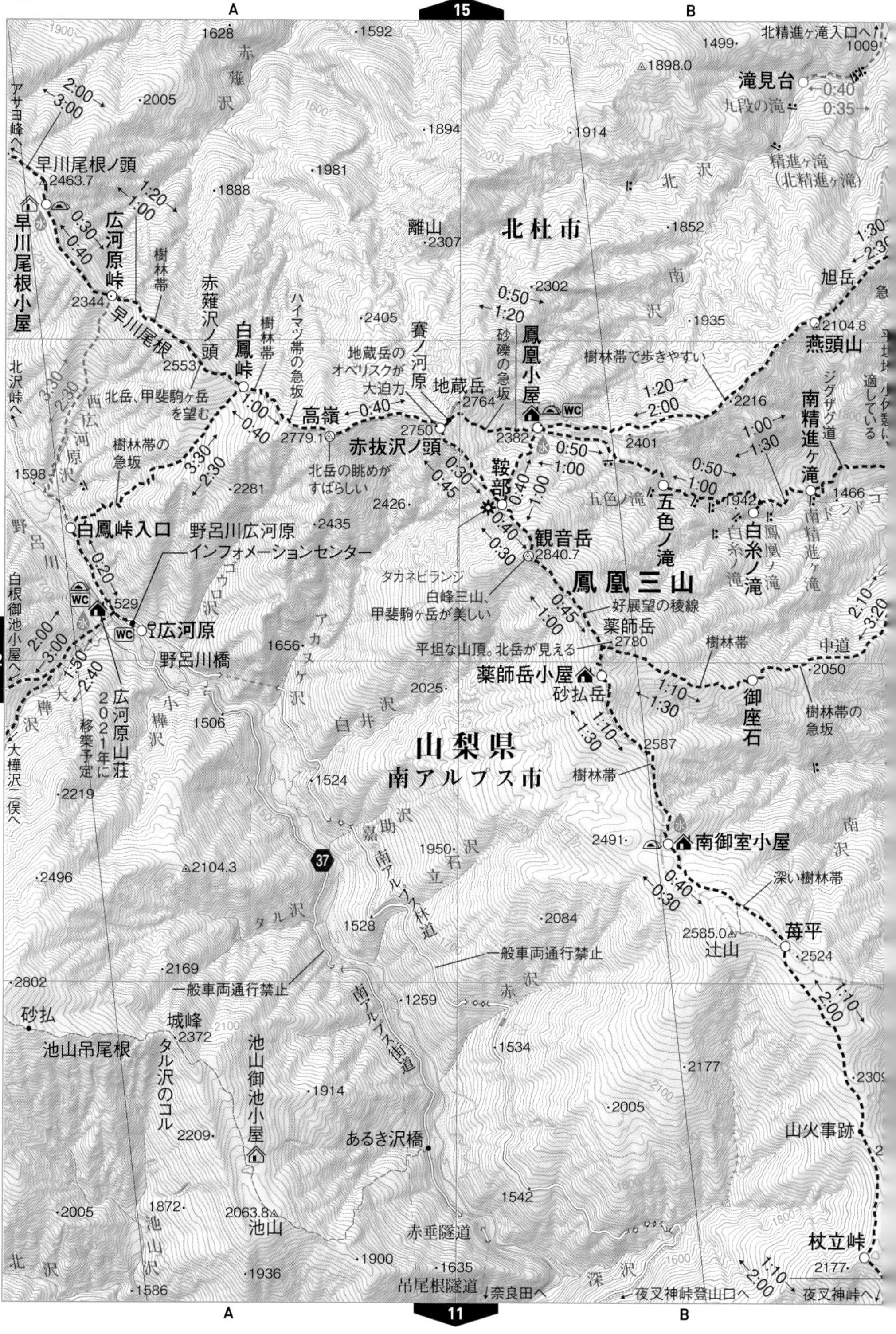

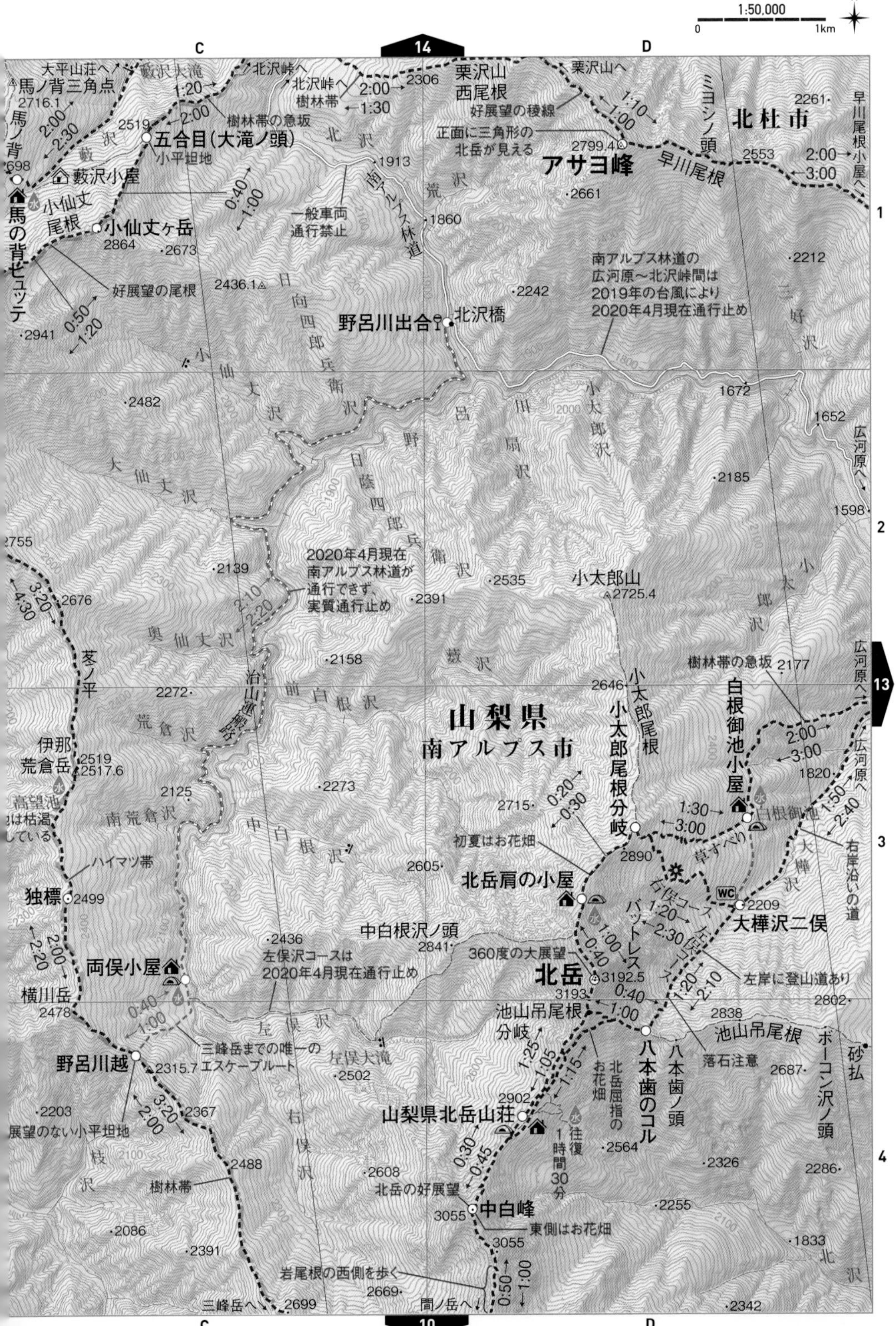
1:50,000
0
1km
N
C
D
馬ノ背三角点
2716.1
大平山荘へ
藪沢大滝
北沢峠へ
北沢峠へ
樹林帯
2306
栗沢山
西尾根
好展望の稜線
栗沢山へ
北杜市
五合目（大滝ノ頭）
小平坦地
樹林帯の急坂
藪沢小屋
小仙丈尾根
小仙丈ヶ岳
2864
2673
馬の背ヒュッテ
2941
好展望の尾根
正面に三角形の北岳が見える
2799.4
アサヨ峰
ミヨシノ頭
早川尾根
2553
早川尾根小屋へ
2261
2661
一般車両通行禁止
南アルプス林道
1913
1860
南アルプス林道の広河原～北沢峠間は2019年の台風により2020年4月現在通行止め
2242
2212
2436.1
野呂川出合
北沢橋
日向四郎兵衛沢
小仙丈沢
大仙丈沢
2482
野呂川
小太郎沢
1672
1652
広河原へ
2185
1598
三好沢
2755
2676
2020年4月現在南アルプス林道が通行できず、実質通行止め
2139
2535
2391
小太郎山
2725.4
奥仙丈沢
2158
薮沢
2646
小太郎尾根
樹林帯の急坂
2177
広河原へ
白根御池小屋
13
山梨県
南アルプス市
荒倉沢
2272
前白根沢
治山運搬路
伊那荒倉岳
2519
2517.6
高望池は枯渇している
2125
2273
2715
小太郎尾根分岐
2890
1820
広河原へ
白根御池
草すべり
右岸沿いの道
南荒倉沢
中白根沢
初夏はお花畑
北岳肩の小屋
2605
ハイマツ帯
独標
2499
大樺沢二俣
2209
中白根沢ノ頭
2841
360度の大展望
北岳
3192.5
3193
バットレス
右俣コース
左俣コース
左岸に登山道あり
2436
左俣沢コースは2020年4月現在通行止め
両俣小屋
横川岳
2478
2802
池山吊尾根分岐
八本歯のコル
八本歯ノ頭
池山吊尾根
2838
落石注意
砂払
左俣沢
左俣大滝
三峰岳までの唯一のエスケープルート
野呂川越
2315.7
2502
2687
ボーコン沢ノ頭
北岳屈指のお花畑
2902
山梨県北岳山荘
往復1時間30分
2367
2203
展望のない小平坦地
2564
2326
2286
右俣沢
枝沢
2488
2608
樹林帯
北岳の好展望
中白峰
3055
2255
東側はお花畑
2086
2391
3055
1833
北沢
岩尾根の西側を歩く
2669
三峰岳へ
2699
間ノ岳へ
2342
1
2
3
4

北岳・仙丈ヶ岳・アサヨ峰

14

A
B
1
2
3
4
市野瀬へ
2087
松峰小屋
2023
1585
2054
崩
落
谷
0:55
1:10
1884
1786
地蔵岳
2371.0
展望よし
2115
2356
2422
地蔵尾根
1970
仙丈小屋
0:15
0:20
2736
仙丈ヶ岳
3032.9
塩
沢
1718
2057
2361
田
城
高
原
1613
北岳、甲斐駒ヶ岳などが
好展望
1773
大仙丈ヶ岳
2975
カール
1707
1648
2271
2710
1539
中央アルプスなどの
好展望
1889
2396
仙塩尾根
丸山
2223.9
1468
1384.5
2107
2487
北
沢
2113
1886
1031
兎
台
谷
2524
瀬
戸
峡
1853
1148
丸
山
谷
南
沢
2355
1409
2212
三
峰
川
柳
沢
1551
長野県
伊那市
小瀬戸山
2293.4
1918
1700
2178
1047
2083
三
峰
川
1924.2
小
横
川
1721
2156
1075
小
瀬
戸
谷
1533
1972
1961
2185.6
1629
大
横
川
1885
船
形
沢
1111
1468
小瀬戸ノ湯跡
1386
1668
2099
1271
2070
東
風
巻
谷
黒
桧
谷

10

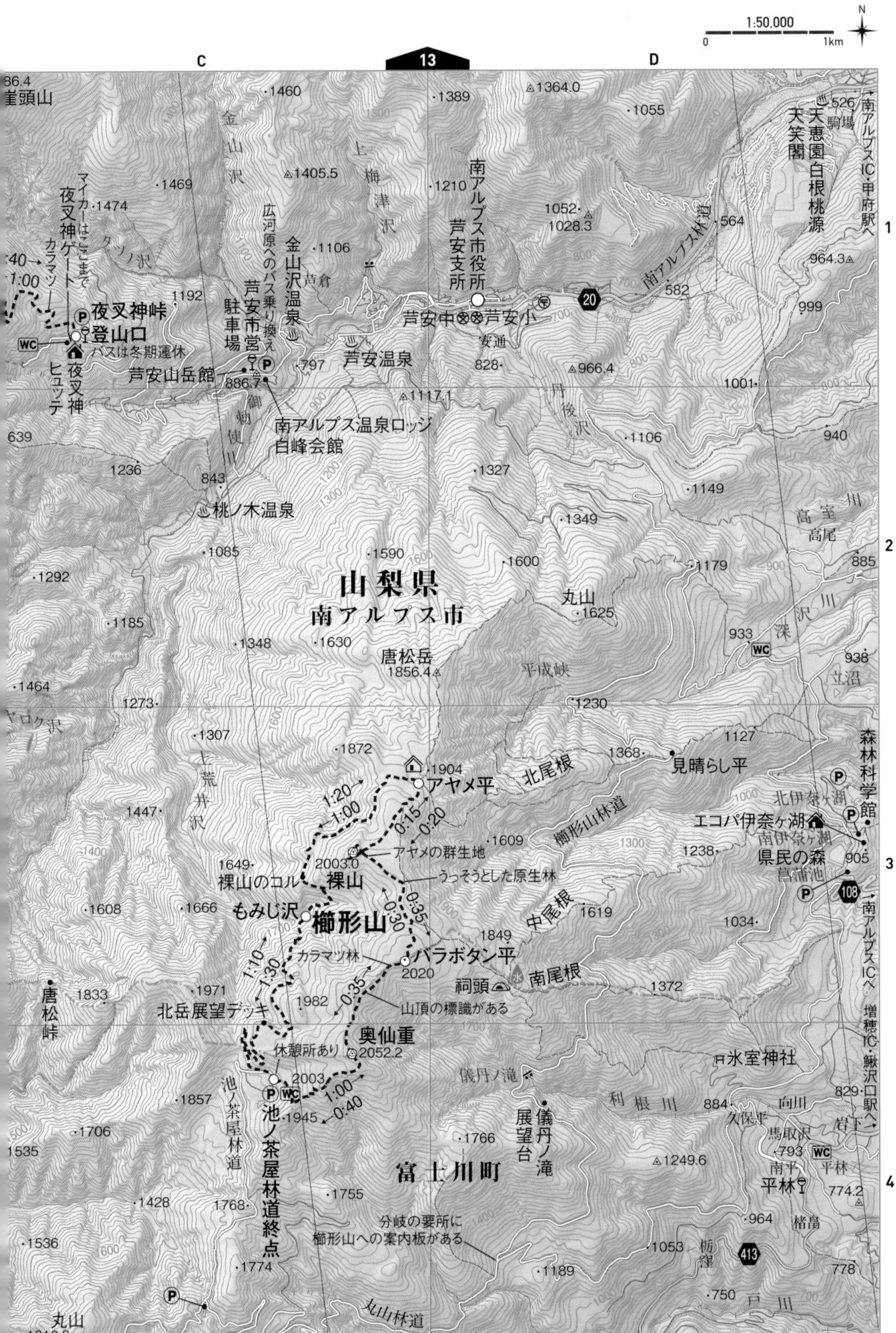
1:50,000
0
1km
N
C
13
D
1
2
3
4
9
夜叉神峠
登山口
マイカーはここまで
夜叉神ゲート
カラマツ
バスは冬期運休
夜叉神ヒュッテ
芦安山岳館
芦安市営駐車場
広河原へのバス乗り換え
金山沢温泉
芦安温泉
南アルプス温泉ロッジ
白峰会館
桃ノ木温泉
南アルプス市役所芦安支所
芦安中
芦安小
安通
南アルプス林道
天恵園
白根桃源天笑閣
駒場
南アルプスIC・甲府駅へ
山梨県
南アルプス市
唐松岳
1856.4
丸山
1625
平成峡
見晴らし平
北尾根
櫛形山林道
中尾根
南尾根
アヤメ平
1904
アヤメの群生地
うっそうとした原生林
裸山
2003.0
裸山のコル
もみじ沢
櫛形山
バラボタン平
2020
カラマツ林
祠頭
山頂の標識がある
北岳展望デッキ
奥仙重
2052.2
休憩所あり
2003
池ノ茶屋林道終点
池ノ茶屋林道
1:20
1:00
0:15
0:20
0:35
0:30
1:10
1:30
0:35
1:00
0:40
エコパ伊奈ヶ湖
北伊奈ヶ湖
南伊奈ヶ湖
県民の森
菖蒲池
森林科学館
南アルプスICへ
増穂IC・鰍沢口駅へ
氷室神社
儀丹ノ滝
儀丹ノ滝展望台
利根川
久保平
向川
馬取沢
岩下
平林
南平
椿畠
栃窪
戸川
富士川町
分岐の要所に櫛形山への案内板がある
丸山林道
唐松峠
丸山
1910.8
高室川
高尾
深沢川
立沼
金山沢
上梅津沢
丹後沢
御勅使川
上荒井沢
ヤロク沢
タツノ沢
芦倉
崖頭山

11 櫛形山・夜叉神峠・奈良田

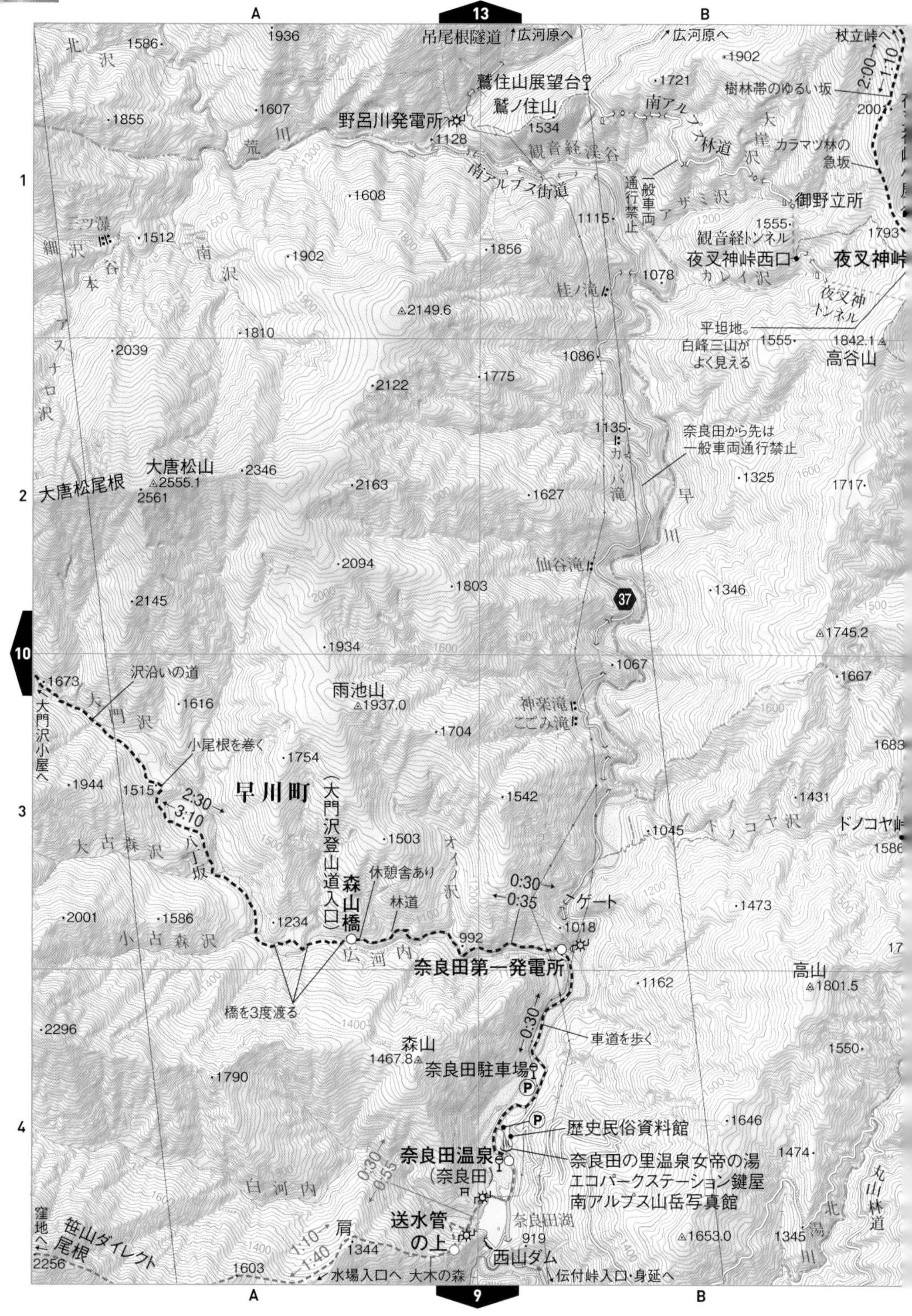

13
9
10
A
B
1
2
3
4
吊尾根隧道
広河原へ
杖立峠へ
鷲住山展望台
鷲ノ住山
1534
野呂川発電所
1128
荒川
観音経渓谷
南アルプス街道
南アルプス林道
一般車両通行禁止
アザミ沢
大崖沢
樹林帯のゆるい坂
カラマツ林の急坂
2:00
1:10
2001
御野立所
1555
観音経トンネル
1793
夜叉神峠西口
夜叉神峠
カレイ沢
夜叉神トンネル
平坦地。白峰三山がよく見える
1555
1842.1
高谷山
1902
1721
1586
1936
1855
1607
1608
北沢
三ツ滝
細沢
本谷
南沢
1512
1902
1856
1115
1078
桂ノ滝
2149.6
1810
2039
アスナロ沢
1086
2122
1775
1135
カッパ滝
奈良田から先は一般車両通行禁止
1325
1717
早川
大唐松山
2555.1
2561
大唐松尾根
2346
2163
1627
2094
仙谷滝
1803
37
1346
2145
1745.2
1934
1067
1673
沢沿いの道
大門沢
大門沢小屋へ
1616
雨池山
1937.0
神楽滝
こごみ滝
1667
1704
1683
小尾根を巻く
1754
1944
1515
2:30
3:10
早川町
（大門沢登山道入口）
1542
1431
1045
ドノコヤ沢
ドノコヤ峠
1586
大古森沢
八丁坂
1503
オイノ沢
森山橋
休憩舎あり
林道
0:30
0:35
ゲート
1473
2001
1586
1234
992
1018
小古森沢
広河内
奈良田第一発電所
1162
高山
1801.5
橋を3度渡る
0:30
車道を歩く
2296
森山
1467.8
奈良田駐車場
1550
1790
1646
歴史民俗資料館
奈良田温泉
（奈良田）
奈良田の里温泉女帝の湯
エコパークステーション鍵屋
南アルプス山岳写真館
1474
0:30
0:55
白河内
丸山林道
北湯川
奈良田湖
919
1653.0
1345
窪地へ
笹山ダイレクト尾根
肩
1:10
1:40
1344
送水管の上
西山ダム
2256
1603
水場入口へ
大木の森
伝付峠入口・身延へ

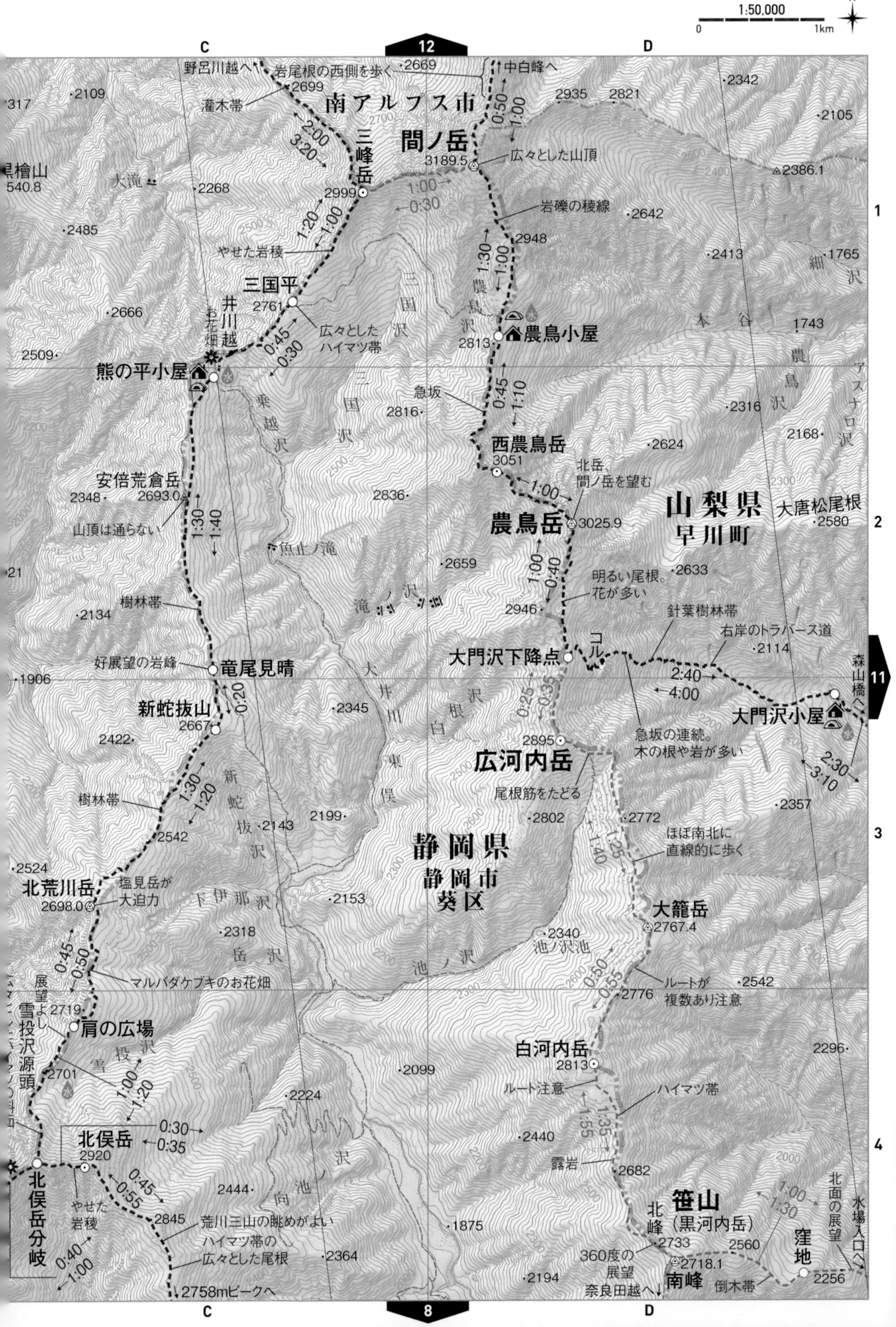

1:50,000
0
1km
N
12
C
D
野呂川越へ
岩尾根の西側を歩く
2669
中白峰へ
2699
灌木帯
南アルプス市
間ノ岳
三峰岳
2:00
3:20
0:50
1:00
3189.5
広々とした山頂
2935
2821
2342
2105
2109
2386.1
大滝
2268
2999
1:00
0:30
岩礫の稜線
2642
1
2485
1:20
1:00
2948
1:30
1:00
やせた岩稜
2413
1765
細沢
三国平
三国沢
農鳥沢
2761
井川越
お花畑
2666
広々としたハイマツ帯
本谷
1743
0:45
0:30
農鳥小屋
2813
農鳥沢
アスナロ沢
2509
熊の平小屋
急坂
0:45
1:10
乗越沢
三国沢
2816
2316
2168
西農鳥岳
2624
3051
北岳、間ノ岳を望む
安倍荒倉岳
2693.0
2348
2836
1:00
山梨県
早川町
大唐松尾根
2
農鳥岳
3025.9
2580
1:30
1:40
山頂は通らない
魚止ノ滝
2659
1:00
0:40
明るい尾根。花が多い
2633
滝ノ沢
2946
樹林帯
針葉樹林帯
2134
右岸のトラバース道
2114
好展望の岩峰
竜尾見晴
大門沢下降点
コル
森山橋へ
11
1906
2:40
4:00
大井川東俣
白根沢
0:20
0:25
0:35
新蛇抜山
2345
大門沢小屋
2667
2422
2895
急坂の連続。木の根や岩が多い
広河内岳
2:30
3:10
1:30
1:20
新蛇抜沢
樹林帯
尾根筋をたどる
2199
2143
2802
2772
2357
2542
静岡県
静岡市
葵区
1:25
1:40
ほぼ南北に直線的に歩く
3
2524
北荒川岳
塩見岳が大迫力
2698.0
下伊那沢
2153
大籠岳
2767.4
2318
岳沢
2340
池ノ沢池
0:45
0:50
池ノ沢
0:50
0:55
ルートが複数あり注意
2542
マルバダケブキのお花畑
展望よし
2719
2776
雪投沢源頭
肩の広場
雪投沢
白河内岳
2296
2701
2813
1:00
1:20
2099
ルート注意
ハイマツ帯
2224
1:35
1:55
0:30
0:35
北俣岳
2440
4
2920
2682
露岩
北俣岳分岐
やせた岩稜
0:45
0:55
2444
向池ノ沢
笹山
北峰
(黒河内岳)
1:00
1:30
北面の展望
水場入口へ
2845
荒川三山の眺めがよい
1875
ハイマツ帯の広々とした尾根
2733
360度の展望
2560
窪地
0:40
1:00
2364
2718.1
南峰
倒木帯
2256
2194
2758mピークへ
奈良田越へ
C
8
D

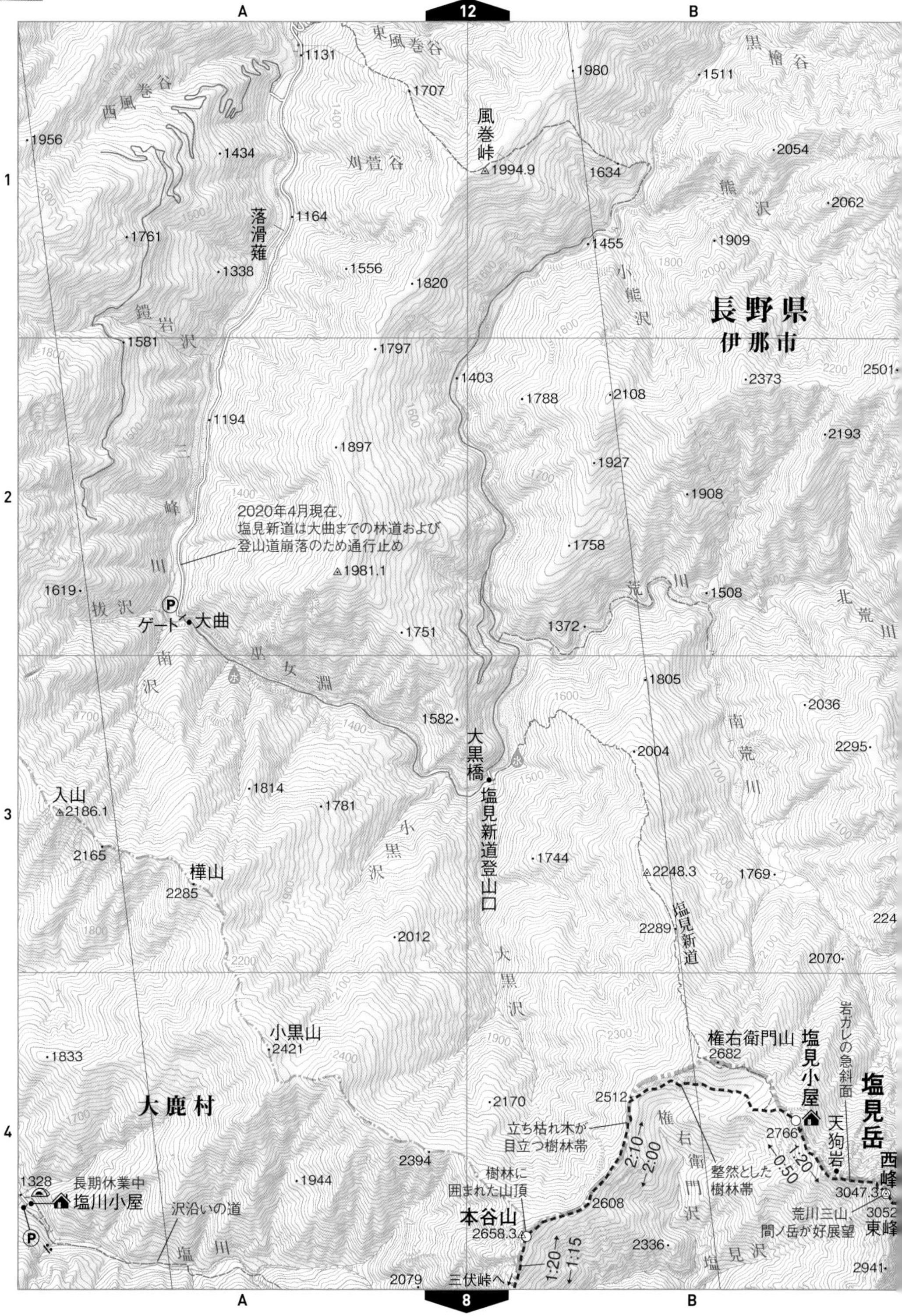
A
12
B
東風巻谷
黒檜谷
西風巻谷
1131
1707
1980
1511
1956
1434
風巻峠
1994.9
1634
2054
刈萱谷
熊沢
2062
落滑薙
1164
1761
1455
1909
1338
1556
1820
小熊沢
長野県
伊那市
鎧岩沢
1581
1797
1403
2373
2501
1788
2108
1194
1897
2193
三峰川
1927
1908
2020年4月現在、
塩見新道は大曲までの林道および
登山道崩落のため通行止め
1758
1981.1
1619
荒川
1508
北荒川
抜沢
ゲート
大曲
1751
1372
南沢
巫女淵
1805
2036
1582
南荒川
大黒橋
2004
2295
入山
2186.1
1814
1781
塩見新道登山口
小黒沢
2165
1744
2248.3
1769
樺山
2285
2012
2289
塩見新道
224
2070
大黒沢
岩ガレの急斜面
小黒山
2421
権右衛門山
2682
塩見小屋
1833
塩見岳
大鹿村
2170
2512
立ち枯れ木が
目立つ樹林帯
権右衛門沢
2766
天狗岩
2:10
2:00
1:20
0:50
西峰
2394
整然とした
樹林帯
3047.3
1328
長期休業中
塩川小屋
樹林に
囲まれた山頂
1944
2608
荒川三山、
間ノ岳が好展望
3052
東峰
沢沿いの道
本谷山
2658.3
2336
塩川
塩見沢
1:20
1:15
2941
2079
三伏峠へ
8
1
2
3
4

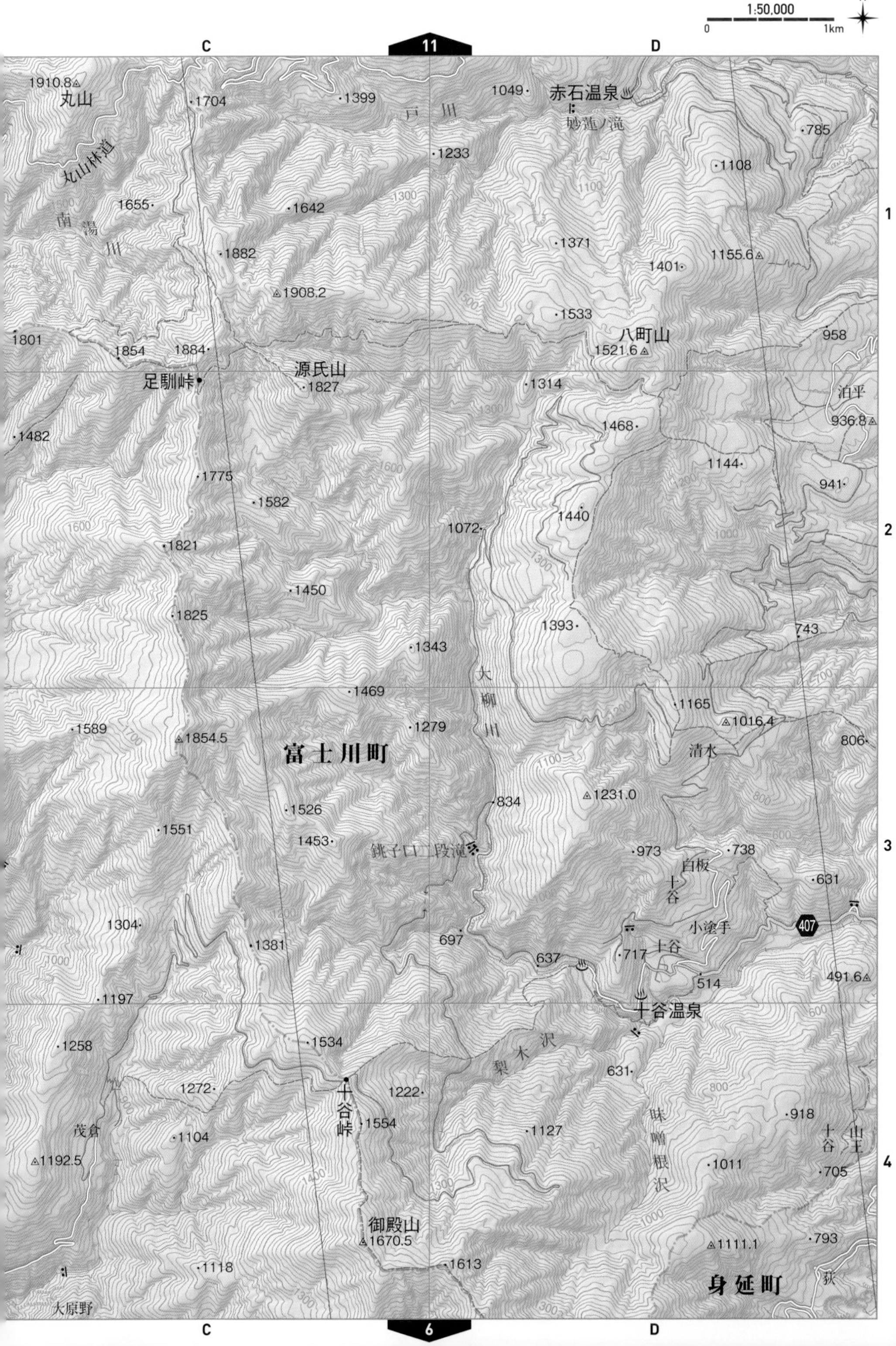

1:50,000
0
1km
N
C
11
D
1
2
3
4
6
1910.8
丸山
1704
1399
1049
赤石温泉
妙蓮ノ滝
戸
川
1233
785
丸山林道
1108
1655
南
湯
川
1642
1371
1155.6
1401
1882
1908.2
1533
1801
1854
1884
八町山
1521.6
958
足馴峠
源氏山
1827
1314
泊平
936.8
1482
1468
1144
941
1775
1582
1440
1072
1821
1450
1825
1393
743
1343
大
柳
川
1469
1165
1016.4
1589
1854.5
1279
806
富士川町
清水
1231.0
834
1526
1551
1453
銚子ロ二段滝
973
738
白板
十
谷
631
小塗手
407
1304
1381
697
637
717
上谷
491.6
514
1197
十谷温泉
1258
1534
梨
木
沢
631
1272
十
谷
峠
1222
1554
茂倉
味
噌
根
沢
918
1104
1127
十
谷
山
王
1192.5
1011
705
御殿山
1670.5
1111.1
793
1118
1613
荻
身延町
大原野

9 伝付峠入口・笹山ダイレクト尾根

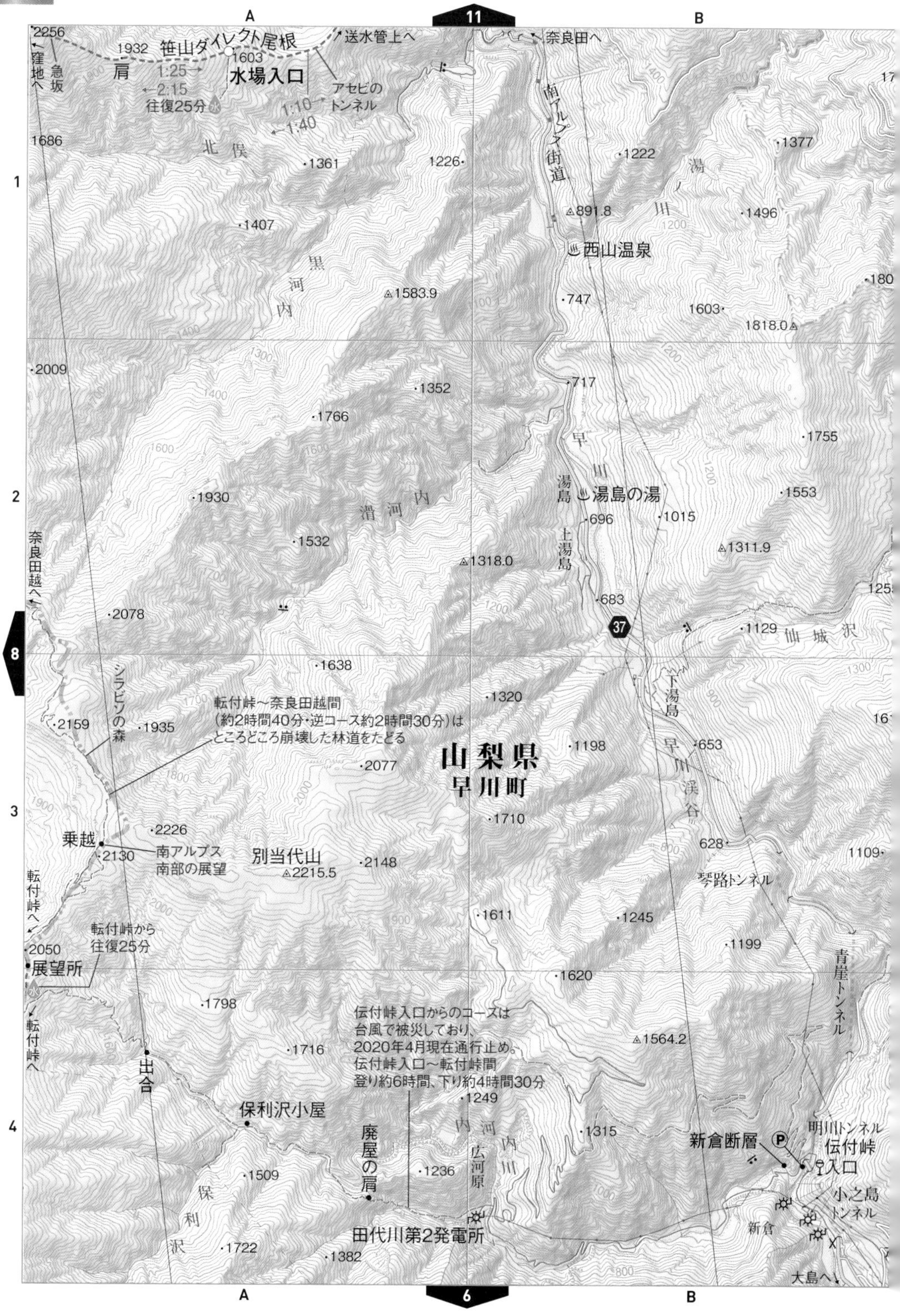

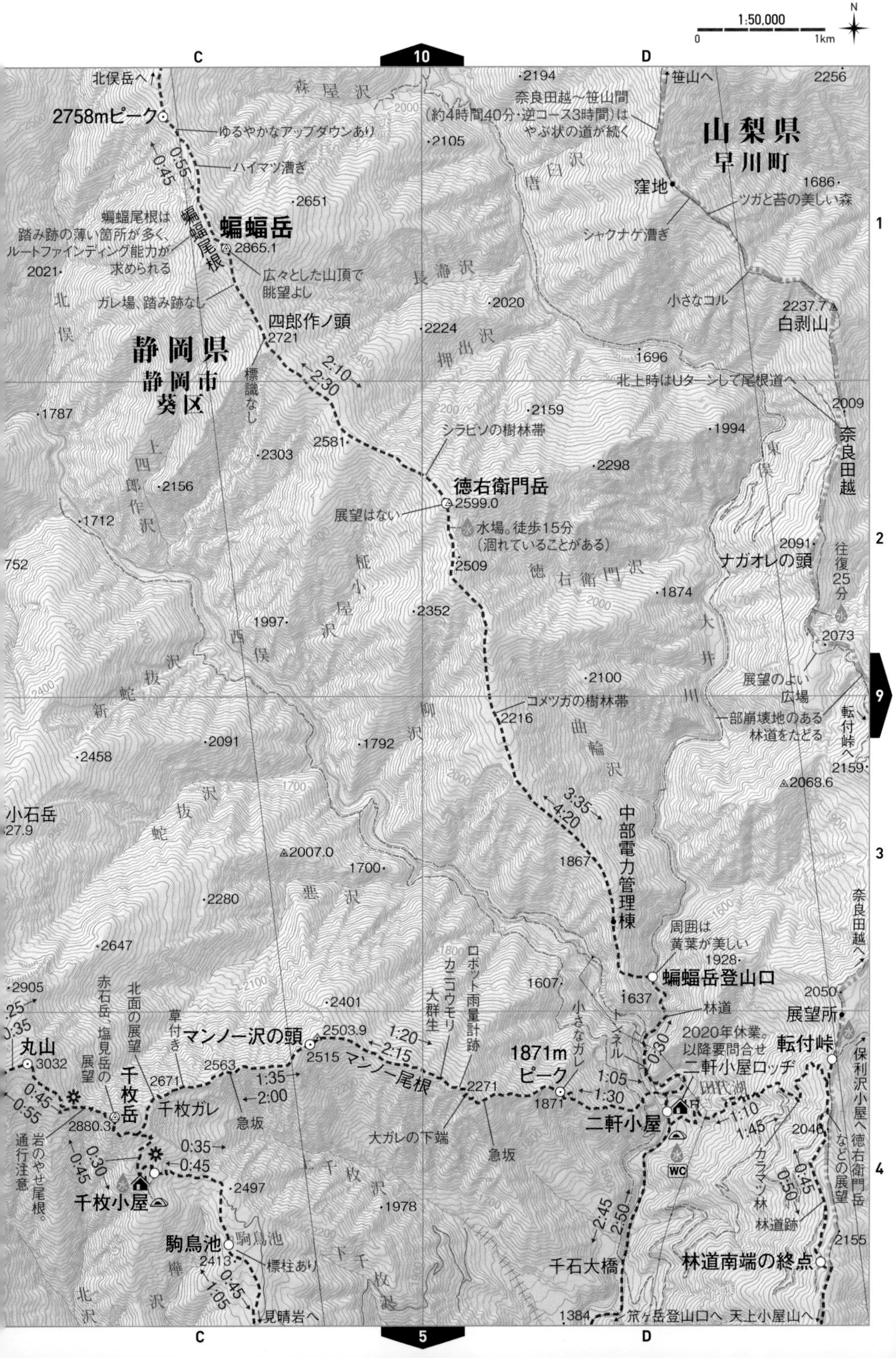
1:50,000
0
1km
N
10
C
D
北俣岳へ
2758mピーク
ゆるやかなアップダウンあり
0:55
0:45
ハイマツ濃ぎ
蝙蝠尾根は踏み跡の薄い箇所が多く、ルートファインディング能力が求められる
蝙蝠岳
蝙蝠尾根
2865.1
広々とした山頂で眺望よし
ガレ場、踏み跡なし
四郎作ノ頭
2721
静岡県
静岡市
葵区
標識なし
森屋沢
長濃沢
押出沢
2:10
2:30
シラビソの樹林帯
徳右衛門岳
2599.0
展望はない
水場。徒歩15分
(涸れていることがある)
2509
徳右衛門沢
柾小屋沢
西俣
上四郎作沢
新蛇抜沢
蛇抜沢
柳沢
コメツガの樹林帯
2216
曲輪沢
大井川
3:35
4:20
中部電力管理棟
1867
周囲は黄葉が美しい
蝙蝠岳登山口
悪沢
ロボット雨量計跡
カニコウモリ大群生
小さなガレ
トンネル
林道
0:30
2020年休業。以降要問合せ
二軒小屋ロッヂ
転付峠
田代湖
1:05
1:30
1871mピーク
1871
二軒小屋
1:10
1:45
カラマツ林
0:50
0:45
林道跡
林道南端の終点
2:45
2:50
千石大橋
笊ヶ岳登山口へ
天上小屋山へ
1384
丸山
3032
0:45
0:55
千枚岳
2880.3
赤石岳、塩見岳の展望
北面の展望
草付き
千枚ガレ
2671
2563
マンノー沢の頭
2503.9
2515
マンノー尾根
1:20
2:15
1:35
2:00
急坂
2271
大ガレの下端
急坂
0:35
0:45
0:30
0:45
岩のやせ尾根。通行注意
千枚小屋
駒鳥池
2413
標柱あり
0:45
1:05
見晴岩へ
2497
上千枚沢
下千枚沢
1978
椹沢
北沢
山梨県
早川町
笹山へ
奈良田越〜笹山間(約4時間40分・逆コース3時間)はやぶ状の道が続く
窪地
ツガと苔の美しい森
シャクナゲ濃ぎ
唐臼沢
小さなコル
白剥山
2237.7
北上時はUターンして尾根道へ
2009
奈良田越
東俣
ナガオレの頭
2091
往復25分
2073
展望のよい広場
一部崩壊地のある林道をたどる
転付峠へ
9
2159
2068.6
奈良田越へ
2050
展望所
保利沢小屋へ
徳右衛門岳などの展望
2046
2155
小石岳
27.9
1
2
3
4
5
2194
2105
2256
1686
2651
2021
2020
2224
1696
2159
1994
1787
2581
2303
2298
2156
1712
752
1874
2352
1997
2100
2091
1792
2458
2007.0
1700
2280
2647
2905
1928
1607
1637
2401
WC

8 荒川岳・小河内岳・蝙蝠岳・二軒小屋

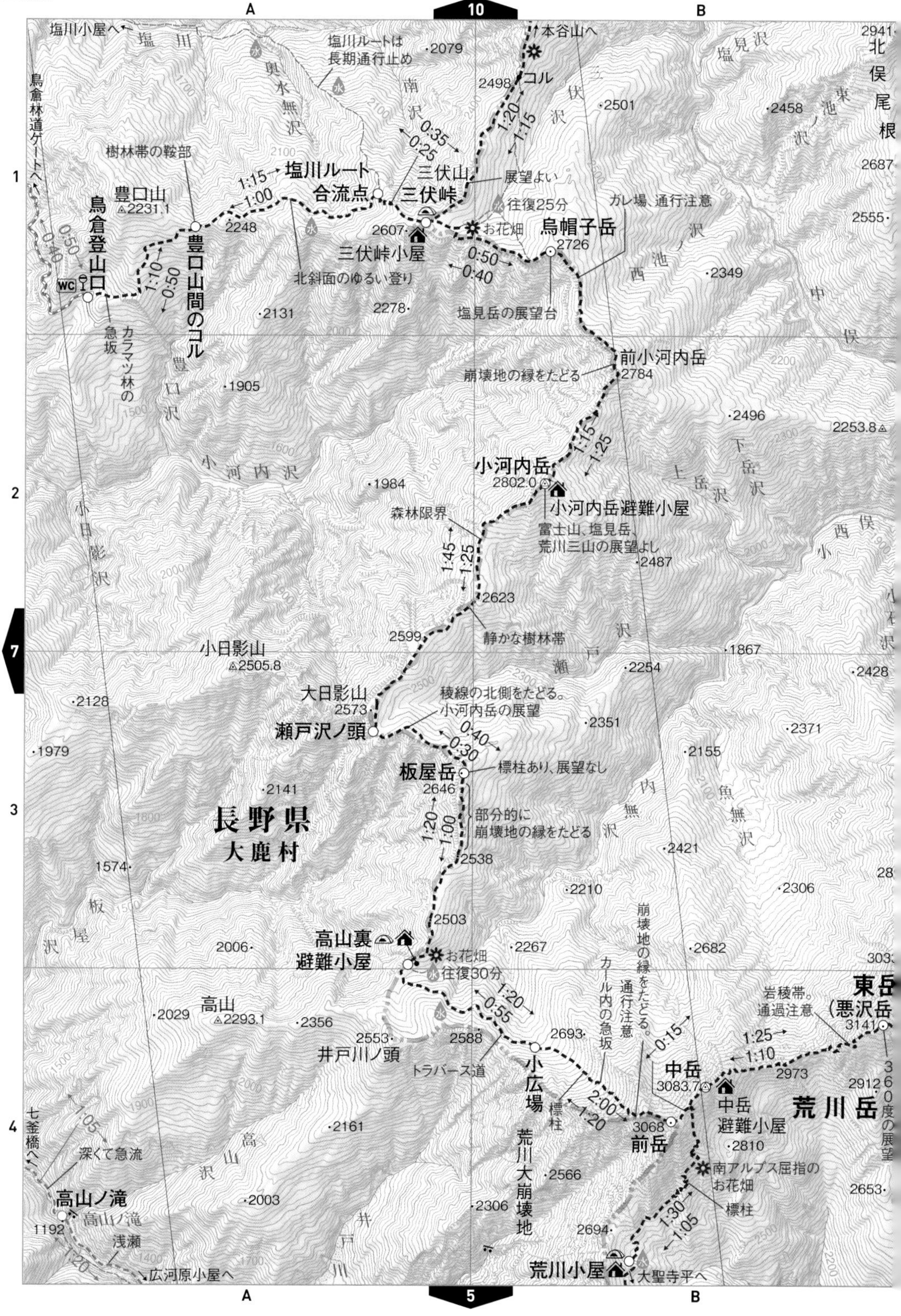

塩川小屋へ
塩川ルートは
長期通行止め
本谷山へ
コル
鳥倉林道ゲートへ
樹林帯の鞍部
塩川ルート
合流点
三伏山
三伏峠
展望よい
往復25分
ガレ場、通行注意
豊口山
△2231.1
鳥倉登山口
豊口山間のコル
お花畑
烏帽子岳
2726
三伏峠小屋
北斜面のゆるい登り
塩見岳の展望台
急坂
カラマツ林の
前小河内岳
2784
崩壊地の縁をたどる
小河内岳
2802.0
小河内岳避難小屋
富士山、塩見岳、
荒川三山の展望よし
森林限界
静かな樹林帯
小日影山
△2505.8
大日影山
2573
稜線の北側をたどる。
小河内岳の展望
瀬戸沢ノ頭
板屋岳
2646
標柱あり、展望なし
部分的に
崩壊地の縁をたどる
長野県
大鹿村
高山裏
避難小屋
お花畑
往復30分
高山
△2293.1
井戸川ノ頭
トラバース道
小広場
標柱
カール内の急坂
通行注意
崩壊地の縁をたどる。
岩稜帯。
通過注意
東岳
(悪沢岳)
3141
中岳
3083.7
中岳
避難小屋
荒川岳
360度の展望
前岳
3068
南アルプス屈指の
お花畑
標柱
荒川大崩壊地
七釜橋へ
深くて急流
高山ノ滝
1192
浅瀬
広河原小屋へ
荒川小屋
大聖寺平へ
北俣尾根

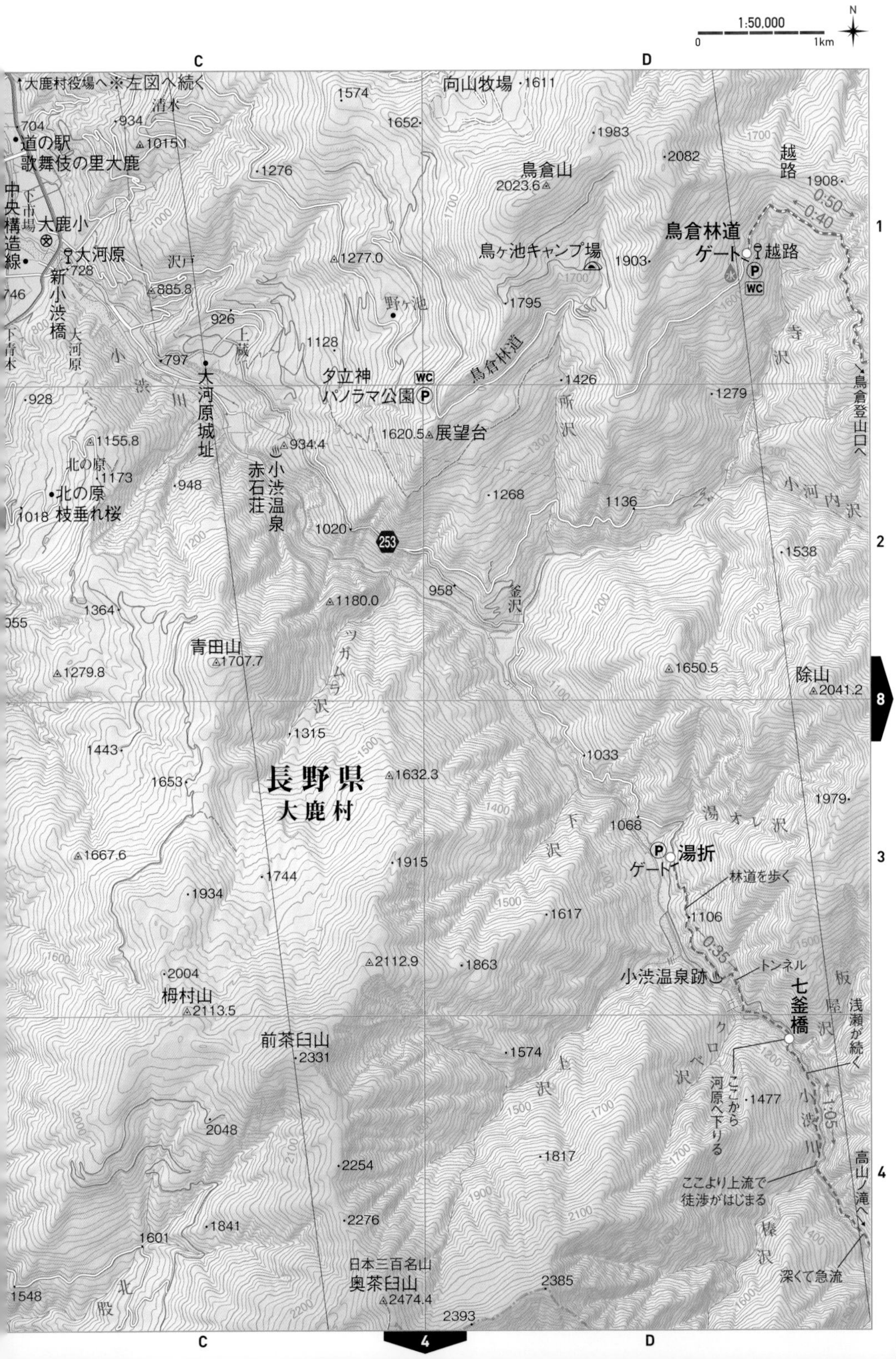
1:50,000
0
1km
N
C
D
↑大鹿村役場へ※左図へ続く
清水
704
934
道の駅
歌舞伎の里大鹿
1015.1
1574
1652
向山牧場
1611
1983
2082
鳥倉山
2023.6
1276
越路
1908
0:50
0:40
1700
中央構造線
下市場
大鹿小
大河原
728
新小渋橋
746
下青木
大河原
沢戸
885.8
926
上蔵
797
1277.0
野ヶ池
1128
鳥ヶ池キャンプ場
1903
1795
鳥倉林道
ゲート
越路
鳥倉林道
寺沢
鳥倉登山口へ
1
小渋川
大河原城址
928
夕立神
パノラマ公園
WC
1426
所沢
1279
1620.5
展望台
1155.8
北の原
1173
934.4
小渋温泉
赤石荘
948
1268
1136
小河内沢
北の原
枝垂れ桜
1018
1020
253
2
1538
958
釜沢
1180.0
1364
055
ツガムラ沢
青田山
1707.7
1279.8
1650.5
除山
2041.2
8
1315
1443
1033
長野県
大鹿村
1632.3
1653
1979
湯オレ沢
下沢
1068
湯折
ゲート
1667.6
3
林道を歩く
1915
1744
1934
1617
1106
0:35
2112.9
1863
2004
小渋温泉跡
トンネル
梯村山
2113.5
七釜橋
板屋沢
浅瀬が続く
前茶臼山
2331
1574
クロベ沢
上沢
ここから河原へ下りる
1477
小渋川
1:05
2048
1817
2254
ここより上流で徒渉がはじまる
高山ノ滝へ
4
2276
1841
1601
榛沢
日本三百名山
奥茶臼山
2474.4
深くて急流
2385
1548
北股
2393
C
D
4

7 湯折・大鹿村中心部

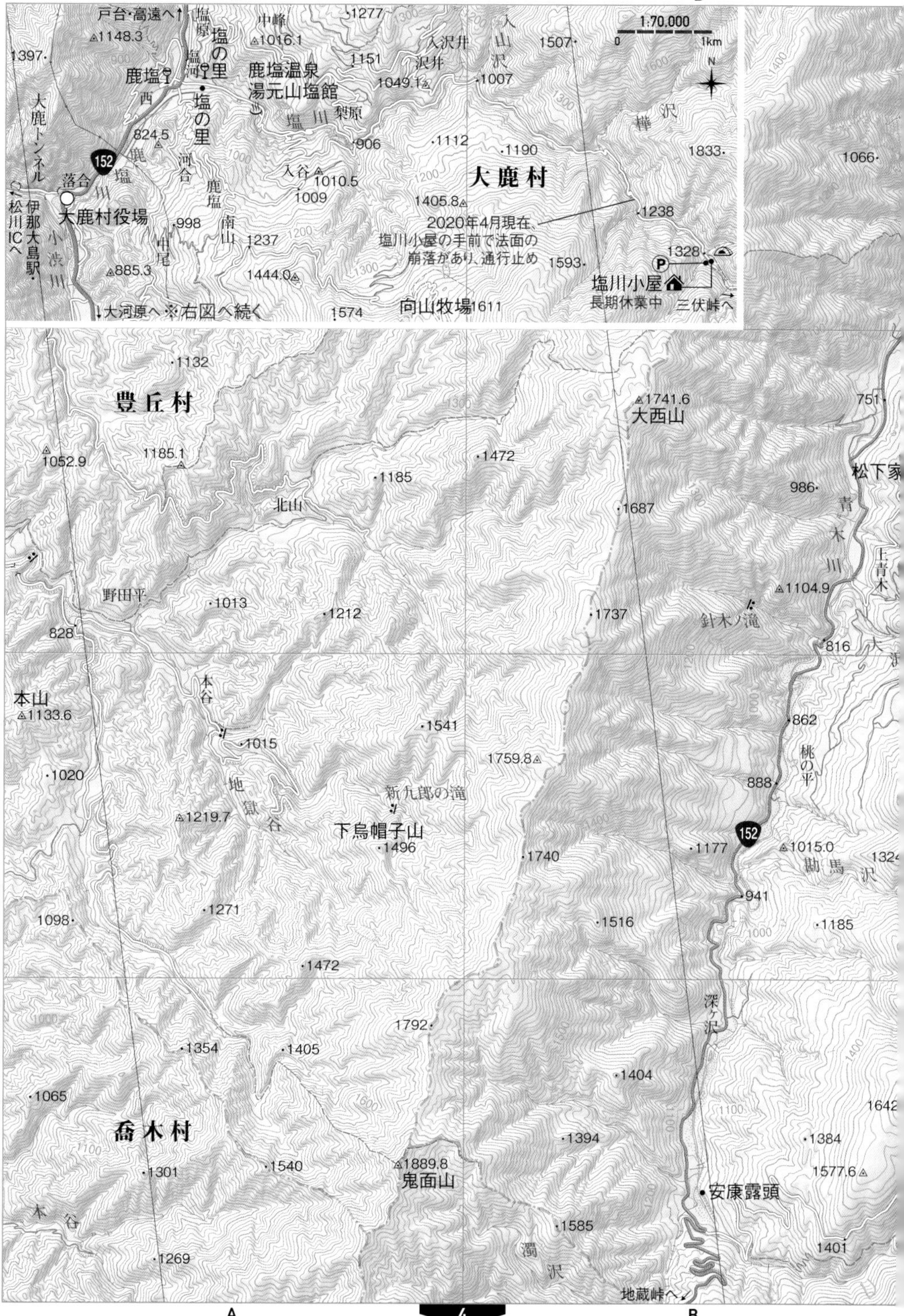

A
B
1
2
3
4
戸台・高遠へ
1:70,000
0
1km
N
塩原
塩の里
塩河
鹿塩
塩の里
鹿塩温泉
湯元山塩館
中峰
1016.1
1148.3
1397
1277
1151
1049.1
入沢井
沢井
入山沢
1507
1007
塩川
梨原
樺沢
906
1112
1190
1833
1066
大鹿トンネル
824.5
152
鹿塩川
河合
落合
大鹿村役場
松川ICへ
伊那大島駅
入谷
1010.5
1009
鹿塩
南山
大鹿村
1405.8
1238
2020年4月現在、
塩川小屋の手前で法面の
崩落があり、通行止め
998
1237
中尾
小渋川
885.3
1444.0
1593
1328
塩川小屋
長期休業中
三伏峠へ
大河原へ ※右図へ続く
1574
向山牧場
1611
1132
豊丘村
1741.6
大西山
751
1052.9
1185.1
1472
1185
北山
1687
松下家
986
青木川
上青木
野田平
1013
1212
1737
1104.9
針木ノ滝
828
816
本谷
本山
1133.6
1541
862
1015
1759.8
桃の平
1020
地獄谷
新九郎の滝
888
1219.7
下烏帽子山
1496
1740
1177
1015.0
勘馬沢
1324
941
1098
1271
1516
1185
1472
深ヶ沢
1792
1354
1405
1404
1065
1642
喬木村
1394
1384
1889.8
鬼面山
1301
1540
1577.6
安康露頭
本谷
1585
濁沢
1269
1401
地蔵峠へ

4

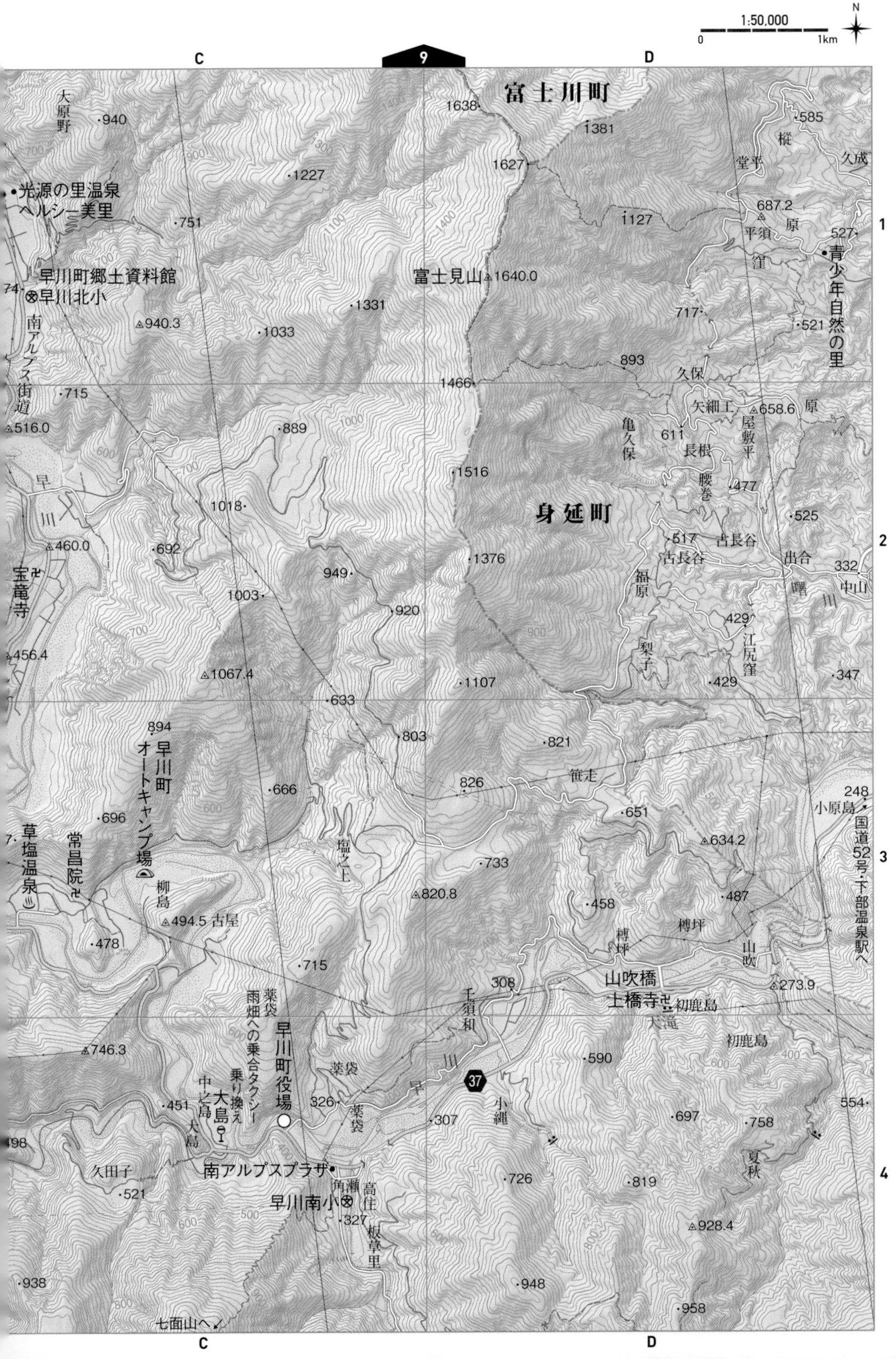
1:50,000
0
1km
N
C
9
D
富士川町
身延町
1638
1381
1627
i127
富士見山
1640.0
1466
1516
1376
1107
大原野
940
1227
光源の里温泉
ヘルシー美里
751
早川町郷土資料館
早川北小
940.3
1033
1331
南アルプス街道
715
516.0
889
早川
1018
460.0
692
宝竜寺
949
1003
920
456.4
1067.4
633
894
早川町
オートキャンプ場
803
821
826
笹走
666
696
草塩温泉
常昌院
柳島
塩之上
733
820.8
494.5
古屋
478
715
薬袋
雨畑への乗合タクシー乗り換え
早川町役場
308
千須和
川
早
37
746.3
中之島
大島
451
大島
326
薬袋
307
小縄
久田子
521
南アルプスプラザ
角瀬
高住
早川南小
327
根草里
726
938
948
七面山へ
585
樅
久成
堂平
687.2
原
平須
窪
527
青少年自然の里
717
521
893
久保
矢細工
658.6
原
屋敷平
亀久保
611
長根
腰巻
477
525
517
古長谷
古長谷
出合
332
中山
曙
川
福原
429
江尻窪
梨子
429
347
248
小原島
国道52号・下部温泉駅へ
651
634.2
458
487
榑坪
榑坪
山吹
山吹橋
上橋寺
初鹿島
大滝
初鹿島
273.9
590
697
758
554
夏秋
819
928.4
958
1
2
3
4

6 早川町中心部・雨畑湖

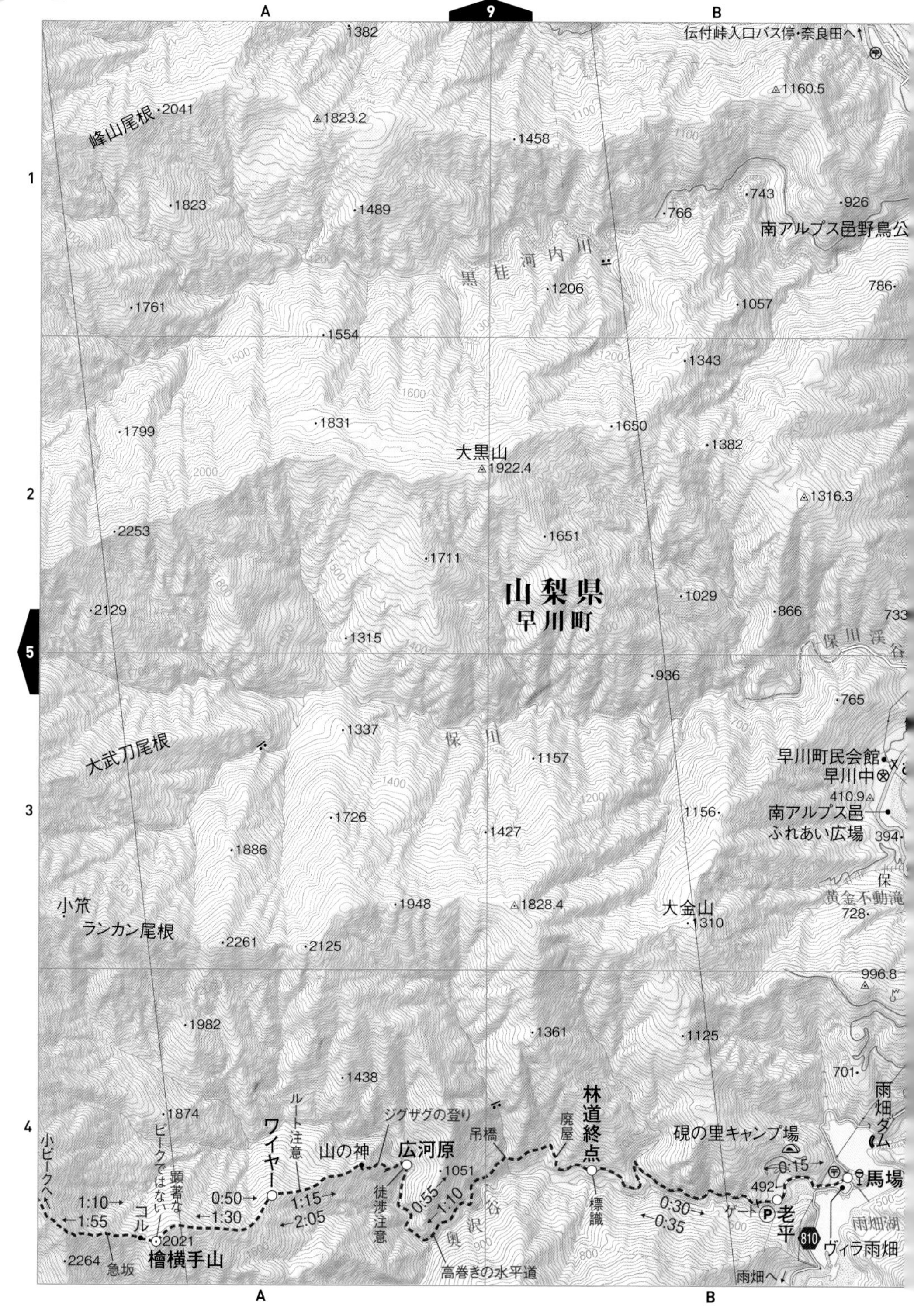

A
9
B
1382
伝付峠入口バス停・奈良田へ
1160.5
峰山尾根
2041
1823.2
1458
1
1823
1489
743
766
926
南アルプス邑野鳥公
黒桂河内川
1206
786
1761
1057
1554
1343
1799
1831
1650
大黒山
1922.4
1382
2
1316.3
2253
1651
1711
山梨県
早川町
1029
2129
866
733
保川渓谷
1315
5
936
765
1337
保川
大武刀尾根
1157
早川町民会館
早川中
410.9
3
1726
1156
南アルプス邑
ふれあい広場
1427
1886
394
保
黄金不動滝
小笊
1948
1828.4
大金山
728
ランカン尾根
1310
2261
2125
996.8
1982
1361
1125
701
1438
雨畑ダム
1874
ルート注意
ジグザグの登り
林道終点
4
吊橋
廃屋
小ピークへ
ピークではない
顕著な
ワイヤー
山の神
広河原
硯の里キャンプ場
1051
0:15
徒渉注意
馬場
1:10
0:50
1:15
0:55
1:10
492
1:55
コル
1:30
2:05
谷
0:30
0:35
ゲート
老平
沢
標識
雨畑湖
2021
奥
810
2264
檜横手山
急坂
ヴィラ雨畑
高巻きの水平道
雨畑へ
A
B

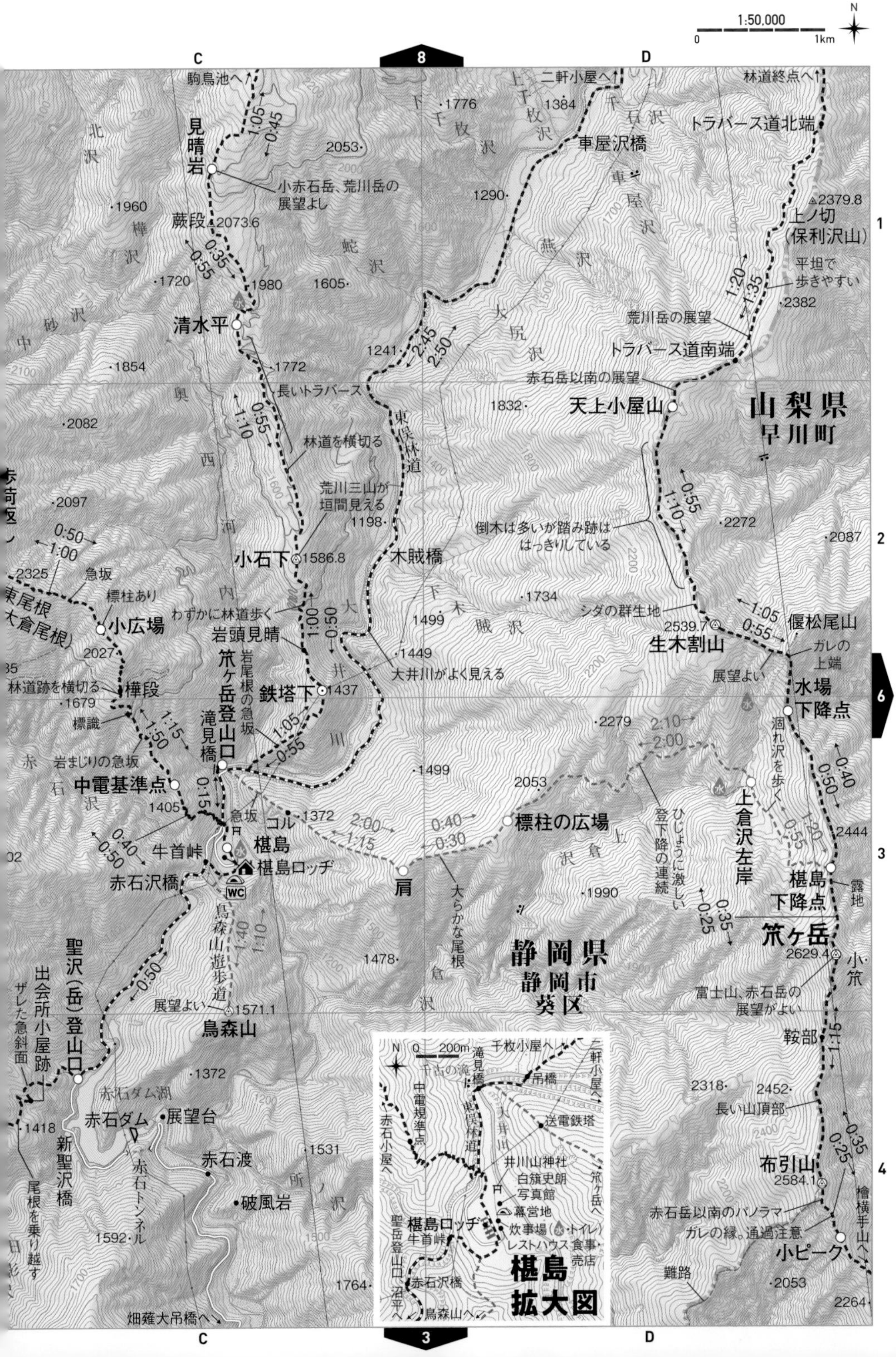
1:50,000
0
1km
N
8
6
3
C
D
1
2
3
4
駒鳥池へ
二軒小屋へ
林道終点へ
見晴岩
小赤石岳、荒川岳の展望よし
蕨段
2073.6
清水平
長いトラバース
林道を横切る
荒川三山が垣間見える
小石下
1586.6
わずかに林道歩く
岩頭見晴
笊ヶ岳登山口
滝見橋
岩尾根の急坂
鉄塔下
1437
大井川がよく見える
木賊橋
東俣林道
車屋沢橋
トラバース道北端
上ノ切(保利沢山)
2379.8
平坦で歩きやすい
荒川岳の展望
トラバース道南端
赤石岳以南の展望
天上小屋山
山梨県
早川町
倒木は多いが踏み跡ははっきりしている
シダの群生地
生木割山
2539.7
偃松尾山
ガレの上端
展望よい
水場下降点
涸れ沢を歩く
上倉沢左岸
ひじょうに激しい登下降の連続
標柱の広場
肩
大らかな尾根
コル
1372
急坂
椹島
椹島ロッヂ
牛首峠
赤石沢橋
中電基準点
岩まじりの急坂
標識
林道跡を横切る
樺段
標柱あり
急坂
小広場
東尾根(大倉尾根)
聖沢(岳)登山口
出会所小屋跡
ザレた急斜面
新聖沢橋
尾根を乗り越す
赤石ダム湖
赤石ダム
展望台
赤石渡
破風岩
赤石トンネル
鳥森山遊歩道
展望よい
1571.1
鳥森山
畑薙大吊橋へ
静岡県
静岡市
葵区
椹島下降点
露地
笊ヶ岳
2629.4
小笊
富士山、赤石岳の展望がよい
鞍部
長い山頂部
布引山
2584.1
赤石岳以南のパノラマ
ガレの縁。通過注意
小ピーク
檜横手山へ
難路
2053
2264
椹島拡大図
0
200m
千枚小屋へ
二軒小屋へ
千古の滝
滝見橋
吊橋
中電規準点
東俣林道
送電鉄塔
赤石小屋へ
井川山神社
白籏史朗写真館
幕営地
炊事場(水・トイレ)
レストハウス 食事 売店
笊ヶ岳へ
椹島ロッヂ
牛首峠
聖岳登山口
赤石沢橋
沼平へ
鳥森山へ

5 聖岳・赤石岳・笊ヶ岳・椹島

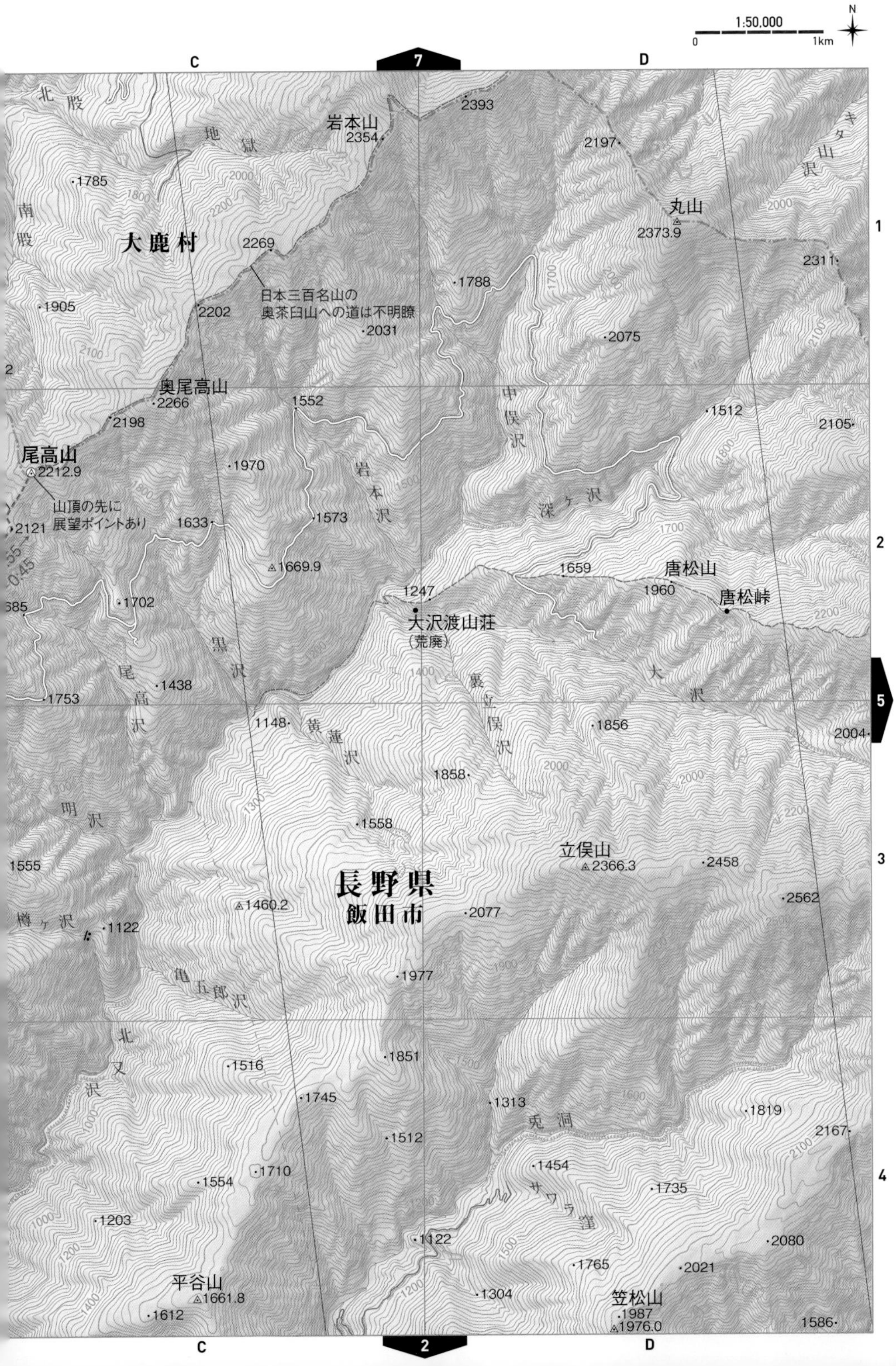
1:50,000
0
1km
N
C
7
D
C
2
D
1
2
3
4
5
北股
地獄
岩本山
2354
2393
2197
キタ山沢
丸山
2373.9
2311
1785
南股
1800
2000
2200
大鹿村
2269
日本三百名山の
奥茶臼山への道は不明瞭
1788
1700
1905
2202
2031
2075
2100
奥尾高山
2266
1552
中俣沢
1512
2198
2105
尾高山
2212.9
1970
岩本沢
1500
山頂の先に
展望ポイントあり
1573
深ヶ沢
2121
1633
1669.9
1659
唐松山
1960
唐松峠
1247
大沢渡山荘
(荒廃)
1702
黒沢
1400
尾高沢
1438
裏立俣沢
大沢
1753
1148
黄蓮沢
1856
2004
1858
1300
明沢
1558
立俣山
2366.3
2458
1555
長野県
飯田市
1460.2
2562
樽ヶ沢
1122
2077
1977
亀五郎沢
1900
北又沢
1516
1851
1745
1313
兎洞
1600
1819
1512
2167
1454
1710
1554
1735
サワラ窪
1203
1122
2080
1000
1200
1765
2021
平谷山
1661.8
1304
笠松山
1987
1976.0
1612
1586

4 地蔵峠・しらびそ峠

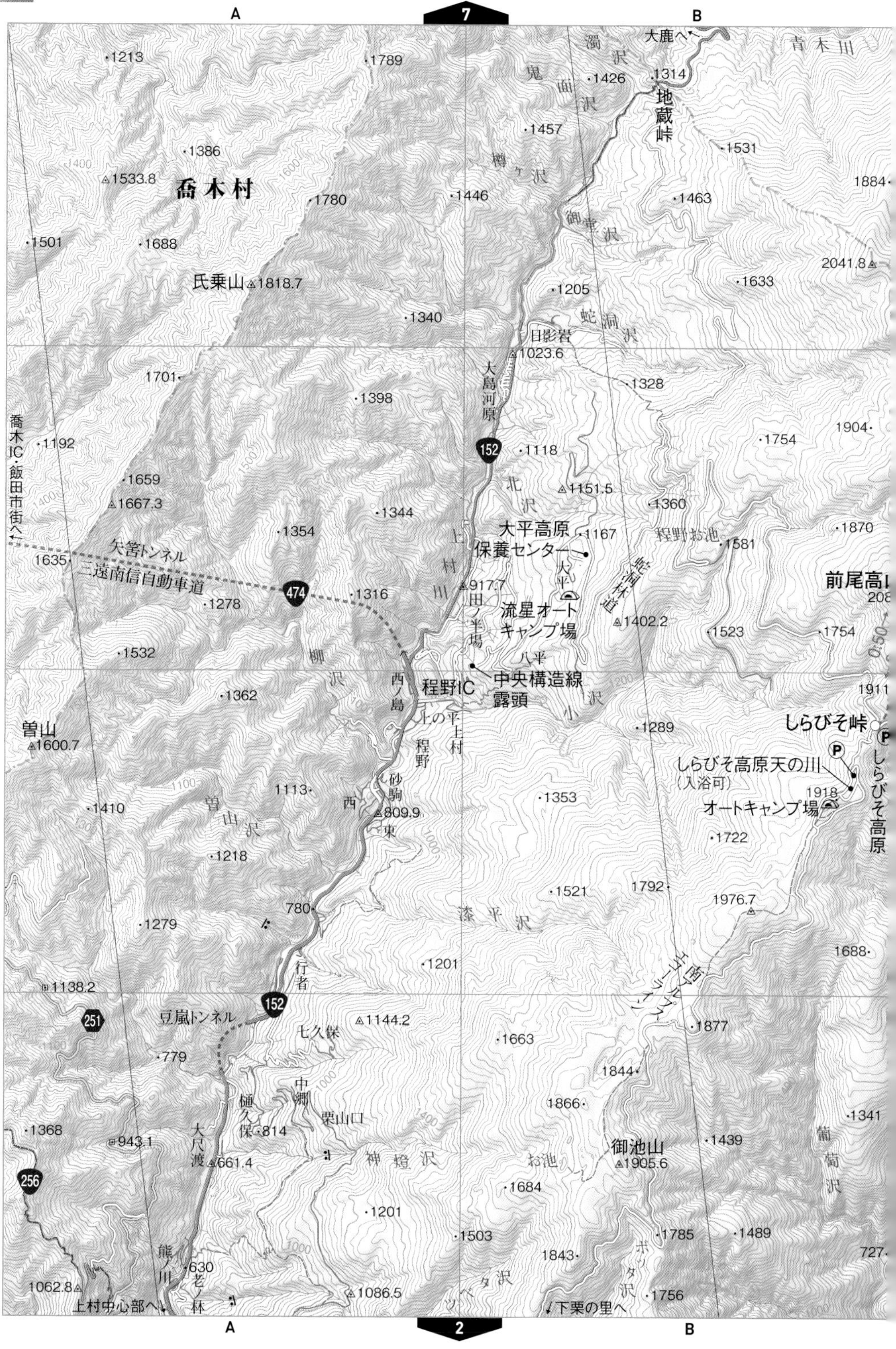

7
A
B
1
2
3
4
大鹿へ
青木川
濁沢
鬼面沢
地蔵峠
1314
1426
1213
1789
1457
1531
1386
1533.8
喬木村
1780
1446
1463
1884
樽ヶ沢
御堂沢
1501
1688
2041.8
氏乗山
1818.7
1205
1633
1340
蛇洞沢
日影岩
1023.6
1701
1398
1328
大島河原
喬木IC・飯田市街へ
1192
1754
1904
152
1118
1659
1667.3
北沢
1151.5
1360
1344
1354
大平高原
保養センター
1167
程野お池
1581
1870
矢筈トンネル
1635
三遠南信自動車道
474
1316
上村川
917.7
大平
蛇洞林道
前尾高原
1278
田ノ平場
流星オート
キャンプ場
1402.2
1532
1523
1754
柳沢
八平
中央構造線
露頭
西ノ島
程野IC
1362
小沢
1911
曽山
1600.7
上の平
上村
程野
1289
しらびそ峠
しらびそ高原天の川
(入浴可)
1918
オートキャンプ場
しらびそ高原
1113
砂駒
西
1353
1410
曽山沢
809.9
東
1722
1218
1521
1792
1976.7
780
漆平沢
1279
1688
行者
1201
南アルプスエコーライン
1138.2
251
豆嵐トンネル
152
1144.2
七久保
1663
1877
779
1844
中郷
樋久保
814
栗山口
1866
1368
1341
943.1
大尺渡
661.4
神橙沢
お池
御池山
1905.6
1439
葡萄沢
256
1684
1201
1503
1785
1489
熊ノ川
630
老林
1843
ベタ沢
ボリタ沢
727
1062.8
1086.5
1756
上村中心部へ
下栗の里へ
2

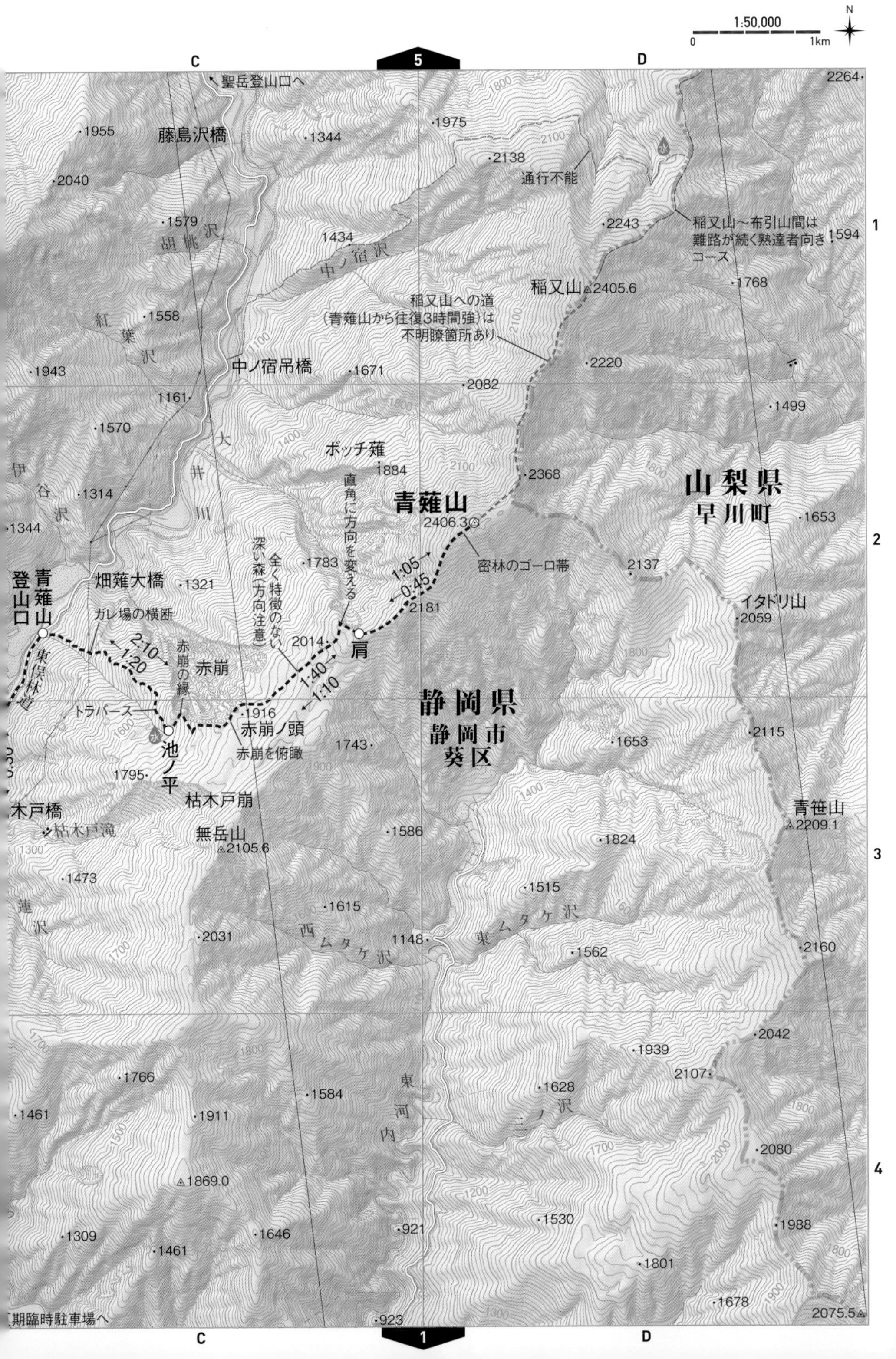
1:50,000
0
1km
N
C
5
D
聖岳登山口へ
藤島沢橋
・1955
・2040
・1344
・1975
・2138
・2264
通行不能
・1579
胡桃沢
1434
中ノ宿沢
・2243
稲又山～布引山間は
難路が続く熟達者向き
コース
1594
1
稲又山△2405.6
・1768
紅葉沢
・1558
稲又山への道
(青薙山から往復3時間強)は
不明瞭箇所あり
中ノ宿吊橋
・1943
・1671
・2220
・2082
1161・
・1570
大井川
・1499
ボッチ薙
1884
伊谷沢
・1314
直角に方向を変える
・2368
山梨県
早川町
青薙山
2406.3
・1653
2
・1344
青薙山登山口
畑薙大橋
・1321
全く特徴のない深い森(方向注意)
・1783
1:05
0:45
密林のゴーロ帯
2137
ガレ場の横断
2:10
1:20
2181
イタドリ山
・2059
東俣林道
赤崩の縁
赤崩
2014・
肩
1:40
1:10
静岡県
静岡市
葵区
トラバース
池ノ平
・1916
赤崩ノ頭
赤崩を俯瞰
1743・
・1653
・2115
1795・
枯木戸崩
木戸橋
枯木戸滝
無岳山
△2105.6
・1586
・1824
青笹山
△2209.1
3
・1473
・1515
蓮沢
・1615
・2031
西ムタケ沢
1148・
東ムタケ沢
・1562
・2160
・2042
・1939
・1766
・1584
東河内
・1628
三ノ沢
2107・
・1461
・1911
・2080
△1869.0
4
・1530
・1309
・1461
・1646
・921
・1988
・1801
・1678
期臨時駐車場へ
・923
2075.5△
C
1
D

3 茶臼岳・上河内岳・青薙山・畑薙第一ダム

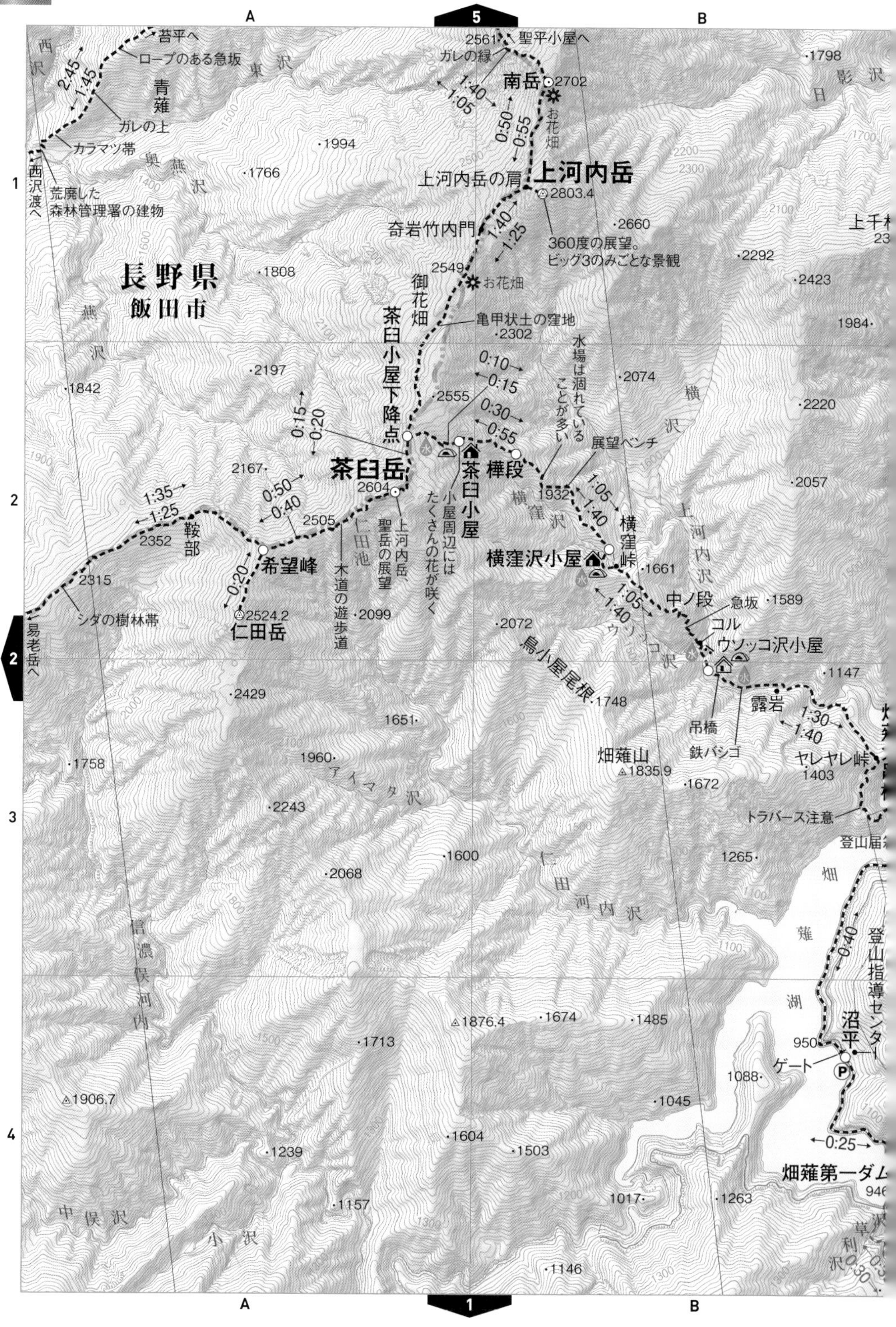

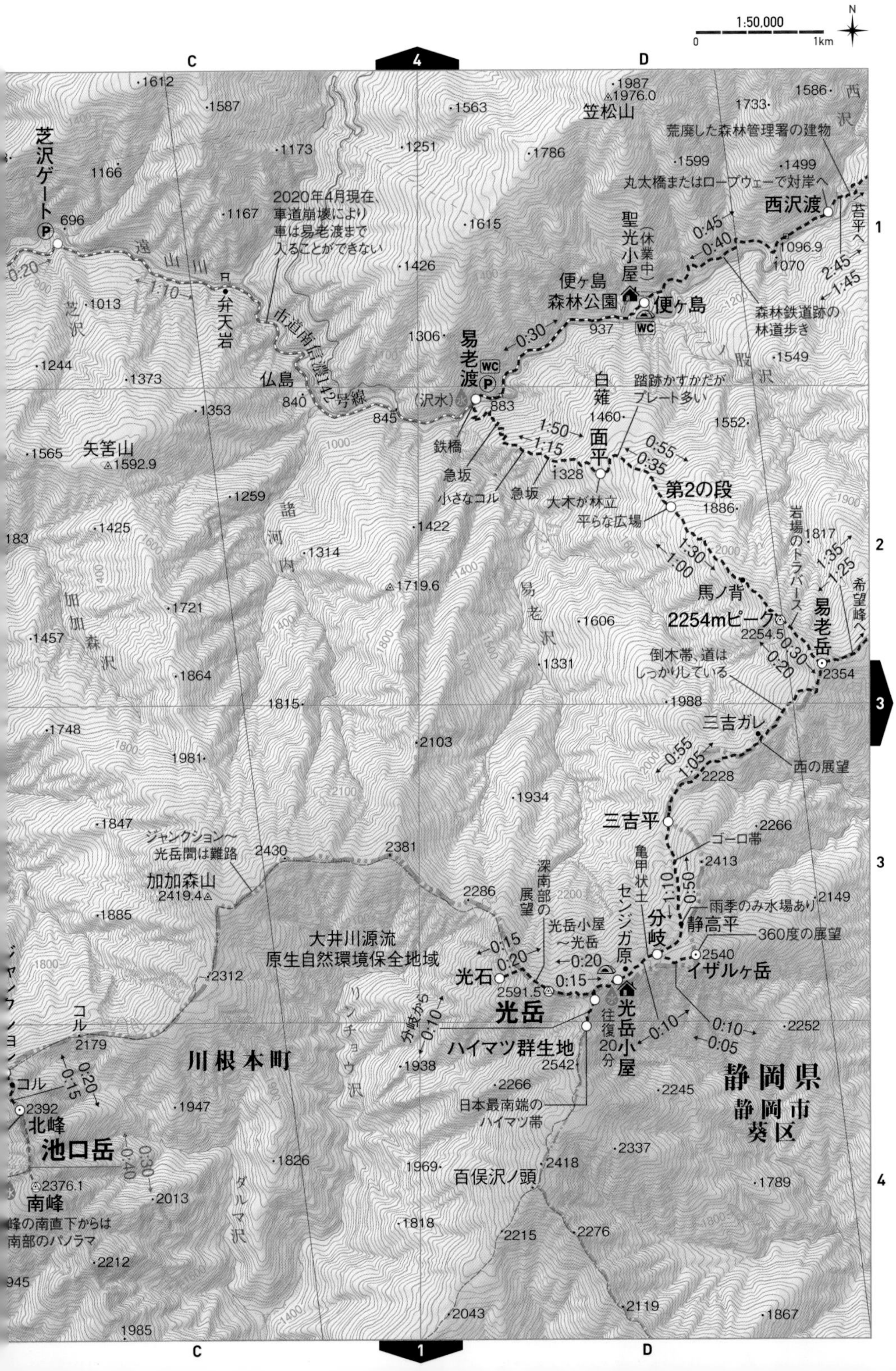
1:50,000
0
1km
N
C
4
D
1
2
3
4
芝沢ゲート
696
0:20
1:10
遠山川
弁天岩
2020年4月現在、
車道崩壊により
車は易老渡まで
入ることができない
市道南信濃142号線
仏島
840
845
易老渡
WC
(沢水)
883
0:30
便ヶ島
森林公園
便ヶ島
WC
937
聖光小屋
(休業中)
笠松山
1976.0
西沢渡
荒廃した森林管理署の建物
丸太橋またはロープウェー で対岸へ
0:45
0:40
1096.9
1070
苔平へ
2:45
1:45
森林鉄道跡の
林道歩き
二ノ股沢
西沢
白薙
踏跡かすかだが
プレート多い
面平
1:50
1:15
1328
0:55
0:35
鉄橋
急坂
小さなコル
急坂
大木が林立
平らな広場
第2の段
1886
1:30
1:00
馬ノ背
2254mピーク
2254.5
岩場のトラバース
1:35
1:25
希望峰へ
易老岳
2354
0:30
0:20
倒木帯、道は
しっかりしている
三吉ガレ
西の展望
0:55
1:05
2228
三吉平
ゴーロ帯
2413
亀甲状土
1:10
0:50
雨季のみ水場あり
静高平
360度の展望
分岐
2540
イザルヶ岳
センジガ原
深南部の
展望
光岳小屋
～光岳
0:15
0:20
0:20
0:15
光石
2591.5
光岳
光岳小屋
往復20分
分岐から
0:10
0:10
0:10
0:05
ハイマツ群生地
2542
日本最南端の
ハイマツ帯
大井川源流
原生自然環境保全地域
矢筈山
1592.9
諸河内
易老沢
加加森沢
ジャンクション～
光岳間は難路
2430
2381
2286
加加森山
2419.4
2312
コル
2179
コル
0:20
0:15
2392
北峰
池口岳
0:30
0:40
2376.1
南峰
峰の南直下からは
南部のパノラマ
川根本町
リンチョウ沢
ダルマ沢
1938
2266
百俣沢ノ頭
2418
2215
2276
2043
2119
静岡県
静岡市
葵区
2245
2337
2252
1789
1867
2149
2266
1934
2103
1988
1815
1331
1606
1719.6
1422
1314
1259
1425
1721
1864
1457
1748
1981
1847
1885
1947
1826
1969
1818
2013
2212
1985
945
183
1565
1353
1373
1244
1013
1166
1167
1173
1251
1306
1426
1615
1563
1786
1587
1612
1987
1733
1586
1599
1499
1549
1552
1460
1817

2 光岳・池口岳

程野IC
1086.5
しらびそ峠へ
1062.8
809.7
清水
黒川
老ノ林
251
ツバタ沢
901
コスマ沢
北又沢
風折
810
1647
1547
ボッタ沢
南アルプスエコーライン
620.0
上町
上村物産品直売所
炭焼山
1554.1
1246
1356
1202
伊藤
582.1
向井
上村
1178
飯田市上村自治センター
まつり伝承館
サゾウ沢
上町
小野
大野
974.7
天伯
上村小
1029
1006.1
屋敷
栗下
上村川
554.7
1274.2
1283
林道赤石線
914
595
637.3
627
546.8
赤沢
下栗
高原ロッジ下栗
半場
本村
柿の島
1037
サブ薙
1027
下栗の里
軒松
576.2
遠山川沿いの車道は通行止め
八日市場
152
中立
1144.5
帯山
1004
1128
1053
530.0
809.2
576
利検沢
1297.3
加加良沢
上中根
平畑
市道上村3号線
須沢
547.3
遠山川
1467
1108
548
1586
上島
南信濃木沢
下中根
長野県
飯田市
647.1
635
大島・平岡駅へ
1128
1729
1466
1609
920
940
池口岳が見える
カラマツ林
1808
1:35
1:00
1:30
1:15
1838.0
ザラ薙平
1205
面切平
牛首
1902
1783
932.4
山の神
黒薙展望所
1858
黒薙
1561
1760mの肩
利剣沢ノ頭
1971
1983
1:05
0:40
方向注意
笹原
1:40
1:15
1235.3
南面は美しいアカマツ林
避難小屋
WC
1076
林道池口線
池口岳登山口
1314
1355
1617
1048
池口川
※下図へ続く
池口
824
1122
1434
1784
1211
1498
1244
1098
1716
691
大島バス停へ
笹ノ平
1568
2106
上町へ
大島
国道152号
旧道
池口岳登山口へ
1441.0
犬切尾根
1696
1872
1536.3
2057
鶏冠山
2204
梶谷川
漆平島
和田・平岡駅へ
1375
2248

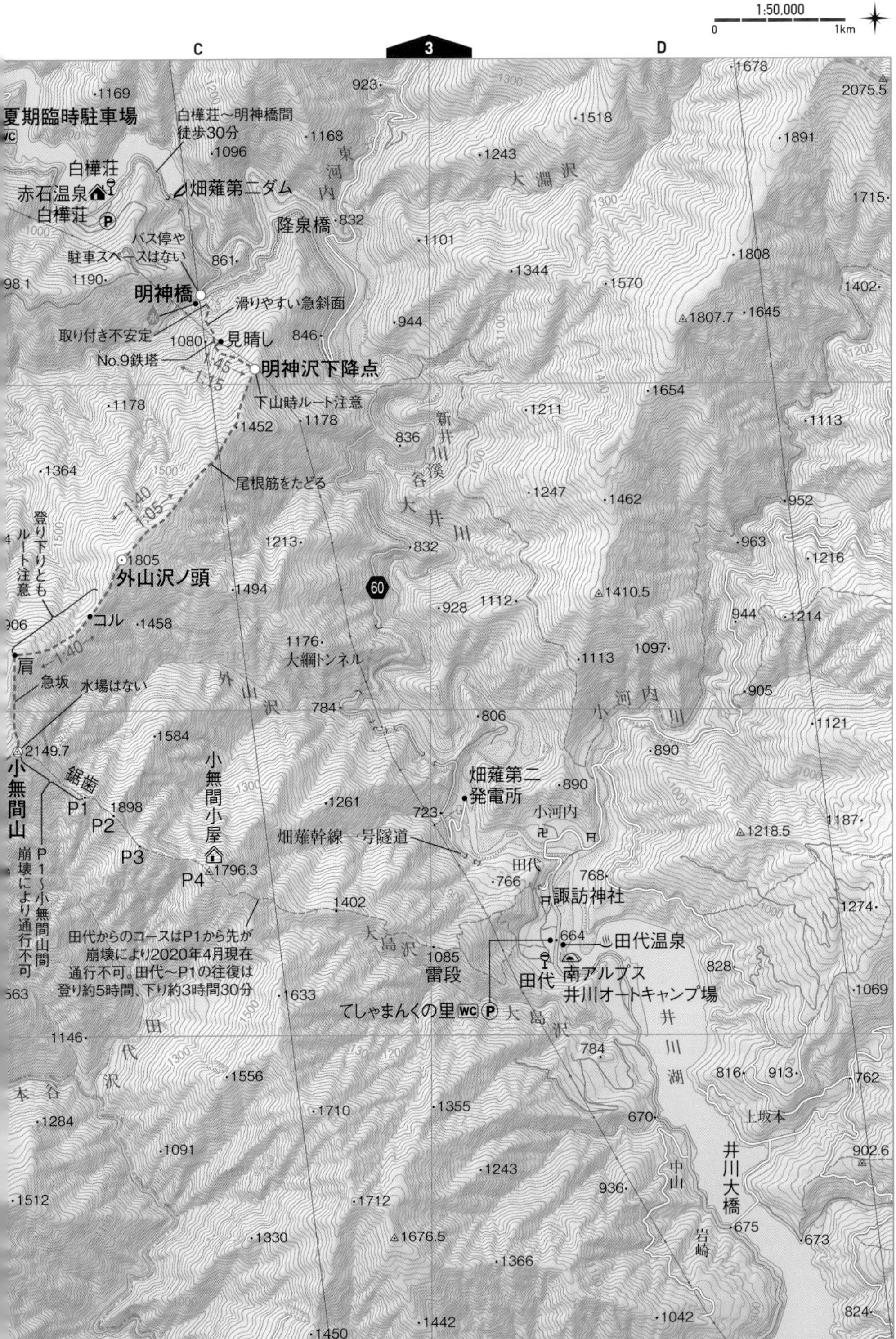
1:50,000
0
1km
N
3
C
D
夏期臨時駐車場
白樺荘～明神橋間
徒歩30分
白樺荘
赤石温泉
白樺荘
畑薙第二ダム
東河内
大淵沢
隆泉橋
バス停や
駐車スペースはない
明神橋
滑りやすい急斜面
取り付き不安定
見晴し
No.9鉄塔
明神沢下降点
下山時ルート注意
新井川
谷
大井川
尾根筋をたどる
登り下りとも
ルート注意
外山沢ノ頭
コル
肩
急坂
水場はない
大綱トンネル
外山沢
小河内川
小無間山
鋸歯
P1
P2
P3
P4
小無間小屋
畑薙第二
発電所
小河内
畑薙幹線一号隧道
田代
諏訪神社
P1～小無間山間
崩壊により通行不可
田代からのコースはP1から先が
崩壊により2020年4月現在
通行不可。田代～P1の往復は
登り約5時間、下り約3時間30分
大島沢
雷段
田代温泉
田代
南アルプス
井川オートキャンプ場
てしゃまんくの里
大島沢
田代沢
本谷
井川湖
上坂本
中山
井川大橋
岩崎
井川駅・静岡市街へ
1:45
1:15
1:40
1:05
1:40
60
1
2
3
4

1 大無間山

A
3
B
1
2
3
4
信濃俣河内
1146
畑薙第一ダム
1096
1579
小沢
1834
1686
1195
1648
1372
1604
1478
1933
1564
1193
アシ沢
カバ沢
西河内
1584
1878
1927
田代沢
2107
1479
1928
1585
2112.5
1874
1913
2135
1903
1582
1737
明神谷
静岡県
静岡市
葵区
1603
1823
1849
2137
1887
ブナ沢
大根沢山
2239.6
1395
1412
1889
2127
アザミ沢
1638
1621
1844.2
明神谷方向への踏み跡もある。
ルート間違えないように
1807
1922
0:50
0:55
2109
アザミ沢のコル
1771
魚無沢
尾根乗り換える
関ノ沢の頭
(中無間山)
1412
1875
コル
南アルプスと
深南部のパノラマ
2164
小根沢
2127
小根沢山
1:20
1:05
広く平坦な山頂。
展望なし
1616
2085
扇子薙沢
1049
1770
1401
2102
三方嶺
2150
2329.6
大無間山
三隅池
ヨモギ沢
こっぱ沢の頭
三方窪
鹿の土俵場
前無間山
1159
樺沢
1883.5
川根本町
1953
2098
タル沢
1702
1380
1604
1844
1917
1859
1581
1824
寸又川林道へ
1542
日向山
1838
1464
こっぱ沢
倉沢
1620
1990.5
1417
129
A
B

主な地図記号

※そのほかの地図記号は、国土地理院発行2万5000分ノ1地形図に準拠しています

- 一般登山コース
- バリエーションコース（その他の主なコース）
- ←1:30 コースタイム（時間：分）
- コースタイムを区切る地点
- 4車線以上
- 2車線道路
- 1車線道路
- 軽車道
- 徒歩道
- 庭園路
- 高速・有料道路
- 299 国道・番号
- 192 都道府県道・番号
- 鉄道・駅
- JR線・駅
- 索道（リフト等）
- 送電線
- 都道府県界
- 市町村界

- 特定地区界
- 植生界
- △2899.4 三角点
- 1159.4 電子基準点
- ⊡720.9 水準点
- ・1651 標高点
- 等高線（主曲線）標高10mごと
- 等高線（計曲線）主曲線5本目ごと
- 等高線（補助曲線）
- 1500 等高線標高
- ◎ 市役所
- ○ 町村役場
- ⊗ 警察署
- Y 消防署
- X 交　番
- 病　院
- ⛩ 神　社
- 卍 寺　院
- 記念碑

- 営業山小屋・管理人駐在の避難小屋
- 避難小屋・無人山小屋
- キャンプ指定地
- 水場（主に湧水）
- 主な高山植物群落
- バス停
- Ⓟ 駐車場
- ♨ 温泉
- 噴火口・噴気孔
- 採鉱地
- 発電所
- 電波塔
- ∴ 史跡・名勝・天然記念物
- 岩がけ
- 岩
- 土がけ
- 雨　裂
- 砂れき地
- おう地（窪地）

- 湖・池等
- 河川・せき（堰）
- 河川・滝
- 広葉樹林
- 針葉樹林
- ハイマツ地
- 笹　地
- 荒　地
- 竹　林
- 畑・牧草地
- 果樹園
- 田

標高

高 ↕ 低

コースマップ

国土地理院発行の2万5000分ノ1地形図に相当する数値地図（国土基本情報）をもとに調製したコースマップです。

赤破線で示したコースのうち、地形図に記載のない部分、あるいは変動が生じている部分については、GPSで測位した情報を利用しています。ただし10〜20m程度の誤差が生じている場合があります。

また、登山コースは自然災害などにより、今後も変動する可能性があります。登山にあたっては本書のコースマップと最新の地形図（電子国土Web・地理院地図、電子地形図25000など）の併用を推奨します。

コースマップには、コンパス（方位磁石）を活用する際に手助けとなる磁北線を記入しています。本書のコースマップは、上を北（真北）にして製作していますが、コンパスの指す北（磁北）は、真北に対して西へ7度前後（南アルプス周辺）のズレが生じています。真北と磁北のズレのことを磁針偏差（西偏）といい、登山でコンパスを活用する際は、磁針偏差に留意する必要があります。

磁針偏差は、国土地理院・地磁気測量の2015.0年値（2015年1月1日0時[UT]における磁場の値）を参照しています。

南アルプス登山にあたっては、コースマップとともにコンパスを携行し、方角や進路の確認に役立ててください。

Contents

コースマップ目次

コースさくいん

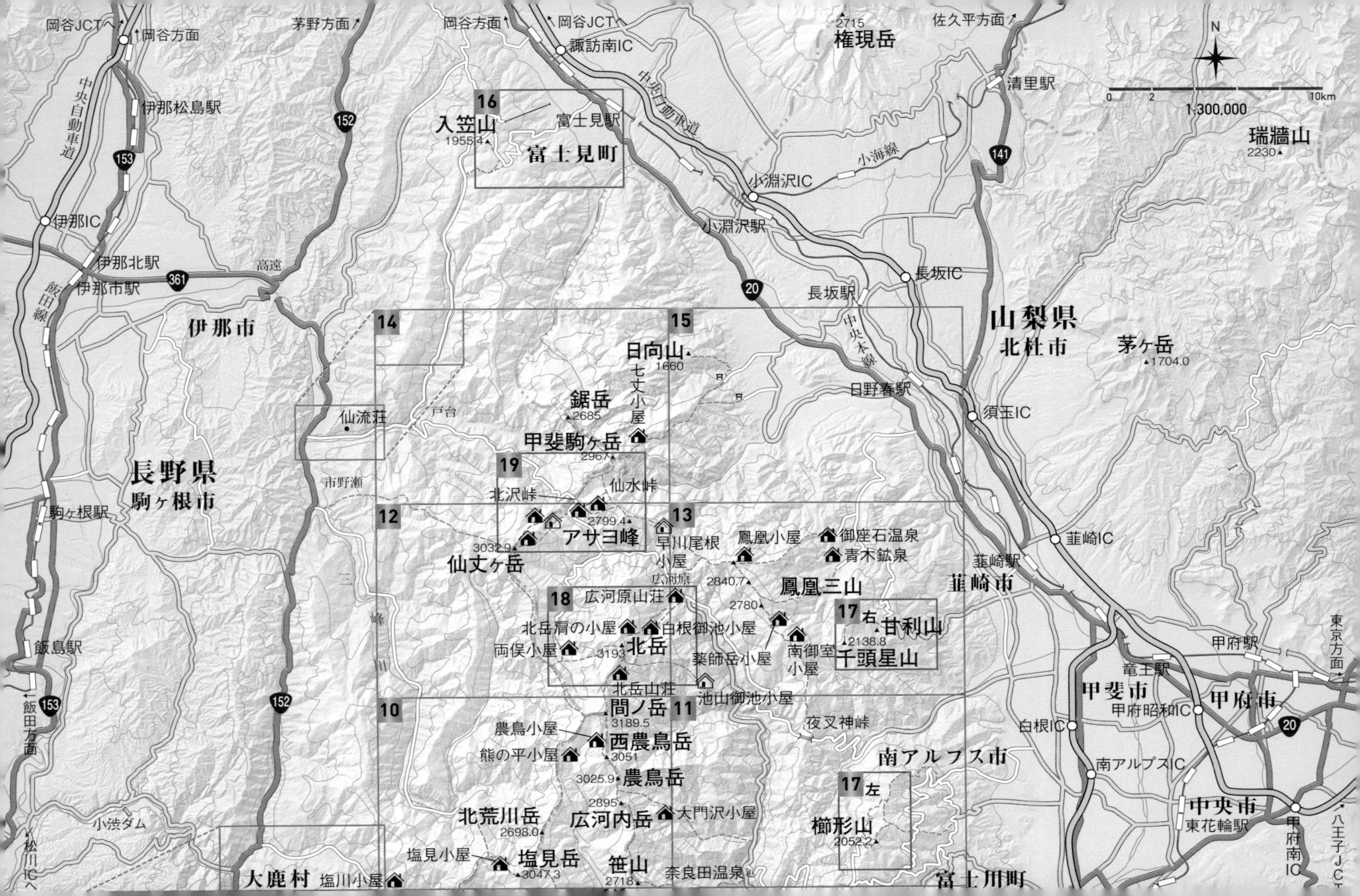

岡谷JCTへ
岡谷方面
茅野方面
岡谷方面
岡谷JCT
諏訪南IC
2715
権現岳
佐久平方面
中央自動車道
伊那松島駅
152
153
16
入笠山
1955.4
富士見駅
富士見町
清里駅
0
2
10km
1:300,000
瑞牆山
2230
141
小海線
小淵沢IC
伊那IC
小淵沢駅
伊那北駅
伊那市駅
361
高遠
飯田線
20
長坂IC
長坂駅
14
15
伊那市
日向山
1660
山梨県
北杜市
茅ヶ岳
1704.0
七丈小屋
鋸岳
2685
中央本線
日野春駅
仙流荘
戸台
須玉IC
甲斐駒ヶ岳
2967
長野県
駒ヶ根市
19
市野瀬
仙水峠
北沢峠
駒ヶ根駅
12
13
2799.4
アサヨ峰
3032.9
仙丈ヶ岳
早川尾根小屋
鳳凰小屋
御座石温泉
青木鉱泉
韮崎IC
韮崎駅
韮崎市
三峰川
広河原
2840.7
鳳凰三山
18
広河原山荘
2780
17
右
甘利山
2138.8
千頭星山
北岳肩の小屋
白根御池小屋
両俣小屋
3193
北岳
薬師岳小屋
南御室小屋
北岳山荘
池山御池小屋
飯島駅
甲府駅
東京方面
竜王駅
甲斐市
甲府市
甲府昭和IC
10
11
間ノ岳
3189.5
夜叉神峠
白根IC
飯田方面
農鳥小屋
西農鳥岳
熊の平小屋
3051
南アルプス市
3025.9
農鳥岳
南アルプスIC
2895
17
左
小渋ダム
北荒川岳
広河内岳
大門沢小屋
中央市
東花輪駅
八王子JCT
2698.0
櫛形山
2052.2
塩見小屋
塩見岳
笹山
甲府南IC
松川ICへ
大鹿村
塩川小屋
3047.3
奈良田温泉
2718
富士川町

南アルプス全図

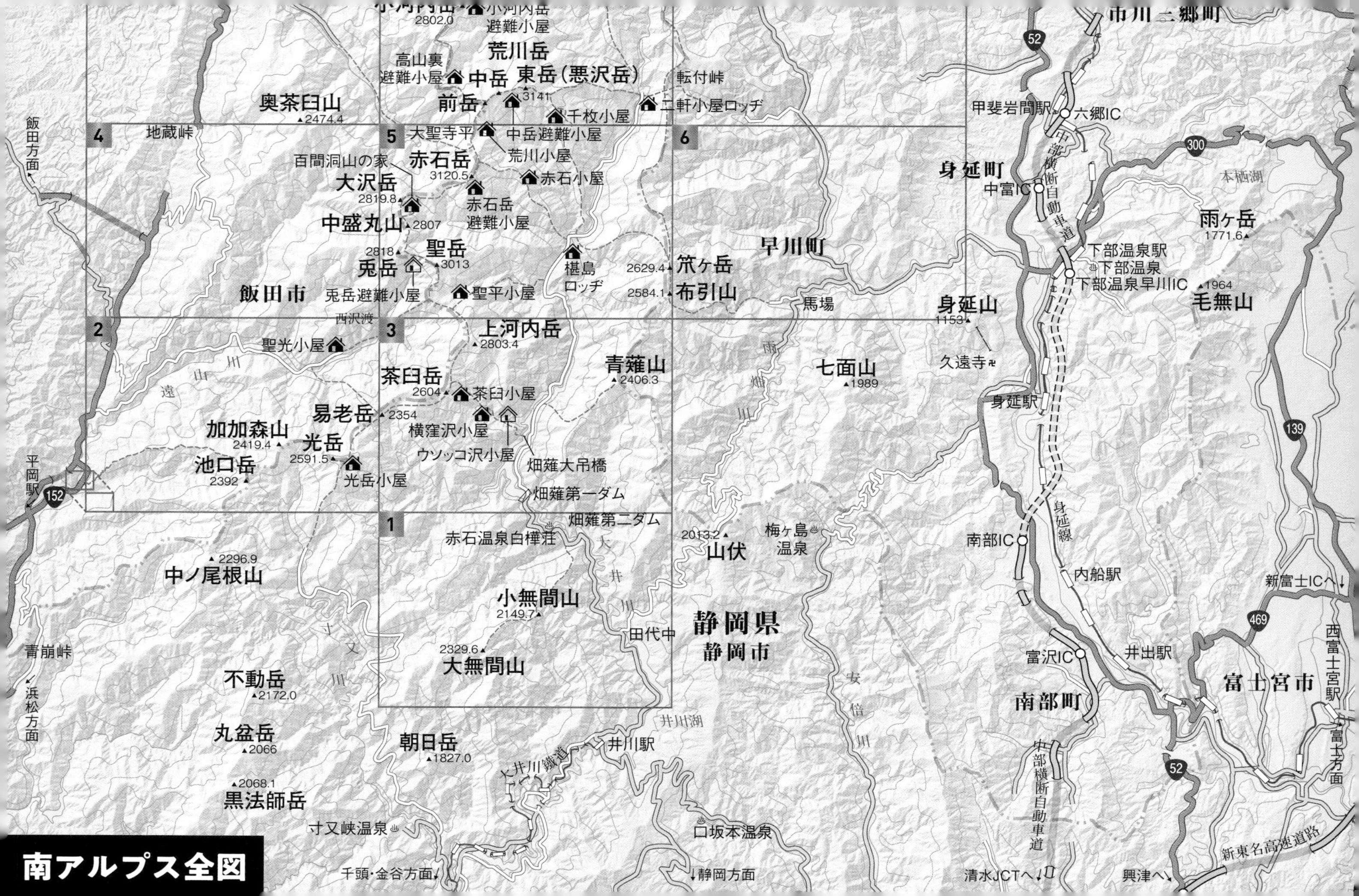
小河内岳
2802.0
小河内岳避難小屋
荒川岳
高山裏避難小屋
中岳
東岳（悪沢岳）
3141
前岳
転付峠
奥茶臼山
2474.4
千枚小屋
二軒小屋ロッヂ
飯田方面
地蔵峠
大聖寺平
中岳避難小屋
荒川小屋
百間洞山の家
赤石岳
3120.5
赤石小屋
大沢岳
2819.8
赤石岳避難小屋
中盛丸山
2807
聖岳
3013
2818
兎岳
兎岳避難小屋
椹島ロッヂ
聖平小屋
2629.4
笊ヶ岳
2584.1
布引山
早川町
飯田市
西沢渡
上河内岳
2803.4
聖光小屋
青薙山
2406.3
茶臼岳
2604
茶臼小屋
易老岳
2354
横窪沢小屋
ウソッコ沢小屋
畑薙大吊橋
加加森山
2419.4
光岳
2591.5
光岳小屋
池口岳
2392
平岡駅
152
畑薙第一ダム
畑薙第二ダム
赤石温泉白樺荘
2013.2
山伏
梅ヶ島温泉
七面山
1989
中ノ尾根山
2296.9
小無間山
2149.7
2329.6
大無間山
田代中
静岡県
静岡市
青崩峠
浜松方面
不動岳
2172.0
丸盆岳
2066
黒法師岳
2068.1
朝日岳
1827.0
大井川鐵道
井川駅
井川湖
寸又峡温泉
口坂本温泉
千頭・金谷方面
静岡方面
遠山川
寸又川
大井川
雨畑川
安倍川
市川三郷町
52
甲斐岩間駅
六郷IC
300
身延町
中富IC
中部横断自動車道
本栖湖
雨ヶ岳
1771.6
下部温泉駅
下部温泉
下部温泉早川IC
1964
毛無山
身延山
1153
馬場
久遠寺
身延駅
139
身延線
南部IC
内船駅
新富士ICへ
469
富沢IC
井出駅
西富士宮駅
富士宮市
南部町
富士方面
新東名高速道路
清水JCTへ
興津へ
1
2
3
4
5
6

取り外せる！ 持ち歩ける！

アルペンガイド
登山地図帳

南アルプス

Alpine Guide